개발자로 첫출근 했어요

사내 개발 도구,
기술, 문화 적응
가이드

김설화 지음

개발자로 첫 출근 했어요

사내 개발 도구, 기술, 문화 적응 가이드

지은이 김설화 **1판 1쇄 발행일** 2023년 10월 13일

펴낸이 임성춘 **펴낸곳** 로드북 **편집** 홍원규 **디자인** 이호용(표지), 심용희(본문)

주소 서울시 동작구 동작대로 11길 96-5 401호

출판 등록 제 25100-2017-000015호(2011년 3월 22일) **전화** 02)874-7883 **팩스** 02)6280-6901

정가 23,000원 **ISBN** 979-11-93229-00-2 93000

이메일 chief@roadbook.co.kr **블로그** www.roadbook.co.kr

개발자로

첫출근했어요

사내 개발 도구,
기술, 문화 적응
가이드

김설화 지음

먼저 읽어보았습니다

예비 개발자들과 초급 개발자들이 선임 개발자에게 친구처럼 다가갈 수 있게 도와주는 책입니다. 많은 예비 개발자는 입사 후 막연한 두려움에 떨게 됩니다. '내가 과연 회사에 들어가면 잘할 수 있을까?' '어떤 일을 하게 되지?' '뭘 알아야 하지?' 역시나 업무를 막 시작한 친구들도 용기를 잃어버리게 됩니다. 사람들의 눈총이 따갑습니다. 이 책은 이런 고민을 하는 분들에게 도움을 줄 수 있는 책이라고 생각합니다. 저자의 친우(親友)로서, 개발자의 지인으로서 예비 개발자들과 초급 개발자들에게 도움을 줄 수 있는 내용이 뭘까에 대해서 함께 고민했습니다.

웹 개발에서 기본적이지만 반드시 알아야 하는 내용을 구체적이고 친근한 언어로 설명하면서, 독자들이 개발에 대한 자신감을 높이도록 도와줄 수 있는 책입니다. 개발자들에게 전문적인 내용을 이해하기 쉽도록 구성하면서, 초급 개발자들이 업무에서 막히는 여러 상황에 대해 도움을 줄 수 있는 내용을 담았습니다. 독자와 글쓴이 간의 친밀한 대화를 통해, 개발의 기본과 실무에 대한 경험과 지식을 전달합니다.

예비 개발자들과 초급 개발자들이 느끼는 두려움과 불안감을 해소하고, 개발에 대한 이해를 넓혀주는 가이드입니다. 친구로서, 저자로서, 그리고 개발자로서 책을 통해 독자들에게 지식과 자신감을 전달하고자 노력이 담긴 이 책을 적극 추천합니다.

_이승희, 웹 개발자(4년 차)

신입 개발자라면 반드시 읽어야 할 책입니다. 신입으로 회사에 들어가면 모르는 단어가 너무 많은데 이 책을 통해 신입으로서 필요한 최소한의 개발 프로그램에 대한 지식을 익힐 수 있습니다.

전 주니어 개발자이지만 항상 비슷한 방식으로 코딩을 하다 보니 소프트웨어의 다양한 설정 중에서 실제 접할 수 있는 게 드물었는데, 이 책을 통해서 여러 설정 방법을 알게 되었습니다. 이 책을 신입 시절에 만났으면 코딩을 하면서 헤매는 시간이 더 줄어들었을 것입니다. 필수로 알아야 할 개념이 잘 설명되어 있어서 주니어 개발자들도 스스로를 점검해보기 좋은 책입니다.

코드를 짜는 요령은 일하다 보면 쉽게 습득합니다. 그렇지만 정말 어려운 환경 설정과 설계에 대한 지식은 몸으로 부딪혀 가며 배워야 하는데, 이 책은 가장 빠르게 소프트웨어의 설정과 설계에 대한 노하우를 배울 수 있습니다. 개발하면서 실질적으로 하게 되는 일에 대해 알 수 있는 책입니다.

_윤란, 백엔드 개발자(1년 차)

국비를 지원받아 백엔드 개발을 배우고 취업한 개발자로서, 취업 후 SSH 클라이언트나 젠킨스와 같은 도구를 처음 접하고 혼란스러웠던 기억이 납니다. 처음 이런 도구를 접했다고 말하면 눈치가 보이기도 하고, 내가 정말 아무것도 모르는 것이 아닌지 불안해지곤 했습니다. 많은 시행착오를 겪어가며 이러한 도구들에 대해 알게 되었지만 취업 전에 이런 가이드가 존재했으면 좋았을 것 같다는 생각이 듭니다.

이 책은 학원에서는 잘 가르쳐 주지 않지만 현업에서 거의 매일 사용되는 업무 도구에 대해 꼼꼼하게 알려줍니다. 취업 전, 혹은 취업 후에도 꾸준히 읽어보며 개발자로서의 지식과 역량을 더해 나갈 수 있어 이 책을 추천합니다. 또한 회사에 두고두고 보기에도 좋은 책이라 생각합니다.

_류다희, 웹 개발자(1년 차)

추천사

본격적인 직업 개발자로 들어서기 전에 알아야 할 내용들

호모 하빌리스Homo Habilis, '도구를 사용하는 사람'이라는 의미를 담고 있는 인류의 직계 조상입니다. 도구 사용 능력은 인류를 다른 생명체와 구별되게 하는 특징 중 하나입니다. 우리는 도구를 이용하여 불가능하다고 여겨지던 일을 가능하게 만들어 왔습니다.

소프트웨어는 오늘날 우리에게 주어진 강력한 도구 중 하나이며, 소프트웨어 개발자는 이 도구를 만들어내는 능력을 가진 사람들입니다. 그만큼 개발자들의 도구는 종류가 다양하고 변화의 속도가 또한 빠른 편인데요. 소프트웨어 개발에 필요한 도구가 텍스트 편집기 하나였던 시대도 분명 있었을 것입니다. 하지만 기술과 도구가 계속해서 발전함에 따라 한 사람의 개발자 역할을 다 하려면 다양한 도구의 사용법을 꼭 익혀두어야 합니다.

이 책은 신입 개발자들이 업무에서 필수적으로 사용하게 될 도구들을 소개하고 그 사용법을 친절하게 설명합니다. 이 책에서 소개하고 있는 도구들의 사용법은 신입 개발자들이 회사라는 전장에 뛰어들기 위해 꼭 체득해 놓아야 하는 것들입니다. 본격적인 직업 개발자로 들어서기 전에 이러한 지식들을 충분히 갖춘다면 이후의 적응 과정이 한결 수월해질 것입니다.

_이재용, 〈시작하는 개발자를 위한 기술 여행 가이드〉(2023, 로드북) 저자

일러두기

이 책에서 소개하는 개발 도구의 설치 방법 안내

https://blog.naver.com/sh_kim_0926

이 책에서 소개하는 개발 도구의 설치에 관한 내용은 다음과 같은 이유로 본문에서 별도로 다루지 않고 저자의 개발 블로그에서 설명합니다. 설치에 관한 내용은 저자의 개발 블로그를 참고해주세요.

1. 설치에 대한 캡처 화면을 계속해서 보여주므로 이 책을 읽는 데 오히려 방해가 될 수 있습니다.
2. 설치 내용은 대부분 클릭, 클릭 위주로 진행되기 때문에 어렵지 않은 게 대부분입니다.
3. 전체 페이지를 줄이면 도서 정가를 낮출 수 있습니다.

[2장]
- iterm: https://blog.naver.com/sh_kim_0926/222812081960
- zsh셸과 oh-my-zsh 플러그인: https://blog.naver.com/sh_kim_0926/222837971880
- 홈브루: https://blog.naver.com/sh_kim_0926/222812107279

[3장]
- 퍼티: https://blog.naver.com/sh_kim_0926/222899630117
- 파일질라: https://blog.naver.com/sh_kim_0926/222900029401

- 파워셸: https://blog.naver.com/sh_kim_0926/222907470273

- Chocolatey: https://blog.naver.com/sh_kim_0926/222909915548

[4장]

- 슬랙: https://blog.naver.com/sh_kim_0926/222868285576

[6장]

- 인텔리제이: https://blog.naver.com/sh_kim_0926/222910549017

- 비주얼 스튜디오 코드: https://blog.naver.com/sh_kim_0926/2229189
  68357

- 이클립스: https://blog.naver.com/sh_kim_0926/222918979069

- 서브라임 텍스트: https://blog.naver.com/sh_kim_0926/222918980651

- 아톰: https://blog.naver.com/sh_kim_0926/222919095926

[7장]

- 깃: https://blog.naver.com/sh_kim_0926/222952620261

- 소스트리: https://blog.naver.com/sh_kim_0926/222952654196

- TortoiseGit: https://blog.naver.com/sh_kim_0926/222964815688

- SVN: https://blog.naver.com/sh_kim_0926/222964901857

[8장]

- 포스트맨: https://blog.naver.com/sh_kim_0926/222966725750

[9장]

- 젠킨스: https://blog.naver.com/sh_kim_0926/223026974810

저자 서문

신입으로 일하는 개발자의 브이로그를 책으로 옮겨 놓았습니다

처음 개발회사에 입사한 신입사원들을 위해서 이 책을 집필했습니다. 서점에는 여전히 소프트웨어 언어부터 공학, 개발 방법론 등 소프트웨어와 관련해서 많은 책이 판매되고 있고 새 책도 계속해서 늘어나고 있습니다. 어떤 책을 골라야 할지, 어디서부터 공부해야 할지 가끔은 헷갈리기도 합니다. 그리고 무엇보다 이런 책을 많이 읽고 공부하고 이제 충분히 각오가 되었다고 생각했는데 회사에 들어갔을 때 모든 것에 단단히 준비가 되어있느냐 하면 딱히 그것도 아니라는 겁니다. 그럴 때를 위해서 이 책을 준비했습니다.

이 책은 여러분이 처음 개발회사에 입사해서, 한 프로젝트를 멋지게 끝내기까지의 여러 과정에서 쓰일 수 있는 다양한 도구와 상황에 대해 설명합니다. 기술적인 내용보다는 어떤 식으로 개발회사에서 일하는지에 대한 일종의 브이로그vLOG라고 생각하면 더 좋을 것 같습니다. 회사에 들어가서 자신의 업무용 컴퓨터를 배정받았는데, 어떤 설정을 해야 하고, 회의는 어떻게 하고, 어떻게 소통하는지에 대해 한국, 독일 기준의 기본적인 틀을 담으려고 노력했습니다. 따라서 이 책을 통해 최근 소프트웨어 업계에서 어떤 식으로 일을 하는지에 대한 힌트를 얻을 수 있을 것입니다.

이 책을 꼭 순서대로 볼 필요는 없습니다. 책 차례를 훑어보는 것만으로도 사실 큰 도움이 될 수 있습니다. 자신에게 해당되는 내용이라고 생각되는 주제를 찾아보는 것도 도움이 될 수 있습니다. 순서대로 읽는다면 우리의 가상 인물 '마정석' 씨가 입사를 하고 어떻게 프로젝트를 완성하는지에 대한 일대기를 함께 하는 듯한 기분이 들 것입니다. 아직 개발회사에서 일해본 경험이 없다면 책을 순서대로 볼 것을 추천합니다.

개발자로 처음 취업을 하게 되거나, 개발자를 꿈꾸는 분들에게 이 책을 통해 개발회사의 업무를 생생하게 전할 수 있었으면 좋겠습니다.

감사의 글

이 책은 제가 집필한 두 번째 책입니다. 단독 집필로 출판하는 것은 첫 번째고요. 먼저 무엇보다 좋은 기회를 주신 임성춘 편집장님에게 큰 감사를 드립니다. 그리고 글을 잘 다듬어준 홍원규 실장님에게도 감사합니다. 귀찮은 질문에도 항상 빠르고 친절한 도움을 준 많은 친구, 특히 선영, 승희, 다희, 란에게도 감사 인사를 남기고 싶습니다.

이 책을 이해하지 못하더라도 마땅히 읽어 줄 제 사랑하는 어머니, 아버지, 설민이에게도 인사를 남깁니다.

2023년 10월

김설화

차례

1장   개발자로 첫 출근합니다

2장   맥북 설정하기

3장 윈도우즈 설정하기

4장 드디어 시작하는 개발

5장 설계하기

6장 코드 작성하기

7장 코드 관리하기

8장 테스트, 모니터링, API 문서

9장 코드 배포하기

10장 개발자로 첫 퇴근합니다

1장

개발자로
첫 출근합니다

신입으로 처음 시작하기에 사회생활이란 녹록하지 않은 편이다. 모든 것이 새롭고 또 익숙하지 않다. 여기에 '전문직' '기술직'에 속하는 개발자는 더하다. 회사 내에서 오가는 대화를 알아듣는 것조차 어렵다. 한번도 들어본 적 없는 기술과 서비스가 넘쳐난다. 분명히 어떠한 일을 하라고 전해 들었지만 그것이 무엇인지조차 모르거나, 정확히 무슨 일인지 파악하는 데에 오랜 시간이 걸리기도 한다. 처음 개발자로 입사하면, 환경설정에만 일주일 이상이 걸린다는 말도 있다. 그렇기에 기가 죽기도 하고, 이게 내 길이 맞나 의심이 들기도 한다. 걱정하지 말라. 모두가 그렇다. 이것은 결코 개발자만의 이야기만도 아닐 것이다. 두려움과 의심은 잠시 접어 두고, 기대와 자신감을 채워 넣을 때다.

개발자로서 첫 출근을 하면 어떤 일을 하게 될까?

- 신입들이 보통 맡게 되는 업무는 무엇일까?

- 개발자는 이렇게 일한다.

1.1 신입 개발자로 첫 출근하는 날

마정석 씨는 오늘 개발자로서 첫 출근을 하게 되었다. 두근대는 마음으로 회사 선배들에게 우렁차게 인사한 정석 씨는 곧이어 기재부로부터 자신의 업무용 노트북을 받게 되었다. 두근대는 마음으로 노트북을 연 정석 씨는 지라 소프트웨어 내에서 자신의 첫 업무를 확인했다.

먼저 노트북에 필요한 프로그램을 설치하고, 각 프로그램마다 회사에서 사용하는 설정을 적용하는 일이었다. '무언가 대단한 일부터 시작할 리가 없지' 하고 차근히 할 일 목록을 읽어 내려가던 정석 씨는 설치해야 하는 프로그램이 10개가 넘어가는 데에 놀랐다. 이 일을 하는 데에만 오늘 하루 종일 걸릴지도 모를 일이었다.

그는 잠시 프로그램들을 다운로드하는 도중에, 주변의 대화에 귀를 기울였다. "지라 버그 티켓 우선으로 처리해주세요." "포스트맨 컬렉션 업데이트 했으니 확인하세요." 등의 대화가 들려왔다. 어떤 내용인지 도저히 알아들을 수 없었던 정석 씨는 모르는 단어들을 메모하며, '첫날부터 이거, 일이 쉽지 않겠구나!' 하며 마음속으로 뜨겁게 다짐했다. 첫 단추부터 잘 꿰어서 1인분 몫을 하는 개발자가 되기로!

떨리는 첫 출근, 합격만 하면 그만인 줄 알았는데. 첫날부터 쉬운 게 없다. 회사 사람들의 얼굴과 직급을 외우고, 회사 서비스와 고객에 대해 공부하는 것은 그저 시작일 뿐이다. 노트북을 받고 나면 설치해야 할 프로그램은 또 왜 이렇게 많은지…. 설치만 하면 끝인가? 여러 보안 정보를 받아서, 하나씩 스스로 설정하고 제대로 작동하는지도 재차 확인해야 한다. 분명히 동료의 컴퓨터에서는 실행이 잘 되었는데, 내 컴퓨터에서 실행이 안 되기도 하고, 어제는 되던 설정이 오늘은 잘 되지 않기도 한다. 그 이유조차 모르는 경우도 허다하다. 회사 내에서 협업과 일정 관리를 위해 쓰는 도구들도 전혀 익숙하지 않다. 앞으로 어떻게 적응해야 할지 막막하기만 하다. 무엇을 공부해야 하는지라도 안다면 나을 텐데, 너무 많은 새로운 기술에 압도되어 어디에서 무엇을 공부해야 할 지조차 모르는 경우가 태반이다.

큰 기술회사들, 예를 들어 '메타(페이스북)'에서는 신입 개발자 초기교육에만 6주가 걸린다고 한다. 본격적인 업무를 맡기고 시작하기 전에 적응 기간을 제공하는 것이다. 이 초기교육 기간에는 각 신입사원에게 멘토, 우리식으로 치면 사수가 배정되며 단계별로 교육이 제공된다. '구글'에서는 6개월 동안 한 달에 한 번씩 신입 개발자 상태 체크를 한다고 한다. 세계 최고의 기업에 합격한 개발자도 신입 초기교육에 6주, 6개월이나 걸리는데, 우리라고 더 길다면 길었지 어떻게 짧겠는가. 처음 시작한 개발자로서의 업무가 압도적으로 느껴질 수 있다. 3년 이내로 이 길이 자신의 길이 아니라며 그만두는 비율이 개발자 중 굉장히 높다고 한다. 덕분에 신입 개발자의 경쟁률은 높은 반면, 3년 이상의 경력을 가진 개발자를 구할 때에는 굉장히 어려운 게 현실이다. 개발자라는 직업이 너무 방대하고, 매일 새로운 기술이 나오기 때문에 처음 부딪힐 때에는 어려울 수 있겠지만, 누구나 거치는 기간이라 생각하고 하나씩 알아본다면 다른 여타 직업과 크게 다를 것도, 특별히 어려울 것도 없다.[01]

분야에 따라 차이는 있겠지만, 한국을 비롯한 세계 전역에서 개발에 사용하는 도구들은 대동소이하다. 한국에서 더 인기가 있는 도구도 분명히 존재하지만, 일반적으로는 비슷한 도구를 사용하므로 이를 배우는 데에 끝이

---

01 https://www.process.st/onboarding-process

없는 것은 아니다. 프로그래밍 언어 또한 전 세계에서 동일하다. 개발자의 큰 장점 중 하나는 이런 특성을 활용하여 전 세계에서 일을 할 수 있다는 것이다. 또, 한번 익숙해진다면 이후에는 편안하게 사용할 수 있는 매우 효율적인 도구들(몇몇 도구에 대해서는 찬반 의견이 존재한다[02])이기 때문에, 어느새 개발 경력이 쌓일수록 일상생활 속에서도 개발에서 많이 쓰는 도구를 사용하는 여러분을 만날 수도 있다.

1.2 개발할 때 많은 도구가 필요한 이유

프로그램을 한창 설치 중인 마정석 씨는 보안팀에게 인사를 마치고 회사 이메일을 만든 후, 슬랙과 지라의 접속 권한을 받았다. 처음 들어간 회사의 슬랙에는 정석 씨와 같이 처음 입사한 사람들을 환영하는 메시지와 축하 이모티콘으로 가득했다. 밝은 에너지를 느낀 정석 씨는 옅게 미소 지을 수 있었다.

회사 내 메시지들을 구경하던 정석 씨는 곧 자신의 팀 채널에도 초대되었다. 한 선배는 정석 씨에게, "첫날부터 할 일이 많죠? 환경설정에만 일주일 정도 걸릴 수도 있어요"라며 토닥이는 메시지를 보냈다. '이런. 오늘 하루면 충분히 다 끝내고 이번 주나 이번 달에는 이미 멋진 모습으로 본 업무에 들어갈 수 있을 거야'라고 쉽게 생각했던 정석 씨는 자신이 부끄러워졌다.

프로그램을 모두 설치한 뒤에도 갈 길이 먼 모양이었다. '일주일이라고?' 혼잣말을 한 뒤, 그는 이번 주를 완벽하게는 못하더라도 완전하게 보내주겠다고 생각하며 의지를 다졌다.

---

02 텍스트 편집기 중 하나인 vi(vim)에 대해서는 초보자들의 원성이 자자하다.

▲ **그림 1-1** 슬랙에 뜬 입사 축하 메시지

그렇다면 대체 왜 이렇게 많은 도구가 개발을 할 때 필요한 걸까? 그냥 다른 직업군과 비슷한 도구들을 사용할 순 없는 걸까? 왜 프로젝트 관리를 '지라Jira'라는 소프트웨어를 이용해서 해야 하고, 다른 메신저를 쓰면 되는데 왜 유독 개발업계에서는 '슬랙Slack'을 고집할까? 이런 도구들이 개발 업계에 필수 요소로 정착하게 된 이유는 무엇일까?

개발에는 많은 품이 들어간다. 혼자서만 맡아서 되는 일도 아니다. 여럿이 같은 업무를 동시 다발적으로 진행하며, 동일한 코드에 손을 대는 경우도 많다. 이전에 완성한 것을 다시 고쳐야 하거나, 아예 새롭게 만들어야만 하는 경우도 있다. 다른 회사나 혹은 외부 업체와 함께 작업을 하기도 하고, 전혀 모르는 익명의 사람이 개발한 오픈소스나 큰 기업의 API Application Programming Interface를 이용해야 하는 경우도 부지기수다. 이런 개발자라는 직종의 특성이 특유의 문화를 만들어내고 공통점을 발생시킨다. 최고의 효율성을 추구하기 때문에 그에 적합한 여러 도구를 때에 맞춰 활용하는 것이다.

또한 코드를 다루는 데에도 여간 손이 가는 것이 아니다. 개발자 커뮤니티에 가 보면 각자 자신의 개발 설정을 자랑하는 글이 많다. 하드웨어인 모니터, 키보드, 마우스부터 소프트웨어인 IDE, 코드 관리 도구 등 각자의 취향이 여실히 반영된, 그러면서도 사용하기에 편한 설정을 공유하는 사람이 많다. 코드 편집기의 개인적 취향까지 가지 않더라도, 각 회사의 특성과 차이에 따라 사용하는 기술 스택도 모두 특별하고 다르다. 개발 업계에서 '이유 없는 선택'이란 없다. 각자의 필요에 따라 효율을 최대한으로 추구하는 것이다. 수많은 도구에 대해서 지금은 어지럽게 느낄 수 있지만 익숙해지면 자기 자신에게도 취향이 생기고 확실한 호불호가 생긴다. 그날을 기대하며 하나씩 배워가고, 자신에게 잘 맞는지 알아가면 된다. 분명 자신에게 제일 잘 맞는 언어와 또 그를 뒷받침해 주는 도구를 찾을 수 있을 것이다.

1.3 이 책에서 알아볼 개발 도구들

이 책에서 다루게 될 도구들에 대해 간단히 알아보자. 보통 회사에 입사한 후 처음 받는 일은 바로 자신의 개발환경 설정이다. 각 운영체제별로 요긴하게, 아니면 거의 필수적으로 사용하게 될 도구들이 존재한다.

먼저, 2장과 3장에서는 맥OS(Mac OS)와 윈도우즈 운영체제(Windows OS)를 예로 들어, 개발에 필수적인 유용한 도구들을 설명한다. 다음으로는 회사 내 개발 업무를 다루는 비개발 도구들에 대해 설명한다.

4장에서는 업무를 다루고 배당받는 도구, 회사 내에서 쓰는 메신저, 기록용 도구 등 개발회사라면 많은 곳에서 활용 중인 기술도 알아볼 것이다.

5장에서는 회의 시간, 프로젝트 초입 등에서 접할 수 있는 개발 프로젝트 설계 도구를 소개한다. 설계 도구를 이용해서 개발 프로젝트에 쓰이는, 도형으로 이루어진 그래프를 그릴 수 있다.

6장과 7장에서는 코드를 작성하는 데에 쓰이는 프로그램을 소개한다. 여러 코드 작성 프로그램 중 자신이 가장 편하게 느끼는 도구를 골라 보자. 코드를 작성한 이후에는 작성된 코드를 관리하는 것 또한 중요하다. 코드를 저장하고, 업데이트하고, 또 여럿과 나누는 다양한 방법이 존재한다. 깃_{Git}과 깃허브_{Github}라는 주요 기능을 중점으로 코드 관리를 배워보자.

코드 테스트와 배포 도구 또한 이 책에서 다루는 포인트다. 8장과 9장에서는 개발된 소프트웨어를 테스트하고, 모니터링하고, 또 사용자를 위한 문서를 만들 때 요긴하게 사용할 수 있는 도구를 소개한다. 마지막으로 이 모든 것이 완료되면, 코드를 배포하는 것을 도와주는 도구를 사용해서 직접 실습도 해 볼 것이다.

지면상 다루지 않게 될 여러 새로운 기술도 존재한다. 개발의 세계는 아주 빠르게 변화한다. 오늘, 내일, 모레 또 어떤 새로운 언어와 기술, 패러다임이 나타날지 무궁무진하다. 별도의 장(Chapter)으로 따로 다루지는 못했으나, 현 시점 가장 많이 쓰이는 기술을 10장에서 소개하며 이 책을 마무리한다.

2장
맥북
설정하기

'개발자!' 하면 왠지 체크무늬 셔츠를 입고 있거나, 이상한 그림이 그려진 티셔츠를 입은 채로, 맥북을 들고 있는 모습이 떠오르는 것은 단순히 기분 탓일까? 이전보다는 맥 사용자가 많이 늘었지만, 한국에서는 보통 사무용으로 윈도우즈 운영체제를 사용하는 경우가 많다. 따라서 맥OS(MacOS)는 익숙하지 않고, 뭔가 어렵게 다가오기도 한다. 최근 많은 개발회사에서 맥북을 기본으로 지급하거나, 맥과 윈도우즈 중 하나를 선택할 수 있는 옵션을 제공한다. 개발을 하는 데에 맥OS가 가진 이점이 매우 크기 때문이다. 맥OS의 매력에 한번 빠진다면 다시는 윈도우즈가 생각나지 않을지도 모른다. 아~ 물론, 게임을 할 때만 제외하고 말이다.

개발을 하기 위해 맥북의 환경을 설정하자

- 그 유명한 터미널 화면과 익숙해 보자. 이 장에서는 터미널의 기초 사용 법과 설정을 알아본다. 또 자신에게 최적화된 터미널을 꾸미는 방법도 알 아본다.

- exe 파일은 잊어라. 라이브러리를 설치하는 패키지 관리자가 왔다. yum, npm, pip에 대해서 들어봤을 것이다. 맥북에서는 패키지 관리자가 exe 파일의 역할을 대신한다.

2.1 터미널 설정하기

맥북을 이리저리 살펴보던 마정석 씨, 사실 그는 오늘 처음 맥북을 사용한다. 한영 키 전환부터 트랙패드까지 어느 것 하나 익숙한 것이 없다. 그래도 유려한 디자인에 은색으로 빛나는 노트북을 자기 앞에 펼쳐 두고 있으니 뭔가 자신이 생각하던 개발자의 모습과 동일한 듯 느껴 괜히 뿌듯하고 사진이라도 하나 남겨놓고 싶어진다.

처음 맥북을 받은 이후, 몇 가지 설정을 해야 한다고 안내를 들은 정석 씨는 어느새 신입 안내 매뉴얼을 익숙하게 읽어 내려가고 있었다. "그래, 이게 터미널이라는 놈이란 말이지?" 맥북 내 '터미널'이라는 것을 켜서 이리저리 둘러보던 정석 씨에게, 선배가 슬랙으로 팁을 남겼다.

"괜찮다면 iterm을 설치해 봐요. 그게 더 편하고 예쁘기도 하고."

예쁘다고? 이 화면이 어떻게 예뻐진단 말인가. 여태 공부하여 조금이나마 건드렸던 터미널 기반 작업이 익숙하지 않고 어색하기만 했던 정석 씨는 이 익숙하지 않은 도구가 어떻게 편해지고, 심지어 예뻐 보이기까지 할지 궁금했다. iterm이라. 무엇인지 알아보는 것이 좋겠다.

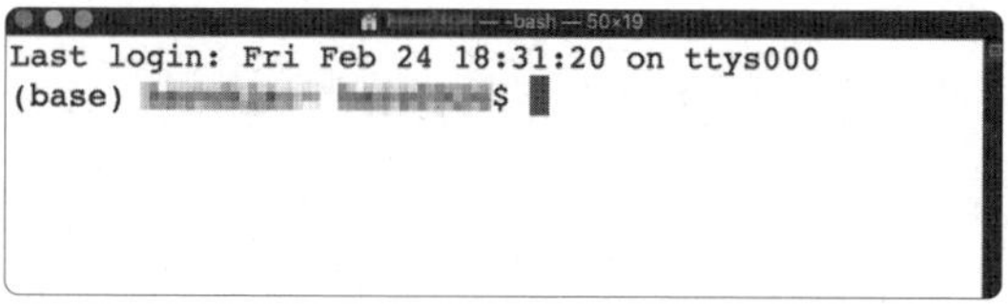

```
Last login: Fri Feb 24 18:31:20 on ttys000
(base) ████████ ████$ █
```

▲ 그림 2-1 맥북에 기본으로 설치되어 있는 내장 터미널의 모습

맥OS에는 기본적으로 터미널 애플리케이션이 내장되어 있다. 실행 시 위와 같은 화면이 보이는데, 사실 이와 비슷한 화면만 봐도 걱정이 앞서는 초보 개발자가 많을 것이다. 오래된 컴퓨터에는 그래픽으로 된 운영체제가 없

었고 컴퓨터와 프로그램이 통신하기 위해 텍스트를 기반으로 입력하는 검은색 화면이 있었을 뿐이다. 이 화면이 바로 우리가 쓰게 될 터미널과 매우 유사한 '시조 터미널'이라 하겠다. 영화를 보면 해커들이 항상 저런 화면을 켜 놓고 있지 않던가. 영어 명령어 같은 것이 빠르게 지나가는데, 그 어두운 방에서 해커들은 거의 모두 후드 티를 뒤집어쓰고 있다. '화면도 검정색인데 잘 보이기나 하는 건가' 하는 생각을 한 분이 많을 것이다. 개발자에 대한 인식이 슬프게도 이런 느낌에서 벗어나지 않는 경우가 많다. 그렇지만 더욱 슬프게도, 한 명의 어엿한 개발자가 되려면 익숙하지 않은 이 검정 화면에 익숙해져야만 한다.

2.1.1 터미널이란 무엇인가

터미널이란, 모든 운영체제에 있는 프로그램의 하나로써, 텍스트 기반 인터페이스다. 터미널에 명령을 입력하여 파일에 접근하고, 프로그램을 설치, 수정하고, 다양한 정보를 얻을 수 있다. 그 밖에도 여러 작업을 수행하는 데에 큰 도움을 준다. 명령행 도구(Command Line Tool), 셸shell로도 불린다. 터미널을 사용하면 그래픽 애플리케이션이나 직관적 메뉴를 사용하는 것보다 일부 작업을 훨씬 더 빠르게 완료할 수 있다. 또 다른 이점으로는 마우스로 움직이는 것보다 더 많은 명령과 스크립트를 수행할 수 있다. 예를 들면, 내부 CPU, 기타 네트워크 등에 접근할 수 있으며, 특정 패키지를 설치하고 업데이트할 수 있다. 또한 깃허브Github와 같은 플랫폼으로 작업을 내 보낼 수 있고 가져오기, 코드 테스트, 오류 표시와 디버깅 등을 할 수 있다. 그렇지만 터미널과 같은 텍스트 기반 인터페이스를 처음 접한 사람이라면 사용이 어려울 수 있다. 많은 명령어로 동작하므로 이 명령어들을 숙지하고 있어야 하기 때문이다. 그러나 이 명령어에 대해 잘 모른다고 해도 괜찮다. 필요할 때마다 특정 명령어에 대해 인터넷에서 찾아보면 그만이다.

2.1.2 iterm이란 무엇인가

맥OS에는 터미널 애플리케이션이 기본으로 설치되어 있으므로 이 기본 터미널을 이용해도 아무런 문제가 없다. 그렇지만 iterm은 이 공식 터미널 애플리케이션을 대신해서 사용할 수 있는 좋은 대안이 될 수 있다. 훨씬 다양한 기능, 예를 들면 화면 분할이나 단축키 윈도우, 검색, 하이라이트, 마우스 없이 복사가 가능한 기능(이 기능을 정말 사랑한다) 등이 있어 사용하기에 훨씬 편리하기 때문이다.

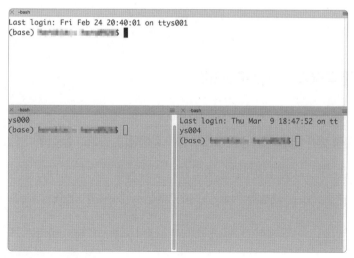

▲ 그림 2-2 iterm 내에서 분할 화면을 사용하는 모습

```
The standard Lorem Ipsum passage, used since the 150⌐          Q- lorem        1/5 ⊗  ‹ › ×
"Lorem ipsum dolor sit amet, consectetur adipiscing                              ⌐ ⌐o
r incididunt ut labore et dolore magna aliqua. Ut enim ad minim veniam, quis n
ostrud exercitation ullamco laboris nisi ut aliquip ex ea commodo consequat. D
uis aute irure dolor in reprehenderit in voluptate velit esse cillum dolore eu
 fugiat nulla pariatur. Excepteur sint occaecat cupidatat non proident, sunt i
n culpa qui officia deserunt mollit anim id est laborum."

Section 1.10.32 of "de Finibus Bonorum et Malorum", written by Cicero in 45 BC
"Sed ut perspiciatis unde omnis iste natus error sit voluptatem accusantium do
loremque laudantium, totam rem aperiam, eaque ipsa quae ab illo inventore veri
tatis et quasi architecto beatae vitae dicta sunt explicabo. Nemo enim ipsam v
oluptatem quia voluptas sit aspernatur aut odit aut fugit, sed quia consequunt
ur magni dolores eos qui ratione voluptatem sequi nesciunt. Neque porro quisqu
am est, qui dolorem ipsum quia dolor sit amet, consectetur, adipisci velit, se
d quia non numquam eius modi tempora incidunt ut labore et dolore magnam aliqu
am quaerat voluptatem. Ut enim ad minima veniam, quis nostrum exercitationem u
llam corporis suscipit laboriosam, nisi ut aliquid ex ea commodi consequatur?
Quis autem vel eum iure reprehenderit qui in ea voluptate velit esse quam nihi
l molestiae consequatur, vel illum qui dolorem eum fugiat quo voluptas nulla p
ariatur?"

1914 translation by H. Rackham
```

▲ 그림 2-3 iterm 내에서 〈Command〉+〈f〉로 검색하는 모습

iterm 설치하기

iterm을 설치하는 방법에 대해서는 저자의 개발 블로그 중 '2장. 맥 설정 →
맥OS에 iterm 설치하기'를 참고한다.

▶ https://blog.naver.com/sh_kim_0926/22281281960

2.1.3 셸 그리고 배시란 무엇인가

셸Shell은 유닉스UNIX 시스템에서 인터페이스를 제공하는 도구다. 즉, 사용자
로부터 입력 받은 명령어를 통해 프로그램을 실행한다. 프로그램 실행이 완
료되면 해당 프로그램의 결괏값을 출력한다. 운영체제의 종류가 다른 것처
럼 셸의 종류도 각양각색이다. 셸의 각 버전에는 지체적으로 인식되는 명령
어나 각각의 기능이 존재한다. 셸 프롬프트나 명령 프롬프트라고 불리는 프

롬프트 $를 본 적이 있을 것이다. 이 프롬프트 $가 표시되는 동안 명령을 입력하고, 〈Enter〉를 눌러 명령을 입력할 수 있다.

```
(base) ████████ ~ ███████$ date
Thu Mar  9 18:54:18 CET 2023
(base) ████████ ~ ███████$ ▮
```

▲ 그림 2-4 iterm 내에서 date 명령어를 실행하는 모습

배시(bash, Bourne Again Shell)는 가장 인기 있고 가장 강력한 셸 중 하나다. 이 bash 셸을 실행하는 터미널, 예를 들어서 맥OS의 iterm에서 프롬프트 $가 표시되어 있다면 셸이 입력을 기다리고 있는 것이다. 물론, 여기에 무엇을 입력해야 되는지 아는 건 또 다른 차원의 문제이긴 하다. 우리가 여기서 알고 넘어가야 할 점은 bash는 셸 애플리케이션 중 하나이며, 기본 작업은 시스템 내 다른 애플리케이션과 명령을 통해 통신한다는 것이다. 리눅스나 유닉스(⑩ 맥OS)에서 대부분의 터미널 명령어는 기본적으로 /usr/bin이나 /bin과 같은 시스템 디렉터리 안에 저장된다. bash는 명령어를 조회할 수 있기 때문에, 무언가 명령어를 터미널 bash 셸에 입력하면 그러한 명령어가 존재하는지 확인할 수 있다. 그리고 명령어가 존재하면 bash는 이를 실행한다. 간단하게 기본 bash 명령어를 실습해보자.

```
(base) ████████ ~ ███████$ which bash
/bin/bash
(base) ████████ ~ ███████$ which ls
/bin/ls
(base) ████████ ~ ███████$ ▮
```

▲ 그림 2-5 터미널에서 bash 명령어를 실습해 본 모습

which bash를 입력해서 bash 명령어가 어디에서 실행되는지 확인할 수 있다. 마찬가지로 which ls를 실행해볼 수 있다.

bash 명령어의 유형은 아래와 같다.

▼ 표 2-1 bash 명령어의 유형

종류	설명
간단한 명령	자체적으로, 혹은 변수와 함께 수행되는 명령어들이다. 예 ls
파이프	하나 이상의 명령 출력을 다른 명령에 대한 입력으로 연결한다. 예 |
리스트	여러 명령을 순서대로 실행할 수 있게 한다. 예 NAMES = ()
복합 명령	루프 및 조건부 구성 시 실행되는 복합 명령어. 예 { echo Hello; date; }

이전 명령을 다시 입력하고 싶은 경우

bash에서는 〈↑〉를 눌러 이전에 입력한 명령을 다시 사용할 수 있다. 이렇게 하면 복잡한 명령어를 기억하지 않아도 되고, 더 쉽고 빠르게 명령어를 수행할 수 있다.

윈도우즈에서는 필요한 파일이 있을 때 어떻게 찾아서 실행할까? 폴더를 클릭해서 열고, 파일이 어디 있는지 잘 모를 때에는 검색 창에서 검색을 한다. 맥OS에서도 마찬가지로 파인더finder에서 위와 동일한 작업을 할 수 있다.

그렇지만 이 작업을 bash 셸에서도 동일하게 실행할 수 있다. bash 셸에서 pwd라는 명령어를 입력하면, 현재 위치한 디렉터리를 표시할 수 있다. 또 ls라는 명령어를 입력해 보면, 현재 디렉터리에 있는 폴더와 파일을 보여준다. bash 셸에서 우리가 필요한 폴더로 이동해 본다면, cd 폴더 이름으로 이동할 수 있다.

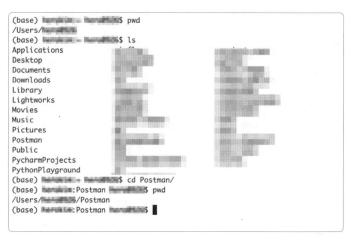

```
(base) ████████ : ████████$ pwd
/Users/████████
(base) ████████ : ████████$ ls
Applications
Desktop
Documents
Downloads
Library
Lightworks
Movies
Music
Pictures
Postman
Public
PycharmProjects
PythonPlayground
(base) ████████ : ████████$ cd Postman/
(base) ████████ :Postman ████████$ pwd
/Users/████████/Postman
(base) ████████ :Postman ████████$ █
```

▲ 그림 2-6 터미널에서 pwd, ls, cd Postman, pwd를 실행해 본 모습

이런 단순한 작업 말고도 수많은 개발 작업이 bash 셸을 필요로 한다. SSH 접속을 할 때, 서버 내로 접속해서 컨테이너 작업을 할 때, 깃Git을 이용할 때에도 많이 쓰인다. 환경설정 파일을 수정하려고 vi를 이용할 때에도 마찬가지다. 매일 활용하기 때문에 오히려 언제 bash 셸을 쓰지 않는지에 대해 답하는 것이 더 어려울 지경이다. 어떤 종류의 개발자들은 IDE를 거부하고 오직 bash 셸만을 이용하는 것을 즐기기도 한다. 아직은 어렵겠지만, 차근히 bash 셸에 익숙해져 가면서 환경설정 파일을 수정하는 것부터 해보자. bash 설정 파일은 보통 ~/.bashrc로 존재하는데, 이 파일은 bash에서 작업을 할 때마다 실행되는 파일이다. 환경변수 파일이라고 이해하면 쉽다. 여기에 자주 사용하는 명령어 등을 정의해두면 bash 셸 사용이 굉장히 쉬워진다. 예시로 사용자 정의 명령어를 하나 만들어 보자.

rm -rf에 대한 개그를 들어본 적이 있을지 모르겠다. rm 명령어는 bash 셸에서 사용할 수 있는 가장 강력하고 무서운 명령어 중 하나다. rm 명령어를 통해서 파일과 폴더를 삭제할 수 있기 때문이다. rm -rf는 폴더, 파일을 모두 (삭제 유무를 확인하지 않고) 강제로 삭제하는 명령어다. 우리는 일반적으로 파일을 삭제할 때 이 파일을 정말 삭제할 것인지 한번 더 확인하고 싶을 것이다. rm 명령어를 입력할 때 기본적으로 매번 사용자에게 삭제할 것인지 묻게 설정하면 어떨까?

-i 옵션은 rm 명령어에 더할 수 있는 옵션으로, 매번 삭제할 때마다 사용자에게 삭제할 것인지의 여부를 묻는다. 기본 rm 명령어를 rm -i 명령어로 덮어씌우도록 .bashrc 파일에 설정하는 방법은 다음과 같다.

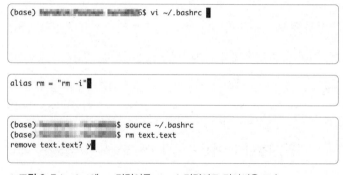

▲ 그림 2-7 bashrc에 rm 명령어를 rm -i 명령어로 덮어씌운 모습

2.1.4 zsh란 무엇인가

'z shell', 즉 zsh란 bash, ksh, csh와 같이 다른 인기 있는 셸에 있는 유용한 기능을 통합한 셸이다. zsh는 이러한 셸들과 높은 호환성을 제공하도록 설계되었기 때문에 많은 개발자가 아주 유용하게 사용할 수 있다. zsh는 2019년부터 맥OS의 기본 셸이 되는 등 대규모 오픈소스 프로젝트로 유지되고

있다. bash보다 zsh를 쓰는 것이 더 좋다는 의견이 많다. 구성과 테마를 위해 oh-my-zsh 플러그인을 추천하는 사람도 많다.

bash와 zsh를 간단히 비교해보자. 오늘날 두 오픈소스 프로젝트는 여전히 활발히 개발되고 있으며, 일반적인 기능 측면에서 두 셸에 아주 큰 차이는 없다. 그러나 특정 작업을 수행하는 방법에는 약간의 차이가 존재하며, bash의 일부 작업을 수행하기 위해 bash 내의 추가 플러그인을 요구하는 경우도 존재한다. 보통 zsh에 더 많은 고급 기능이 포함되어 있다고 생각하면 편하다.

bash와 zsh의 차이

자동 완성은 bash보다 zsh에서 훨씬 빠르다. bash에서는 입력한 첫 단어를 기준으로 명령어를 자동 완성하지만, zsh에서는 찾으려는 명령어가 중간에 있어도 자동으로 명령어를 완성한다. 또한 명령어를 잘못 입력해도 가장 비슷한 명령어로 추천해준다.

```
(base) ██████ ~ ██████$ git abd
git: 'abd' is not a git command. See 'git --help'.

The most similar command is
        add
```

▲ 그림 2-8 zsh의 추천 명령어 기능

또한 zsh 내에는 자동 수정 기능이 있어 사용에 편리함을 제공한다. 명령어에 오탈자를 입력할 경우 셸에서 올바른 명령어를 제안하는 기능이 있어 편리하다. 또한 zsh는 이후에 실습해 볼 oh-my-zsh라고 부르는 플러그인을 가지고 있다. 이 oh-my-zsh 커뮤니티에서는 다양한 플러그인과 테마를 제공하기 때문에, 자신이 원하는 작업 흐름에 맞게 특별히 설정된 환경에서 작업하는 데 알맞다. zsh는 강력하고, 또 빠른 셸로써, 사용자의 경험으로 입증된 셸이다. 여러분의 작업 중 명령행 도구(Command Line Interface)를 자주 사용한다면 zsh를 사용하는 것이 일반적 경험을 개선시키는 데에 도움이 될 수 있다. 물론, 그렇다고 bash를 버린다는 생각은 하지 않아도 좋다. bash는 대부분의 리눅스 배포판에 내장된 표준 셸이기 때문에, 전 세계 수많은 서버와 컨테이너, 가상 머신 등에서 사용되고 있다. bash를 기본 셸로 생각하고 사용한다면 일관성이 있어서 더 나을 수도 있다. 앞으로 몇 년간은 bash 스크립팅이 여전히 안전한 선택으로 남을 것이기 때문이다.

보통 신입사원이 회사 업무에서 제일 처음 만날 수 있는 셸 스크립팅 작업은 일정한 종류로 정해져 있다. 그중 가장 먼저 할 일이 환경설정 파일을 바꾸는 것이다. .sh 확장자 파일을 통해 셸 스크립팅을 자동으로 진행할 수 있는데, 이 분야에 대해 다루자면 책 한 권으로도 모자랄 것이다. 처음 명령행 도구로 명령을 내리는 우리는 한 명령어씩 실습해 보는 것으로 충분하다. 환경설정 파일이 있는 장소에 cat 명령어를 실행하여, 파일의 내용을 간략히 살펴볼 수 있다. 직접 파일을 편집하러 들어가는 vi와는 또 다른 편안함을 안겨줄 것이다. 보통 처음 자신이 사용하는 언어의 환경 변수, 혹은 AWSAmazon Web Service 사용자 환경설정을 하는 업무를 받을 텐데 이때 낭황하지 말고 멋진 모습을 보여주자. zsh 셸과 함께라면 어려운 명령어나 자주 발생하는 오타도 두렵지 않을 테니 말이다.

```
(base) ██████  ██████$ cat book.text █
```

```
● ● ●                              -bash                              ⌥⌘1
Section 1.10.33 of "de Finibus Bonorum et Malorum", written by Cicero in 45 BC
"At vero eos et accusamus et iusto odio dignissimos ducimus qui blanditiis pra
esentium voluptatum deleniti atque corrupti quos dolores et quas molestias exc
epturi sint occaecati cupiditate non provident, similique sunt in culpa qui of
ficia deserunt mollitia animi, id est laborum et dolorum fuga. Et harum quidem
 rerum facilis est et expedita distinctio. Nam libero tempore, cum soluta nobi
s est eligendi optio cumque nihil impedit quo minus id quod maxime placeat fac
ere possimus, omnis voluptas assumenda est, omnis dolor repellendus. Temporibu
s autem quibusdam et aut officiis debitis aut rerum necessitatibus saepe eveni
et ut et voluptates repudiandae sint et molestiae non recusandae. Itaque earum
 rerum hic tenetur a sapiente delectus, ut aut reiciendis voluptatibus maiores
 alias consequatur aut perferendis doloribus asperiores repellat."

1914 translation by H. Rackham
"On the other hand, we denounce with righteous indignation and dislike men who
 are so beguiled and demoralized by the charms of pleasure of the moment, so b
linded by desire, that they cannot foresee the pain and trouble that are bound
 to ensue; and equal blame belongs to those who fail in their duty through wea
kness of will, which is the same as saying through shrinking from toil and pai
n. These cases are perfectly simple and easy to distinguish. In a free hour, w
hen our power of choice is untrammelled and when nothing prevents our being ab
le to do what we like best, every pleasure is to be welcomed and every pain av
oided. But in certain circumstances and owing to the claims of duty or the obl
igations of business it will frequently occur that pleasures have to be repudi
ated and annoyances accepted. The wise man therefore always holds in these mat
ters to this principle of selection: he rejects pleasures to secure other grea
ter pleasures, or else he endures pains to avoid worse pains."
```

▲ 그림 2-9 터미널에서 파일 읽기를 실습하는 모습

zsh와 oh-my-zsh 플러그인 설치하기

zsh와 oh-my-zsh 플러그인을 설치하는 방법에 대해서는 저자의 개발 블로그 중 '2장. 맥 설정 → 맥OS에 zsh 셸, oh-my-zsh 플러그인 설치하기'를 참고한다.

▶ https://blog.naver.com/sh_kim_0926/222837971880

2.2 터미널을 쉽게 사용하는 꿀팁

몇 가지 명령어를 살펴봤지만, 사실 터미널의 활용처는 무궁무진하다. 모든 명령어를 다 익힐 수도 없고, 익힐 필요도 없지만 꼭 자주 쓰이게 되는 혹은 알아두면 유용한 명령어 조합은 존재한다. 지긋지긋한 터미널을 닫기 전에 이러한 몇 가지 명령어만 알아보자.

종종 단 30줄만 읽고 싶거나 끝 구문으로 이동하고 싶은 경우가 있는데, 이처럼 로그나 텍스트를 터미널로 다뤄야 할 때 사용하는 명령어가 있다. 로그 파일을 읽을 때 훌륭한 tail, 그리고 head 명령어다. 로그 파일을 볼 때 변경사항이 생기는 대로 볼 수 있게 하는 명령어가 바로 tail이다.

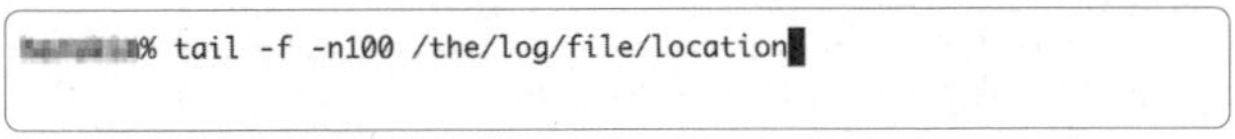

```
▓▓▓▓▓% tail -f -n100 /the/log/file/location▮
```

▲ 그림 2-10 변경사항을 볼 수 있는 tail 명령어

파일 전체를 열어서 한 줄씩 내려가는 것이 아니라, 이렇게 tail 명령어를 이용해서 파일을 열면 마지막 100줄을 볼 수 있고, 또 파일이 업데이트되는 대로 바로 확인할 수 있다. 예시로 든 -n100을 100 말고 다른 숫자로 변경해서 자신이 원하는 만큼도 조절할 수 있다. tail에서 벗어나려면 〈Ctrl〉+〈C〉를 누르면 된다. 반대로 시작부터 보려면 head 명령어를 tail 대신 사용한다.

앞서 rm -rf에 대해 잠깐 알아봤다. 완전 삭제 명령어는 언제 어디에서나 위험할 수 있다. 파일을 옮기고, 복사하고, 지우는 법을 터미널로 학습해보자.

```
(base) ━━━━━━ ━━━━ ━━━━━━$ pwd
/Users/━━━━%/book
(base) ━━━━━ ━━━━ ━━━━━$ ls
test.txt          test2.txt          testFolder
(base) ━━━━━ ━━━━ ━━━━━$ ▮
```

▲ 그림 2-11 현재 위치를 확인하는 pwd, 현재 위치 내 폴더와 파일들을 확인하는 ls 명령어

test.txt를 testFolder 내로 옮긴 후 test2.txt를 삭제해보자. mv 명령어는 move의 약자로, 파일이나 디렉터리를 원하는 장소로 옮길 수 있다. test.txt 파일을 testFolder 내로 옮기기 위해 mv test.txt testFolder/ 명령어를 사용했다. cd testFolder 명령어로 폴더 내로 이동해서 ls로 폴더 안 내용물을 확인해 보자. test.txt가 이동된 것을 확인할 수 있다.

```
(base) ━━━━━━ ━━━━ ━━━━$ mv test.txt testFolder/
(base) ━━━━━━ ━━━━ ━━━━$ ls
test2.txt          testFolder
(base) ━━━━━ ━━━━ ━━━━$ cd testFolder/
(base) ━━━━━ ━━━━━ ━━━━$ ls
test.txt
(base) ━━━━━ ━━━━━ ━━━━$ ▮
```

▲ 그림 2-12 파일을 옮기는 mv, 현재 위치 내 폴더와 파일들을 확인하는 ls 명령어

또 복사 명령어는 cp인데, 여러 명령어와 조합해서 활용하는 것이 좋다. cp 에서 확인 메시지를 강제로 표시하려면 -i 옵션을, 자세한 출력을 원한다면 -v 옵션을 사용하다. 제일 유용한 옵션은 -R인데 모든 폴더와 파일, 하위 디 렉터리를 복사하는 명령어다. testFolder를 새 폴더로 복사하는 예시를 확 인해보자.

```
(base)  ███████:book ████████$ mkdir copyFolder
(base)  ███████:book ████████$ ls
copyFolder        test2.txt        testFolder
(base)  ███████:book ████████$ cp -R testFolder/ copyFolder/
(base)  ███████:book ████████$ ls
copyFolder        test2.txt        testFolder
(base)  ███████:book ████████$ cd copyFolder/
(base)  ███████:copyFolder ████████$ ls
test.txt
```

▲ 그림 2-13 디렉터리 전체를 복사하는 cp -R 명령어

mkdir copyFolder로 새 copyFolder 디렉터리를 만들었다. 그리고 cp -R
testFolder/ copyFolder/로 copyFolder 안에 testFolder의 내용을 복사해
왔다.

　재미있는 명령어 중 하나로 kill도 있다. kill 명령어는 대부분 프로세
스를 죽일 때(종료시킬 때) 사용한다. kill 명령어를 입력하면 아래 화면이
나오는데, pid라는 것은 프로세스의 고유한 id와 같은 것이다. 이 pid를 찾
으려면 ps 명령어를 사용해야 한다.

```
(base) ████████:~ ████████$ kill
kill: usage: kill [-s sigspec | -n signum | -sigspec] pid | jobspec ... or kil
l -l [sigspec]
```

▲ 그림 2-14 프로세스를 종료시키는 kill 명령어

ps 명령어를 사용하면, 현재 실행 중인 프로세스들을 모두 보여준다. bash
창의 pid는 97647이다. kill 97647로 bash 창의 프로세스를 종료할 수
있다.

```
(base) ████████ ████████$ ps
  PID TTY          TIME CMD
97647 ttys002    0:00.10 -bash
```

▲ 그림 2-15 현재 실행 중인 프로세스를 모두 보여주는 ps 명령어

kill 명령어로 프로세스가 종료되지 않을 경우에는 kill -9 명령어를 사용하자. 강제 종료 옵션이다. kill -9 97647을 입력하면, 실행 중이던 bash 창이 바로 종료될 것이다.

파일에 대한 권한을 읽고, 주고, 바꾸는 명령어도 중요하다. 각 파일에는 읽기, 쓰기, 실행 권한이 존재하고, chmod 및 chown은 리눅스 및 유닉스 파일 권한과 관련하여 가장 중요한 두 가지 명령이다. 그러나 작동 방식을 이해하는 건 조금 어려울 수 있다. chown은 이 파일을 가진 소유권자를 변경한다. chmod는 파일의 권한 자체를 수정한다. 사실, chmod와 chown을 실행하려면 ls -l을 실행해서 파일의 소유권에 대한 정보를 알아야 한다. ls -l은 파일 크기, 마지막 수정 시간, 파일 이름 및 파일 권한을 보여준다.

```
(base) ██████ ██████$ ls -l
total 0
drwx------@  7  ████  staff   224 Dec 11 12:22 Applications
drwx------+ 12  ████  staff   384 Jan  5 21:50 Desktop
drwx------+  9  ████  staff   288 Mar  9 08:16 Documents
drwx------+ 98  ████  staff  3136 Mar  9 19:26 Downloads
drwx------+ 76  ████  staff  2432 Mar 14 2021 Library
drwxr-xr-x  15  ████  staff   480 Nov 16 2018 Lightworks
drwx------+  9  ████  staff   288 Mar  9 08:23 Movies
drwx------+  4  ████  staff   128 Oct 23 2018 Music
drwx------+  5  ████  staff   160 Jan 12 2019 Pictures
drwxr-xr-x   3  ████  staff    96 Mar  9 2020 Postman
drwxr-xr-x+  4  ████  staff   128 Sep 28 2018 Public
drwxr-xr-x   4  ████  staff   128 Oct 19 2019 PycharmProjects
drwxr-xr-x   6  ████  staff   192 Dec 19 2018 airflow
drwxr-xr-x  32  ████  staff  1024 Mar 18 2020 anaconda3
drwxr-xr-x   5  ████  staff   160 Mar  9 19:26 book
drwxr-xr-x   3  ████  staff    96 Jan 17 2019 builds
drwxr-xr-x   4  ████  staff   128 Nov 24 19:25 danzzak
drwxr-xr-x  14  ████  staff   448 Nov 21 2020 docker-react
drwxr-xr-x   5  ████  staff   160 Dec 29 2021 go
drwxr-xr-x   3  ████  staff    96 Dec 27 2021 golangStudy
```

▲ 그림 2-16 파일 크기, 마지막 수정 시간, 파일 이름 및 파일 권한을 보여주는 ls -l 명령어

일반 ls 명령어와 ls -l의 출력값이 다른 것을 알 수 있다. 이제 원하는 파일을 chmod나 chown 명령어로 권한을 변경할 수 있다.

2.3 패키지 관리자 설정하기

iterm 터미널을 마음에 드는 색깔까지 맞춰 설정하고 나니, 어느덧 시계가 점심 시간을 목전에 두고 있었다. 오전에 한 것도 별로 없는 것 같은데 시간은 참 빨리도 흘러간다고 느꼈지만, 맥북 자체에 익숙하지 않으니 어쩔 수 없었다. 선배들을 따라 점심을 먹으러 가서 오후의 일에 대해 넌지시 물어본 정석 씨였지만, 점심시 간까지 일 얘기는 금지라며 오히려 이것저것 반찬만 양보받고 말았다.

"밥 먹을 때에는 코딩 얘기를 금지합시다. 신입이라서 그런지 정석 씨의 열정 이 장난이 아닌데요."

자신의 앞으로 장조림을 밀어주며 한 선배가 말했다. 처음이라서 설정만 하느라 조금 지루할 수 있지만, 아무래도 첫날이라는 게 그럴 수밖에 없는 법이니 조금 양해해 달라는 이야기였다. 자신이 선택한 회사의 분위기가 꽤 괜찮은 것 같아 미소를 지은 정석 씨는 자신의 솔직한 심경을 털어놓았다.

"아무래도 터미널 하나 설치한 걸로는 끝이 아닌 거 같아서요. 다른 것도 많이 남았겠죠?"

"오늘은 홈브루만 하나 더 설치하고 끝냅시다. 내일도 할 게 많으니까요."

2.3.1 패키지 관리자란 무엇인가

평범한 프로그램을 설치하는 데에는 물론 '패키지 관리자' 등이 필요 없다. 필요한 프로그램을 인터넷에서 다운로드해서 설치하면 그만이다. 애초에 '패키지 관리자'라는 단어가 생소한 분이 많을 것이다. 그렇다면 npm은 어떤가? 자바스크립트를 배워 본 분이라면 "어" 하고 짐작하는 분이 있을 것이다. 파이썬의 pip은 어떤가? 리눅스 사용자라면 yum에 대해서 알 것이다. 이렇게 설명하면 개념이 유사하게 느껴질 수도 있다. 라이브러리library와도 비슷한 개념이라고 이해하면 쉽다.

프로그램 개발 중에는 한 프로그램에 많은 의존성이 존재한다. 많은 패키지, 그것은 다른 패키지를 필요로 한다. 어떠한 한 패키지를 사용하기 위해서 다른 패키지가 필요한 경우가 아주 많은데, 이때 기존 패키지를 위해 필요한 패키지를 '의존성 패키지(Dependency Package)'라고 부른다. 이 의존성 패키지에 필요한 또 다른 의존성 패키지가 있을 수도 있다. 수동으로 사람이 직접 하나씩 이런 패키지를 관리한다면…. 정말로 괴로울 것이다. 이러한 패키지들을 관리하는 것이 패키지 관리자다. 패키지의 의존성을 자동으로 관리하고, 보안이나 그룹, 압축에 대한 도움을 제공하며, 자동으로 패키지를 업데이트해주기도 한다.

자바Java의 패키지 관리를 예로 들어 보자. 자바에는 패키지 관리를 위한 두 가지 주요 선택지가 있다. 하나는 Maven이며 업계 표준이다. 자바 코드를 쓰다 보면 타인이 미리 만들어둔 요소, 가장 잦게 쓰이는 것 중 하나로는 날짜 관련 패키지가 있다. 즉 의존성이 필요할 때가 있다. Maven Central Repository에서는 프로젝트에서 사용할 수 있는 여러 패키지를 저장하고 있다. 또 다른 패키지 관리자는 Gradle이다. 비교적 최근에 빠르게 성장했으며, 더 빠른 빌드 시간이 장점이다. 코드를 다룬다면, 이런 말을 들어봤을 것이다. "이미 만들어진 바퀴를 다시 만들지 말라"는 명언 말이다. 개발의 세상에서는 타인의 저작물(!)을 가져다 쓰는 데에 아무런 문제가 없는 경우가 많다. 물론 오픈소스에 대한 권리와 의무에 대해서는 꼭 나중에라도 알아둬야 하지만 말이다. 여러 패키지, 그리고 그 패키지와 관련된 의존성 패키지들을 편안하게 관리하기 위해서는 여태까지 윈도우즈, 혹은 맥OS에서 한 것과 같은 마우스 클릭만으로 이루어지는 설치는 잊어야 한다. 패키지 관리자만이 이 작업을 아주 편안하고, 부드럽게 도와줄 수 있다.

2.3.2 홈브루란 무엇인가

홈브루homebrew와 같은 패키지 관리자는 명령행 도구(CLI Tool)를 이용하는 데에 아주 큰 도움을 준다. 홈브루에 대해 간단하게 이해하자면, 애플에서 기본 설정으로 되어 있지 않지만 내가 필요한 것들을 설치해주는 도구라고 생각하면 된다. 좀 더 전문적으로 설명하자면 맥OS를 위한 의존성을 설치하고, 업데이트하고, 삭제하는 것을 도와주는 맥OS를 위한 무료 오픈소스 패키지 관리자라고 생각하면 되겠다. 홈브루와 함께라면 명령행 도구를 활용하는 데에 있어 최대의 생산성을 이끌어낼 수 있다. 업무의 자동화라고나 할까, 맥 내의 특정 공간에서 필요한 모든 패키지를 설치하고, 삭제하고, 업데이트하게 도와줘서 복잡한 개발 설정 업무를 훨씬 더 편리하게 만들어준다. 간단한 명령어로 이 모든 것을 실행할 수 있다. 홈브루의 기본 명령어만 알아두면 어렵지 않게 사용할 수 있다. 홈브루의 몇 가지 기능을 정리하면 다음과 같다.

- 다양한 라이브러리와 소프트트웨어 패키지를 한 곳에서 관리할 수 있다.
- 수천 개의 명령행 도구를 활용하여 작업을 자동화할 수 있다.
- 소프트웨어 개발을 위한 테스트 및 개발환경을 설정할 수 있다.
- 앱스토어에 없는 많은 앱을 설치할 수 있다.

홈브루의 설치 경로

홈브루의 설치 파일은 보통 사용자 경로인 /usr/local/bin 혹은 파일 시스템 경로인 /usr/local/Cellar로 설정하지만, 개인적으로는 사용자 경로인 /usr/local/bin 쪽이 편리하다고 생각한다. 이렇게 하면 맥OS에 기본으로 설치된 프로그램인 것처럼 홈브루로 설치한 프로그램도 애플리케이션 폴더에서 찾을 수 있기 때문이다.

2.3.3 홈브루 설치하기

홈브루를 설치하는 방법에 대해서는 저자의 개발 블로그 중 '2장. 맥 설정 → 맥OS에 홈브루 패키지 관리자 설치하기'를 참고한다.

▶ https://blog.naver.com/sh_kim_0926/222812107279

2.3.4 홈브루 실습하기

홈브루를 설치했다면 패키지를 설치, 업데이트, 삭제해보자. 홈브루를 통해 Go 언어를 쉽게 설치하고 업데이트하고 또 삭제할 수 있다.

```
(base) ████████ ████████$ brew install go
Warning: No available formula with the name "ca-certificates".
==> Searching for similarly named formulae...
Error: No similarly named formulae found.
==> Searching for a previously deleted formula (in the last month)...
Warning: homebrew/core is shallow clone. To get its complete history, run:
  git -C "$(brew --repo homebrew/core)" fetch --unshallow

Error: No previously deleted formula found.
==> Searching taps on GitHub...
Error: No formulae found in taps.
Error:
  homebrew-core is a shallow clone.
  homebrew-cask is a shallow clone.
To `brew update`, first run:
  git -C /usr/local/Homebrew/Library/Taps/homebrew/homebrew-core fetch --unshall
ow
  git -C /usr/local/Homebrew/Library/Taps/homebrew/homebrew-cask fetch --unshall
ow
These commands may take a few minutes to run due to the large size of the reposi
tories.
This restriction has been made on GitHub's request because updating shallow
clones is an extremely expensive operation due to the tree layout and traffic of
Homebrew/homebrew-core and Homebrew/homebrew-cask. We don't do this for you
automatically to avoid repeatedly performing an expensive unshallow operation in
```

▲ 그림 2-17 패키지를 설치하는 brew install 명령어

install 명령어 하나로 다양한 패키지를 손쉽게 설치할 수 있다. 실제로 사이트를 방문해 zip 파일이나 설치 파일을 통째로 다운로드해서 직접 프로그램을 설치하는 것보다 훨씬 편리하다.

이번에는 방금 설치한 Go 언어를 삭제하자. brew uninstall 명령어 하나면 쉽게 삭제할 수 있다. 간간히, 패키지 하나에 여러 하위 패키지가 관련되어 있어 한번에 삭제가 어려울 때도 있다. 그럴 때는 brew uninstall

-ignore-dependencies 명령어를 통해 하위에 연결된 패키지들을 강제로 삭제할 수도 있다.

```
(base) ████████ ████████$ brew uninstall go
Error: Refusing to uninstall /usr/local/Cellar/go/1.16.5
because it is required by dep, which is currently installed.
You can override this and force removal with:
  brew uninstall --ignore-dependencies go
(base) ████████ ████████$ brew uninstall --ignore-dependencies go
Uninstalling /usr/local/Cellar/go/1.16.5... (9,957 files, 503.6MB)
(base) ████████ ████████$ █
```

▲ 그림 2-18 패키지를 삭제하는 brew uninstall 명령어

이번에는 brew update 명령어로 홈브루 자체를 최신 버전으로 업데이트해보자.

```
(base) ████████ ████████$ brew update
Warning: No available formula with the name "ca-certificates".
==> Searching for similarly named formulae...
Error: No similarly named formulae found.
==> Searching for a previously deleted formula (in the last month)...
Warning: homebrew/core is shallow clone. To get its complete history, run:
  git -C "$(brew --repo homebrew/core)" fetch --unshallow
```

▲ 그림 2-19 최신 버전으로 업데이트하는 brew update 명령어

brew search로 패키지를 검색하고, brew install go@1.20처럼 @을 뒤에 붙여 버전을 명시할 수도 있다. 홈브루 공식 홈페이지에서는 다양한 명령어를 게시하고 있으므로 필요한 명령어가 있다면 찾아서 쓰면 된다.

2.4 정리하기

맥북 환경을 설정하다보면 생각보다 오랜 시간이 걸릴 수 있다. 또 업무 도중에 또 새로운 것을 설치해야 할 날도 분명히 찾아올 것이다. '시작이 반'이라는 말처럼, 개발에는 '환경설정이 반'이라는 말이 있다. 처음 들어 봤다고? 맞는 말이다. 방금 내가 만든 말이니까. 그렇지만 지루한 환경설정을 잘 끝내야만 기대되는 다음 개발 작업을 이어나갈 수 있다. 또, 그 개발 작업을 편하게, 막힘없이 하기 위해 꼭 필요한 것이 이런 환경설정 작업이다.

3장

윈도우즈 설정하기

한국에서는 유독 윈도우즈 운영체제를 많이 쓰고 있다. 게임 강국이라서 그런지도 모르겠다. 여러 이유가 있겠지만, 윈도우즈가 개발자에게는 아주 친화적이지 않은 운영체제라는 것을 짚고 넘어가야겠다. 많은 개발자가 리눅스 기반 운영체세를 선호한다. 그렇다고 윈도우즈를 개발용으로 사용하는 게 멍청한 짓이라고 생각한다면 그건 또 아니다. 윈도우즈를 쓰는 이용자가 많은 만큼 윈도우즈 운영체제와 브라우저 등에서 테스트를 해야 하는 경우도 많다. 개발자들은 윈도우즈 운영체제가 조금 답답하고, 불편하게 느낄 수도 있지만 아직도 많은 사람에게 사랑받는 운영체제이고, 여기에 익숙한 사람도 많다. 윈도우즈를 사용하는 사람에게도 당신의 개발 실력을 맛 보여 줘야 할 것이 아니겠는가.

윈도우즈의 환경을 개발용으로 설정해보자

- 맥을 쓰던 사용자라면 윈도우즈를 불편하게 느낄 수도 있다. 윈도우즈에서도 리눅스 기반 운영체제에서처럼 편하게 개발할 수 있도록 도와주는 도구를 소개한다.

3.1 퍼티

정석 씨의 환경설정은 아직도 끝나지 않았다. 윈도우즈용 서버도 엄연히 존재하는 상황에서, 맥 환경설정만으로 끝나길 바랄 수는 없었다. 맥북을 쓰는 데 어느덧 익숙해진 정석 씨는 윈도우즈를 시작해서 영어와 한글 키를 바꾸는 데에도 버벅거리는 귀여운 실수를 하기도 했다. 맥OS는 확실히 개발에 유용했다. 쓰다 보니 적응하는 데에 오랜 시간이 걸리지 않았다. 도리어, 다시 윈도우즈로 돌아온 게 어색하게 느끼기까지 했다. 이제 반대로 윈도우즈가 문제였다.

"맥에서는 그냥 됐는데…. 이건 어떻게 하는 거지?"

분명히 윈도우즈도 맥처럼 사용하는 방법이 있을 텐데…. 정석 씨는 인터넷에서 관련된 프로그램을 하나하나 찾기 시작했다.

모든 개발환경이 그렇다는 것은 아니지만, 웹 개발 쪽은 리눅스 환경에서 유독 개발할 일이 많다. 그렇기에 명령행 인터페이스(CLI, Command Line Interface) 기반 도구를 사용할 일이 잦다. 윈도우즈 환경에서 개발해야 하는 경우, 예를 들어 게임 개발 등은 윈도우즈를 더 선호하는 경우도 많다. 그렇지만 많은 개발자가 리눅스, 유닉스 기반 개발환경을 선호한다. 조금 더 나은 크로스 플랫폼 경험, 개발 중심으로 이뤄진 도구들의 방대한 생태계와 함께 터미널도 편안하게 사용할 수 있기 때문이다.

맥에서만 이용할 수 있는 브라우저인 사파리Safari도 있다. 최근 윈도우즈에서 사용하던 브라우저인 마이크로소프트 에지Microsoft Edge는 크로미엄Chromium으로 전환되어, 주요 웹 엔진 및 기능은 크로미엄과 모질라Mozilla의 게코Gecko, 웹킷Webkit에만 남게 되었다. 파이어폭스, 크롬 등의 리눅스나 윈도우즈 모두에서 이용할 수 있는 브라우저보다 웹킷 경험에 최적화되어 있다고 알려진 사파리 브라우저를 선호하는 사람도 많다.

맥OS가 있는 경우 이러한 주요 브라우저의 최신 버전에서 문제없이 테스트를 할 수 있다는 장점이 커서 웹 개발자들이나 프런트엔드 개발자들이 더욱 선호한다. 그렇지만 의심의 여지없이 맥 머신은 비싸다. 또 개인의 취향도 있다. 다른 운영체제와 마찬가지로 맥OS도 장점이 많을 뿐이고, 윈도우즈나 리눅스 운영체제 또한 마찬가지다. 맥OS나 혹은 리눅스 환경에서 얻은 개발환경을 윈도우즈에서도 사용할 수 있도록 도와주는 도구도 많다. 이 장에서는 윈도우즈에서도 최고의 개발 생산성을 높이는 방법에 대해 알아본다.

3.1.1 퍼티란 무엇인가

퍼티PuTTY는 무료 오픈소스 터미널 에뮬레이터다. 쉽게 설명하면, 리눅스 머신을 원격 제어할 때 사용하는 프로그램이다. 윈도우즈 내에서 다른 운영체제의 명령행 인터페이스 환경에 접속할 수 있는 도구인 것이다. 설치와 사용법이 직관적인 편이고 무엇보다 무료라는 장점이 있다. 최근 윈도우즈 10부터는 openSHH 클라이언트와 리눅스용 시스템이 기본으로 포함되어 있고, 터미널에도 적용되어 있다. 그렇지만 퍼티는 그 이전까지 길게 사용해 온 프로그램이기에 소개한다. 만약, 최신 버전의 윈도우즈를 사용한다면, 윈도우즈 터미널을 사용해도 된다. 그렇지만 퍼티를 사용하면 조금 더 직관적 UI를 자신의 취향대로 최적화하여 파일을 관리하는 등의 작업을 하기에 굉장히 편리하다.

3.1.2 퍼티 설치하기

퍼티를 설치하는 방법에 대해서는 저자의 개발 블로그 중 '3장. 윈도우즈 설정 → 윈도우즈에 퍼티 설치하기'를 참고한다.

▶ https://blog.naver.com/sh_kim_0926/222899630117

3.1.3 퍼티 설정하기

퍼티를 설치하고 처음으로 실행하면 첫 페이지에서 Configuration 창을 볼 수 있고, 여기에서 필요한 설정을 변경할 수 있다. 왼쪽의 Category를 보면, Session, Terminal, Window, Connection 등이 보인다. 여기서 가장 자주 사용하게 될 설정은 바로 Session이다.

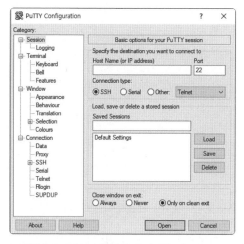

▲ 그림 3-1 퍼티를 실행한 후 볼 수 있는 Configuration 창

먼저, [표 3-1]을 참고해서 자신이 접속해야 할 호스트 이름과 포트를 설정해서 종류별로 저장한다.

▼ 표 3-1 session 설정 내용

필드	내용
Host Name(or IP address)	호스트(서버) 주소를 입력한다.
Port	접속할 포트를 입력한다.
Connection Type	SSH, Serial 등의 접속 방식을 선택한다.
Saved Sessions	자주 사용하는 서버 설정의 저장을 원할 때, 이름을 입력해서 저장했다가 불러올 수 있다.

▲ 그림 3-2 접속해야 하는 서버 주소와 포트

▲ 그림 3-3 서버 주소 및 포트 저장, 로드 기능

서버에 처음 접속하거나 SSH 프로토콜 버전이 업그레이드되면 [그림 3-4]와 같은 경고가 표시된다. 퍼티는 서버의 호스트 키를 윈도우즈 레지스트리에 등록해서 서버에 로그인 시도를 할 때마다 키를 확인할 수 있게 하고, 호스트 키를 변경할 때에는 경고를 표시해서 알려준다. 이것은 네트워크 공격을 방지하는 SSH 프로토콜 기능 중 하나다.

▲ **그림 3-4** SSH 경고 메시지

3.1.4 퍼티 활용하기

성공적으로 원격 서버에 접속했다면 이제 몇 가지 퍼티 활용법을 알아보자.

먼저, 퍼티에서 랩 모드_{Wrap Mode}를 활성화할 수 있다. 퍼티 창 내에서 긴 텍스트 줄이 오른쪽 창 끝에 도달하면 다음 줄을 덮어쓰게 할 수 있다. 이 기능을 사용하려면 'Auto wrap mode initially on' 확인란을 선택해야 한다. Wrap Mode가 off로 설정되어 있으면 수평 스크롤바가 생기지 않고 페이지 길이보다 긴 줄이 표시되지 않는다. 이 기능을 활성화하면 긴 로그 등을 읽는 데에 아주 수월하다. 이 설정은 즉시 적용되므로 세션 설정 중 변경할 수도 있다. 여러모로 편리한 기능이니 미리 설정해두자.

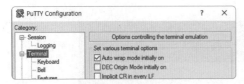

▲ 그림 3-5 Terminal 내 Auto wrap mode initially on 설정

다음으로 창 스크롤 버퍼 크기를 늘릴 수 있다. 퍼티로 보는 텍스트는 큰 제한이 있다. 그래서 매우 큰 파일 작업, 로그 파일 표시 등을 할 때 불편을 초래할 수 있다. 퍼티 내 설정에서 'Lines of scrollback' 값을 늘리면, 뒤로 스크롤바를 늘려 볼 수 있도록 창 버퍼에 더 많은 줄을 보관할 수 있다.

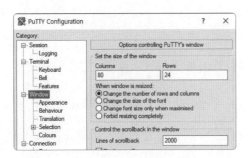

▲ 그림 3-6 Window 내 Lines of scrollback 설정

세 번째로, SSH 연결 유지 시간을 활성화할 수 있다. 세션이 오랫동안 유휴 상태가 되면 'Connection reset by peer' 오류가 발생할 수 있다. 이러한 경우에는 세션이 끝난 것으로 가정하여 네트워크 장치 혹은 방화벽에 의해 연결이 닫히고 만다. 이러한 연결 끊김을 방지하기 위해 null 패킷이 전송되도록 keepalive를 설정할 수 있다. keepalives에 언급된 값은 초 단위로 측정되며, Telnet과 SSH에서만 지원된다.

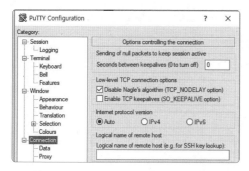

▲ **그림 3-7** Connection 내 SSH 연결 유지 시간 활성화 설정

네 번째로, 사용자 이름을 정해 자동으로 SSH를 연결할 수도 있다. 세션에 로그인할 때마다, 사용자 이름과 암호를 묻는 메시지가 표시되는데, 매번 사용자 이름을 입력하는 대신 로그인 세부 정보에서 사용자 이름을 설정해서 저장할 수 있다. 또 SSH 키 인증을 이용해서 암호 없이 로그인하도록 세션을 구성할 수도 있다.

여기서 자주 언급되는 SSH(Secure SHELL)는 원격 리눅스 서버에 연결하고 로그인하는 데 가장 많이 사용되는 네트워크 프로토콜 중 하나다. 보안이 안 되는 네트워크 및 공개 키 인증을 통한 데이터 흐름을 위해서 제공되는 향상된 보안 프로토콜이 바로 SSH다. SSH 암호를 사용하여 원격 리눅스 서버에 로그인하면, 암호가 brute force(무차별 암호 해독) 방식으로 해킹당할 수 있기에 시스템 보안이 불안정해질 수 있다. SSH 공개 키 인증(SSH Public key authentication)은 키를 해독하는 것이 거의 불가능하다. SSH 내 개인 키를 통해 발신자가 누구인지 항상 알려주기 때문에, 로그인에 가장 안전한 방법이라고 할 수 있다.

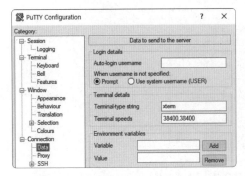

▲ 그림 3-8 Connection 내 Auto-login username으로 사용자 이름 저장

다섯 번째로, 퍼티 로깅 기능을 활용해 보자. 로깅은 퍼티의 가장 중요한 기능 중 하나인데, 나중에 다른 목적으로 볼 수 있도록 텍스트 파일에 세션 출력을 저장하게 해 주는 기능이다. 'Session logging' 옵션을 통해 기록할 항목을 제어할 수도 있고, 로그 파일이 이미 주어진 경로에 존재하는 경우 로그를 덮어쓰거나 추가할 수도 있다. 날짜 및 시간 옵션을 사용하여 매우 편리한 로그 파일 이름을 자동으로 생성할 수 있는 것은 덤이다.

'Log file name' 화면에 보면 &Y, &M, &D로 날짜를 표시할 수 있으며, &T로 시간을, &H는 사용자, &P는 포트 번호를 표시한다. 위 내용 중 자신에게 필요한 정보 값을 알맞게 골라 넣어 로그를 원하는 곳에 저장할 수 있다. [그림 3-9]는 그 예시다.

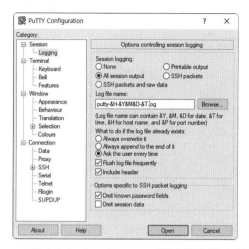

▲ 그림 3-9 Session 내 Logging 화면에서 설정할 수 있는 퍼티 로그

작업 중 여러 세션에 연결하거나, 현재 세션을 재시작 혹은 복제해야 하는
경우도 있다. 퍼티는 세션 시작, 재시작, 복제 옵션을 가지고 있다. 상단 바
에서 마우스를 우 클릭하면 세션을 바꿀 수 있는 옵션이 표시되므로, 필요
할 경우에 이용하면 된다.

▲ 그림 3-10 퍼티 작업 창 내에서 마우스를 우 클릭하면 보이는 메뉴

퍼티는 무료이며 프로그램이 가벼우니 설정을 변경해가며 활용해 본다면 업무에 효율을 더할 수 있을 것이다.

3.2 파일질라

서버를 다룬다면 파일 관리도 꼭 필요하다. 이럴 때 사용되는 것이 FTP(파일 전송 프로토콜, File Transfer Protocol)다. 기본적으로 '프로토콜$_{Protocol}$'이란, 전자기기가 서로 통신하는 데에 필요한 절차나 규칙을 뜻한다. 여기에서 간단하게 FTP가 무엇인지부터 짚고 넘어가자.

　FTP는 TCP/IP(Transmission Control Protocol/Internet Protocol) 연결을 통해 컴퓨터 간에 파일을 전송하기 위한 네트워크 프로토콜이다. TCP/IP 계층 내에서 FTP는 애플리케이션 계층 프로토콜로 간주된다. FTP를 통해 최종으로 파일을 받는 최종 사용자(End User)의 컴퓨터를 일반적으로 '로컬 호스트'라고 부른다. FTP와 관련된 두 번째 컴퓨터는 흔히 '서버'라고 부르는 '원격 호스트'다. 두 컴퓨터 모두 네트워크를 통해 연결되고 FTP를 통해 파일을 전송하도록 적절히 구성되어야 한다. 서버는 FTP 서비스를 실행하도록, 또 클라이언트는 이러한 서비스에 접근하기 위해 FTP 소프트웨어가 설치되어 있어야 한다.

　TCP/IP 내 또 다른 프로토콜 중 유명한 이름을 아마 한번쯤은 들어봤을 것이다. 바로 HTTP(Hypertext Transfer Protocol)다. 이 HTTP 프로토콜을 사용해서도 많은 파일을 전송할 수 있다. 그렇지만 FTP는 여전히 은행 서비스 등 많은 다른 애플리케이션 내 백그라운드에서 파일을 전송하는 데 사용되고 있다. 때로는 웹 브라우저를 통해 새 애플리케이션을 다운로드하는 데에도 이 FTP가 사용된다.

FTP는 어떻게 작동할까? FTP는 클라이언트와 서버 간의 두 가지 통신 채널, 즉 주고 받음을 제어하기 위한 명령 채널과 파일 전송을 위한 데이터 채널을 가진 클라이언트–서버 프로토콜이다. 일반적으로 사용자가 FTP 서버에 로그인해야 하지만, 일부 서버에서는 익명 FTP로 알려진 모델로, 로그인 없이 콘텐츠의 일부 또는 전체를 사용하게 해 주기도 한다. 클라이언트는 사용자가 파일 다운로드를 요청할 때 서버와 통신을 시작한다. FTP를 사용해서 클라이언트는 서버에서 파일을 업로드, 다운로드, 삭제, 이름 변경, 이동, 복사할 수 있다. FTP 세션은 활성 모드(Active Mode) 또는 수동 모드(Passive Mode)에서 작동한다.

▼ 표 3-2 활성 모드 FTP와 수동 모드 FTP의 차이

구분	내용
활성 모드	클라이언트가 채널에 요청하는 명령어를 통해 세션을 연다. 서버는 그에 답해 클라이언트와 연결하는 데이터 연결을 만들고 파일을 주고받기 시작한다.
수동 모드	서버에서 명령어 채널을 통해 사용자 채널에 연결할 정보를 보낸다. 수동 모드에서는 클라이언트가 모든 연결을 시작하도록 하기 때문에 방화벽과 네트워크 주소 변환 게이트웨이에서 잘 작동한다.

이제 FTP를 보다 간편하게 사용할 수 있게 지원하는 파일질라에 대해 알아보자.

3.2.1 파일질라란 무엇인가

파일질라FileZilla는 무료로 제공되는 프로그램으로써, 대용량 파일 전송을 효율적으로 할 수 있다. 파일질라 클라이언트는 FTP뿐만 아니고 FTPS(FTP over TLS) 및 SFTP도 지원한다. GNU(General Public License) 조건에 따라 무료로 배포되는 오픈소스 소프트웨어기도 하다. 여러 프로토콜을 지원하는데다 Connect2 VPN을 사용해서 파일을 안전하게 전송할 수도 있다. Connect2에는 홈 디렉터리 연결, 파일 공유, 원격 조종 등의 기능이 포함되어 있다.

3.2.2 파일질라 설치하기

파일질라를 설치하는 방법에 대해서는 저자의 개발 블로그 중 '3장. 윈도우즈 설정 → 윈도우즈에 파일질라 설치하기'를 참고한다.

▶ https://blog.naver.com/sh_kim_0926/222900029401

3.2.3 파일질라 활용하기

파일질라를 설치한 후 프로그램을 실행해 보면 한국어로 되어 있어서 한눈에 보기 편하다. 서버에 로그인하려면 상단 [파일] 메뉴의 사이트 관리자를 통하면 된다.

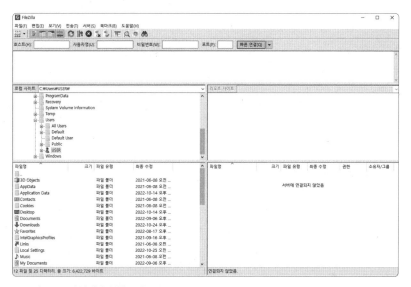

▲ 그림 3-11 파일질라 실행 모습

▲ 그림 3-12 파일질라의 [파일] 메뉴

[사이트 관리자] 내에서 [새 사이트(N)]를 눌러 접속에 필요한 정보를 입력한다. 호스트에 들어갈 사이트 주소를 입력하고, 필요한 설정을 한 후 사용자와 비밀번호를 입력한다. 프로토콜, 로그온 유형, 암호화는 서버마다 혹은 목적마다 설정이 달라질 수 있기 때문에 그 설정에 따른다.

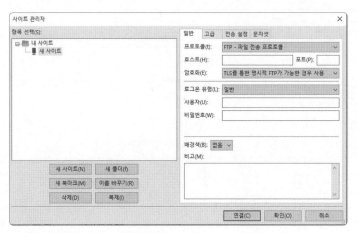

▲ 그림 3-13 파일질라 사이트 관리자

▲ 그림 3-14 파일질라 사이트 관리자에 접속 정보를 입력한 모습

잘 연결되었다면 아래와 같은 화면이 보이면서, 간단히 드래그 앤 드롭으로 필요한 파일을 업로드하거나 다운로드할 수 있다.

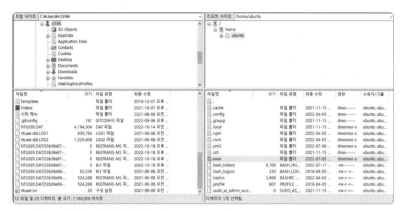

▲ 그림 3-15 원격 서버에 접속된 모습

마우스를 우 클릭하면 업로드 혹은 다운로드 옵션이 있으며, 파일의 업로드와 다운로드 모두 원본 파일은 그대로 존재하므로 삭제될까봐 걱정할 필요가 없다. 서버에 올린 파일을 직접 편집하고 수정하거나 열 수도 있다. 필요한 파일에 마우스를 우 클릭하면 관련 옵션이 보인다.

▲ 그림 3-16 파일 작업과 관련한 메뉴

.bashrc 파일 등 윈도우즈 내에서 어떤 편집기를 사용해야 할지 모르는 경우 아래와 같은 팝업 창이 생성된다.

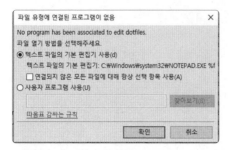

▲ 그림 3-17 편집기 선택을 위한 팝업 창

파일 유형별로 알맞는 편집기를 사용해주면 편하다. 서버의 .bashrc 파일을 이렇게 윈도우즈에서 파일질라를 통하여 열어보고, 편집할 수 있음을 알 수 있다.

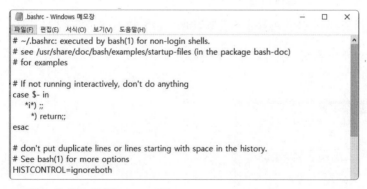

▲ 그림 3-18 원격 서버의 .bashrc 파일

마찬가지로 파일을 마우스로 우 클릭하면 파일 권한 변경, 새 파일이나 폴더 생성 등도 가능하다. 파일질라 공식 홈페이지 튜토리얼[01]에도 같은 내용이 상세하게 설명되어 있어 참고하기 편하다.

3.3 파워셸

많은 기술자가 '포인트 앤 클릭(Point & Click)' 방법의 마우스 작업을 싫어한다. 시간을 절약하기 어렵다고 생각하기 때문이다. 일부러 vim을 이용하는 개발자도 있을 정도다. 여러분은 어떤 타입인가? 처음에는 당연히 어려울 수 있지만, 결국엔 이러한 터미널 기반 도구에 익숙하게 될 것이다. 마이크로소프트의 셸 및 스크립트 도구인 파워셸을 통하여 명령행에서 수천 가지 작업을 자동화하고, 플랫폼 간 소통을 해보자. 파워셸은 마이크로소프트의 닷넷(.NET)을 기반으로 구축된 언어로, 우리 삶의 많은 부분을 분명히 쉽게 만들어 줄 것이다.

3.3.1 파워셸이란 무엇인가

파워셸Powershell은 마이크로소프트 닷넷(.NET) 기술을 기반으로 구축된 오픈 소스 셸 및 스크립팅 언어다. 소프트웨어 개발자가 아닐 수도 있는 기술 전문가가 작업을 더 잘 수행하는 데 도움이 되는 다양하고 효율적인 스크립트와 도구를 빌드하도록 돕는 것을 목표로 한다.

---

01 https://wiki.filezilla-project.org/Using#Navigating_on_the_server

VB스크립트VBScript나 배치 파일과 같은 언어에서 발전한 파워셸은 이해와 사용이 쉬운 명령행 인터페이스와 스크립트 언어를 제공한다. 파워셸은 객체 지향적이므로 객체 지향 프로그래밍(OOP, Object Oriented Programming)과 개념이 유사하다. 크게 나누어 두 가지 구성인데, 사용자가 기존 명령 프롬프트, 예를 들어 cmd.exe와 유사한 명령행에서 명령을 실행하게 하는 명령행 셸이 있다. 또 다른 구성으로는 도구를 구축하고 자동화할 수 있는 강력한 스크립팅 언어로 구성된다. 대화형으로 또는 스크립트 내에서 실행할 수 있는 파워셸은 cmdlet 및 함수라는 수많은 명령어를 제공한다. 이러한 명령어는 파일 읽기, 원격 컴퓨터 ping 등 특정 작업을 캡슐화하기 위해서 사용자가 작성한 컴파일된 바이너리 혹은 사용자 정의 코드다.

2002년 마이크로소프트에서 리눅스와 같이 사용하기 좋은 명령행 인터페이스와 스크립팅 기능이 윈도우즈에는 없다는 점을 고려해서 2006년에 파워셸을 개발했다. 원래는 윈도우즈의 관리 프레임워크의 일부로만 사용할 수 있었지만, 윈도우즈 7과 윈도우즈 서버 2012 R2부터 모든 윈도우즈 운영체제에 기본적으로 파워셸이 설치되었다. 심지어 2016년에는 깃허브를 통해 파워셸을 공개하게 된다. 그 이후로 윈도우즈뿐만 아니라 맥, 리눅스 및 닷넷 코어(.NET Core)를 사용하는 다른 운영체제에서 모두 파워셸을 사용할 수 있게 되었다.

파워셸은 일괄 처리와 같은 시스템 작업을 자동화하고, 일반적으로 구현되는 프로세스를 위한 시스템 관리 도구를 만들 수 있다. 관리사는 파워셸을 통하여 다양한 활동을 처리할 수 있으며, 특정 버전 및 서비스 팩 버전과 같은 운영체제에 대한 정보도 추출할 수 있다. 파워셸 공급자(Powershell Providers)는 명령행에서 접근할 수 있는 특수 데이터 저장소에 포함된 데이터를 만드는 프로그램이다. 이러한 데이터 저장소에는 파일 시스템 드라이브 및 윈도우즈 레지스트리도 포함된다.

파워셸의 몇 가지 멋진 점은 다음과 같다.

▼ 표 3-3 파워셸의 주요 기능

주요 기능	설명
발견 기능	사용자는 Get-Command와 같은 cmdlet을 사용해서 파워셸의 기능을 검색할 수 있다. 이 cmdlet은 지정된 컴퓨터에서 사용할 수 있는 cmdlet 및 기능을 포함하여 모든 명령 목록을 보여준다. 매개변수를 사용해서 검색 범위를 좁힐 수도 있다.
도움말 기능	사용자는 Get-Help cmdlet을 통해서 cmdlet과 같은 특정 구성요소 및 파워셸 원칙에 대해 자세히 알아볼 수 있다. -online 매개변수는 특정 주제에 대해 사용 가능한 경우 웹에 있는 도움말 문서로 연결해 준다.
원격 작업 명령	관리자는 Windows Management Instrumentation과 WS-Management와 같은 기술을 활용해서 하나 이상의 컴퓨터에서 원격 작업을 실행할 수 있다. 예를 들어, WS-Management 프로토콜을 사용할 경우 사용자가 원격 컴퓨터에서 파워셸 명령과 스크립트를 실행할 수 있다.
파이프라이닝	파워셸을 사용하면 |, 즉 기호화된 파이프 연산자를 통해 명령을 함께 연결할 수 있다. 이 접근 방식을 사용하면 주어진 명령의 출력이 파이프라인 시퀀스의 다음 명령에 대한 입력이 된다. 파워셸 파이프라인을 사용하면 텍스트 문자열이 아닌 개체가 한 cmdlet에서 다음 cmdlet으로도 이동할 수 있다.

이 셸 기능을 사용하면 파워셸을 사용하여 반복이 필요한 프로세스를 자동화할 수 있다. 이는 작업을 더 쉽게 만들고 오류의 가능성을 줄여 주는 장점이 된다. 또한 각 명령행은 항상 즉시 저장되기 때문에 필요할 때마다 다시

재사용할 수 있다. 스크립팅 언어인 파워셸은 루비, 파이썬 등과 같은 다른 프로그래밍 언어와는 조금 다르다. 기계어로 다르게 해석된다. 파워셸 명령은 컴파일러 대신 인터프리터를 사용해서 한 줄씩 해석된다. 이 기능을 사용하면 상위 소프트웨어의 기능을 개선하고, 작업을 자동화하고, 데이터 세트에서 데이터를 추출하고, 관리를 구성하는 등의 작업을 수행할 수 있다.

다음은 파워셸의 네 가지 구성요소다.

▼ 표 3-4 파워셸의 구성요소

구성요소	설명
cmdlets	command-let으로 발음되는 cmdlet은 파워셸의 기본 단일 기능 명령어다. 파워셸에서 단독으로 사용하여 기능을 수행하고 여러 개를 결합해서 더 중요한 기능을 수행할 수도 있다. 그렇지만 cmdlet은 파워셸로 작성되지 않고 다른 언어로 작성된 후 컴파일되어 파워셸에서 사용할 수 있다.
파워셸 함수	함수는 파워셸에서 코드를 실행하는 데 사용되는 많은 명령 중 하나다. cmdlet과 달리 함수는 파워셸 언어로 작성된다. 입력은 매개변수지만 출력은 사용자 화면에 나타나거나 또 다른 함수, cmdlet 입력으로 파이핑(piping)될 수 있다. 파워셸에는 기본 및 고급 기능이 존재한다. 기본 함수는 파워셸에서 사용되는 가장 단순한 형태의 함수다. 고급 기능은 기본 속성을 핵심으로 하지만 추가 기능이 있다. 더 많은 기능을 제공하는 내장 기능도 포함한다.
파워셸 스크립트	파워셸 스크립트는 cmdlet으로 작성된다. 이러한 스크립트는 다양한 작업에 대한 자동화를 생성한다. get 명령은 파일 시스템에서 데이터를 검색하는 데 사용된다. set 명령은 윈도우즈 구성요소 정보를 편집하는 데 사용된다. remove 명령은 작업을 완전히 삭제하는 데 사용된다. 파워셸 스크립트는 코드 복잡성을 줄일 수 있다.
실행 가능한 명령어들	실행 명령은 실행파일을 실행하는 데 사용되는 명령이다. 실행파일의 확장자는 .exe다. .exe 파일을 실행하는 데 사용되는 세 가지 명령어가 있는데, Invoke-expression 명령어나 start-process라는 cmdlet이다. 혹은 파일 이름 앞에 .₩를 붙이는 방법도 있다.

파워셸이 왜 각광받는 도구가 되었을까?

여러 이유 중 첫 번째는 devops의 작업 자동화다. 스크립팅 언어인 파워셸은 주로 자동화를 만드는 데에 사용된다. 파워셸은 함수, 클래스, cmdlet과 모듈로 프로그램을 확장할 수 있으므로 자동화에 알맞다.

두 번째는 데이터 접근성이다. 파워셸의 주요 사용 사례 중 하나로 관리 및 제어가 있다. 파워셸을 이용하면 IT 관리자가 파일 시스템이나 레지스트리와 같은 네트워크 서비스의 다양한 데이터 저장소에 쉽게 접근할수 있다.

세 번째로는 코드로서의 인프라(Infrastructure as code) 때문이다. 회사의 인프라를 코드로 관리할 수 있게 해주기 때문에, 추적이 가능하고 반복 가능한 배포를 할 수 있다.

마지막으로 원격 명령이 가능하므로, 원격 작업을 통해 어디서든 사용할 수 있는 것이 큰 강점이 된다.

도스와 파워셸

도스(MS-DOS)를 기억하는 분은 파워셸과 도스와의 차이를 궁금해 할 수도 있겠다. 요컨대 파워셸은 도스가 아닌 완전한 기능을 갖춘 확장 가능한 스크립팅 플랫폼이다. 도스는 윈도우즈 98에서는 사용하기에 괜찮았지만 더 이상은 그렇지 않다. 마이크로소프트에서는 리눅스의 bash 셸처럼 파워셸 기능을 확장하려고 하고 있고, 최신 윈도우즈에서는 파워셸 cmdlet을 사용하여 거의 모든 작업을 수행할 수 있다. 도스에서 할 수 있는 일을 파워셸에서도 할 수 있지만 그 반대로는 되지 않는다.

3.3.2 파워셸 설치하기

파워셸을 설치하는 방법에 대해서는 저자의 개발 블로그 중 '3장. 윈도우즈
설정 → 윈도우즈에 파워셸 설치하기'를 참고한다.

▶ https://blog.naver.com/sh_kim_0926/222907470273

3.3.3 파워셸 활용하기

파워셸의 몇 가지 명령어를 알아보자. Get–Service cmdlet은 윈도우
즈 서비스에 대한 정보를 제공한다. `Get-Service bits`를 입력하면 BITS
(Background Intelligent Transfer Service)에 대한 정보를 반환한다.

▲ 그림 3-19 `Get-Service bits` 실행 결과

이 cmdlet은 서비스 상태에 대한 기본 정보를 반환한다. 그러나 콘솔 창에
표시되는 데이터는 BITS 서비스에 필요한 가장 관련성 높은 필터링된 정보
다. cmdlet은 파워셸 모듈에서 함께 그룹화된다. 예를 들어 애저Azure 가상
머신을 관리하기 위한 모듈을 설치할 수 있다. `Get-Module-ListAvailable`
을 사용해서 장치의 모든 설치 모듈을 나열해 보자.

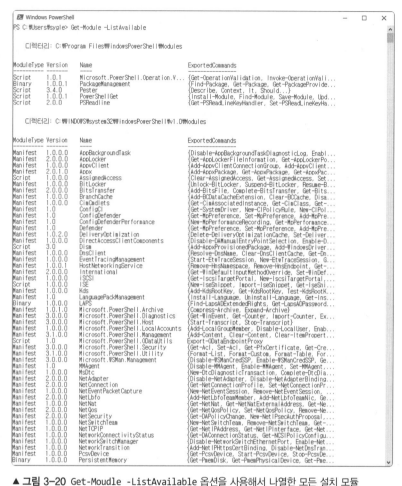

▲ 그림 3-20 Get-Moudle -ListAvailable 옵션을 사용해서 나열한 모든 설치 모듈

파워셸은 기본으로 설치된 여러 모듈과 함께 제공된다. 그렇지만 개발의 필요성에 따라 다른 서비스 및 제품을 관리하기 위해서 다운로드하게 될 게 훨씬 많다. Get-Module에 -ListAvailable 옵션을 추가하면 현재 파워셸 세션으로 가져오기 여부에 관계없이 시스템에 설치된 모든 모듈을 나열해 준다. 앞서 언급했듯이, 파워셸에서 쿼리한 데이터는 객체로 반환되므로 파

워셸은 다른 스크립팅 언어와 차별화된다. 위에서의 객체는 BITS 서비스였다. 객체의 추가 데이터 항목을 구성(members)이라고 하며 이는 파워셸에서 검색한 객체의 속성 혹은 메서드라고 생각하면 된다. Get-Member cmdlet에서 BITS 서비스를 다시 한번 들여다보자.

▲ **그림 3-21** get-service bits | get-member 실행 결과

이제 BITS 서비스에 사용할 수 있는 추가 데이터를 볼 수 있다. 파워셸 내 모든 명령어를 외울 수는 없다. 필요할 때마다 이렇게 찾아서 사용한다면 큰 편의성을 얻을 수 있다. 또 여기에 유용한 명령어인 Get-Help가 있다. 파워셸 도움말 시스템이다. Get-Help 이후 궁금한 명령어를 입력하면 파워셸에서 안내해준다.

▲ **그림 3-22** Get-Help Get-Childitem 실행 결과

파워셸에 기본으로 제공되는 도움말 시스템에는 파워셸 cmdlet에 대한 추가정보를 찾는 데 도움이 되는 다양한 옵션이 있다. 또한 -online 매개변수를 사용해서 파워셸 명령 프롬프트에서 직접 온라인 도움말 페이지에도 접근할 수 있다.

▲ **그림 3-23** Get-Help Get-Childitem -online 실행 결과

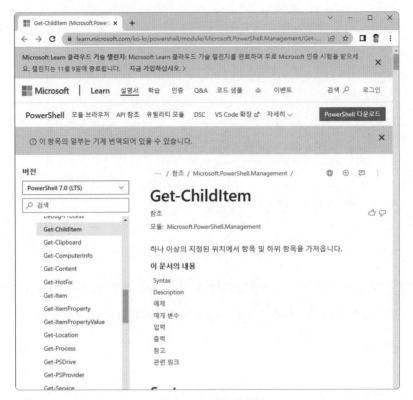

▲ 그림 3-24 Get-Help Get-Childitem -online 페이지

지금까지는 기초적인 파워셸 명령어 활용을 알아봤으니 이제 파워셸의 몇 가지 팁과 트릭에 대해서도 실습해보자.

파워셸 스크립트에도 주석을 넣을 수 있다. //가 아닌 #으로 주석을 삽입한다. #으로 시작하는 스크립트는 모두 무시된다.

```
################
# 주석
################
```

고유한 $ 변숫값을 사용할 수 있다. 변수는 데이터를 저장한다. 반복적인 하드 코딩된 문자열을 사용하는 것보다는 변수를 사용하는 것이 유연성을 향상시키고, 재사용이 좋고, 변경이 용이하다. 변수를 덮어쓰는 것보다는 일반적으로 new를 붙이는 것이 좋다.

```
$var1 = 1
$var2 = 2
$var3 = $var1 + $var2
"Result: $var3"
```

로그를 위해서는 Start-Transcript와 Stop-Transcript를 활용하자. 스크립트 로깅을 사용하면 스크립트 내 오류를 잡을 수 있어 좋다. 신뢰성을 향상시키고 어떤 계정이 어떤 컴퓨터에서 언제 스크립트를 실행했는지도 알 수 있다.

```
# 로그파일 이름 생성
$Now = Get-Date
$Log = "C:\Test\Log" | $Now.ToString("yyyy-MM-dd_HH-mm-ss") +
".log"
# 로그 시작
Start-Transcript =Path $Log
# 내 스크립트
"Hello World"
# 로그 중단
Stop-Transcript
```

또 자주 사용하는 기능은 CSV와 관련된 내용이다. CSV를 불러오고(Import) 내보내는(Export) 스크립트 예시를 보자. 쉼표로 구분된 값 목록 CSV는 대규모 데이터를 다루는 데 적합하다. 스크립트를 통해서 다른 애플리케이션에서 사용하기 위해 결과를 내보내고, 처리할 개체들의 목록을 가져온다.

```
$CSVFileName = "C:\Test\ProcessList.csv"
$ProcessList = Get-Process
$ProcessList | Export-CSV $CSVFileName -NoTypeInformation
$ProcessCSV = Import-CSV $CSVFileName
$ProcessCSV | Format-Table
```

제일 자주 사용할 기능인 날짜와 문자값 사이의 변경을 실습해 볼 수도 있

다. 아래는 날짜에서 문자값으로 변경하는 스크립트다.

```
# 방법 1
$datetimeToString = '{0:MM/dd/yy}' - f (Get-Date '22/10/2022')
# 방법 2
$datetimeToString =(Get-Date '22/10/2022').ToShortDateString()
```

반대로 문자에서 날짜값으로도 변경이 가능하다.

```
# 방법 1
$stringToDatetime1 = '22/10/2022' | Get-Date
$stringToDatetime =  '22-10-2022' | Get-Date
# 방법 2
$stringToDatetime2 = [Datetime]'22/10/2022'
```

이외에도 다양한 파워셀 스크립트를 개발하면서 사용해볼 수 있을 것이다.

셸 스크립팅에 익숙해진다면 차후에 많은 도움이 되므로, 여러 방법에 익숙

해지도록 직접 실습해보자.

3.4 Chocolatey

맥 서버가 아닌 윈도우즈 서버를 다루다 보니, 아무래도 제일 그리운 것은 첫 번째로 맥의 터미널이고, 두 번째로는 맥의 패키지 관리자였다. 하다못해 자바 설치만 해도 자바 2 버전을 다운로드하러 오라클 홈페이지에 접속해야지, 윈도우즈 버전에 맞는 파일을 다운로드했다가 하나씩 설치하고 또 환경변수 설정까지 해야 한다. 환경변수를 무엇으로 설정해야 할지 고민하던 중에 정석 씨는 '만약에 혹시라도 텅 빈 서버를 처음부터 포맷하고 설치하게 된다면 어떨까' 하는 생각을 하고 두려움에 떨었다.

퀭한 눈으로 설치 프로그램의 [다음], [다음] 버튼을 누르는 정석 씨에게 딱한 표정을 지은 선임이 다가와 말 한마디를 건넸다.

"혼자서 열심히 하는 것 같아서 초치지 않으려고 했는데… . 혹시 Chocolatey 같은 건 사용 안 해봤나요?"

그건 또 뭔가. 듣자 하니 이 모든 과정을 고작 choco install -y 명령어 하나로 해결할 수 있었다고? 이렇게 좋은 건 좀 미리 좀 알려주지.

2장에서 맥의 패키지 관리자에 대해 알아봤다. 이 기능을 윈도우즈에서도 사용할 수는 없을까? 맥OS의 홈브루나 리눅스의 apt-get, yum은 분명 매력적인 도구다. 특히, 처음부터 프로그램을 설치해야 하는 경우(예 포맷 이후 등)에는 더욱 그렇다. 만약, 팀에 새로 신입이 들어오거나 프로그램을 새로 설정할 때마다 하나씩 필요한 패키지를 설치해야 한다면 정말 끔찍하다. 그러나 걱정하지 않아도 된다. 윈도우즈에서도 패키지 관리자 역할을 해 주는 여러 소프트웨어가 있다. 우선 윈도우즈에서 기본으로 제공하고 있는 윈도우즈 패키지 관리자(Windows Package manager)인 명령행 인터페이스가 있다. 기본으로 설치되어 있으며 winget이라고 부른다. 그 외 Chocolatey와 scoop이라는 타 프로그램도 있다. 여기서는 Chocolatey에 대해 알아본다.

3.4.1 Chocolatey란 무엇인가

종종 윈도우즈를 기반으로 소프트웨어를 개발하는 것이 유닉스를 기반으로 개발하는 것보다 관리가 어렵고 시간이 소모된다는 느낌을 받을 수 있다. 최신 데브옵스devops 및 소프트웨어 도구에서 윈도우즈 대신 맥과 리눅스를 우선으로 지원하는 경우도 잦다. 이런 때 윈도우즈를 위한 표준 패키지 관리를 위해 큰 도움을 줄 수 있는 프로그램 중 하나가 바로 Chocolatey다. 복잡한 프로세스를 단순화할 수 있어 시간 및 노력이 절약된다. 윈도우즈 소프트웨어 배포에는 다양한 설치 프로그램 형식과 접근 방식이 있기 때문에 그에 최적화된 프로그램을 사용하는 것이 큰 도움이 된다.

Chocolatey에서는 윈도우즈 소프트웨어의 모든 측면을 관리하기 위한 범용 패키징 형식을 사용한다. 간단하고, 반복 가능하며 자동화되어 있어 사용이 단순하다. 기본 설치 프로그램, zip 파일, 스크립트, 런타임 바이너리, 또는 사내 개발 애플리케이션 관리에 모두 적용할 수 있다. 또 설치에서 업그레이드, 제거에 이르기까지 전체 소프트웨어 수명 주기를 자동화할 수 있다. 단일 통합 인터페이스를 통해 복잡한 프로세스를 단순화 해 놓은 것은 덤이다. Chocolatey에는 기업용 옵션도 있는데, 관련 조직에서 윈도우즈 환경을 쉽게 관리 가능한 데브옵스 접근 방식을 골라서 서버와 최종 사용자에게 더 빠르고 안정적으로 애플리케이션을 제공할 수 있다. 파워셸과 연동하여 자동화된 소프트웨어 관리를 가능하게 해줘서, Chocolatey의 내장 함수를 이용해 복잡한 작업도 한 줄의 함수 호출만으로 충분하다.

아래는 Chocolatey 공식 홈페이지에서 제공하는 Chocolatey의 주요 기능 중 일부다.

▼ 표 3-5 Chocolatey의 주요 기능

기능 개요	설명
윈도우즈 혹은 클라우드가 있는 모든 곳에서 배포 가능	Server.Core와 윈도우즈 도커 컨테이너 및 구형 윈도우즈, 파워셸 및 닷넷 프레임워크, AWS, 애저 등을 지원한다.
다점 배포 가능	원격 배포를 수행할 수 있으며, Ansible Chef, 파워셸 DSC, Puppet이나 Salt와 같은 도구를 지원한다.
오프라인 사용 보장	zero call home, 즉 네트워크 접근을 필요로 하지 않는다.
마이그레이션에 적합	레거시 시스템에서 Ansible, Puppet, Chef와 같은 현대적인 시스템으로 이동할 경우, 기존 인프라 엔드포인트 관리도구를 원격 배포 등으로 자동화할 수 있다.
비지니스 지원	아파치 v2 라이선스이므로 오픈소스로 사용이 가능하지만 비지니스 상용 옵션을 지원한다. 기업용 에디션에서는 20개 이상의 기능 추가 및 지원 팀이 있다.

3.4.2 Chocolatey 설치하기

Chocolatey를 설치하는 방법에 대해서는 저자의 개발 블로그 중 '3장.윈도우즈 설정 → 윈도우즈에 Chocolatey 설치하기'를 참고한다.

▶ https://blog.naver.com/sh_kim_0926/222909915548

3.4.3 Chocolatey 활용하기

연습을 한다는 생각으로 Chocolatey를 이용해서 노트패트+(Notepad++)를 설치해 보자. choco install notepadplusplus를 입력한 후 〈Enter〉를 누르면 설치가 완료된다.

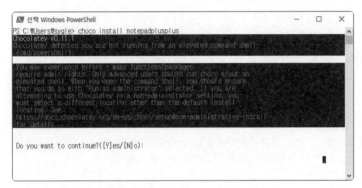

▲ 그림 3-25 choco install notepadplusplus 실행 결과

▲ 그림 3-26 설치된 노트패드++

기본적으로 Chocolatey는 다운로드에 임시 폴더를 사용한다. 그러나 이게 적합하지 않은 경우도 있다. 이를 변경하기 위해서는 Chocolatey 구성 파일에서 캐시 위치를 변경해줘야 한다. choco config set -name cacheLocation -value fullPath 명령어를 통해 변경할 수 있다. 몇 가지 choco config 명령어를 확인히먼 아레와 같다.

```
choco config
choco config list
choco config get cacheLocation
choco config get --name cacheLocation
choco config set cacheLocation c:\temp\choco
choco config set --name cacheLocation --value c:\temp\choco
choco config unset proxy
choco config unset --name proxy
```

3.5 정리하기

2장과 3장에 이어 맥, 윈도우즈 환경 설정을 설명했다. 개발에 필요한 도구가 정말 한두 가지가 아니라는 것을 알 수 있을 것이다. 가장 힘든 것이 환경설정이라고 말하는 개발자도 많다. 환경설정에 들어가는 품이 크고, 복잡하기 때문일 것이다. 근래에는 이런 것을 일원화하고 모두가 같은 환경설정을 다른 환경에서 이루기 위해 도와주는 도구가 정말로 많다. 도구의 사용법을 완벽히 익힐 필요는 없다. 이런 도구가 존재하고, 이런 도구가 도와주는 작업은 이런 작업이며, 왜 이런 도구가 존재하게 되었나에 대해 이해한다면 이미 충분한 중급 개발자 역할을 하고 있는 것이다.

개발자로
첫출근했어요

4장
드디어
시작하는 개발

기대하던 첫 업무를 받았는데 기대했던 것보다 크게 실망할 수 있다. 문서 정리하기, 계산기 만들기, 회원가입 페이지에 이메일 검증하기 등 '뭐야, 이 정도면 나도 충분히 할 수 있겠는데?' 혹은 '이거 학교, 학원에서 다 이미 해 본 거잖아!' 싶은 내용일 수 있다. 그렇지만 실제로 시작해 보면 그게 그렇지만도 않다는 걸 깨닫게 될 것이다. 자바와 스프링으로 회원가입 기능을 만드는 것만 해도 스프링부트를 적용해 볼 수 있고, jwt, 스프링 시큐리티를 사용할 수도 있다. 이렇게 들어도 '뭐야, 간단하네?'라고 생각할 수만은 없을 것이다. 토큰, 캐시, jwt가 뭔지 바로 설명하기가 만만치 않기 때문이다. 아마 이렇게 물으면 갑자기 입이 열리지 않을지도 모른다. 첫 업무에 너무 자만하지 말고, 그렇다고 너무 겁먹지도 말고 탐험하는 마음으로 헤쳐나가 보자.

첫 개발 티켓을 받았다

- 슬랙으로 팀원들과 소통하고, 깃허브와 연동해 보자. 오류가 발생했을 때 알림 등을 구독해 둘 수도 있다.

- 지라를 사용하며 스프린트 보드를 통해 프로젝트를 관리하고, 애자일, 스크럼, 칸반에 대한 힌트를 얻자. 기능 티켓부터 릴리스 관련 주기를 이해하면 소프트웨어를 개발하는 순서를 깨달을 수 있다.

- 지라는 너무 비싼가? 지라를 대체할 무료 도구인 트렐로도 준비되어 있다.

- 노션을 이용해 팀 내 문서와 블로그 등을 관리해 보자. 기술 블로거가 되는 것도 꿈이 아니다.

4.1 처음 받은 업무

여칠 동안 인사, 그리고 환경설정만 하다가 일과를 끝마쳐 버린 마정석 씨. 뭔가 눈치가 보이는 채로 무려 30분이나 일찍 퇴근해 버리고 말았다. 그래도 인사를 제대로 했으니 시작은 괜찮다고 생각했다. 사람의 첫인상이 중요한 편이니 말이다. 그렇게 생각한 정석 씨였지만, 다음 날 출근을 할 때는 그런 생각은 어느덧 사라지고 걱정이 앞서기 시작했다. 어제 개발에 필요한 모든 설정을 끝마쳤으니, 슬슬 일을 할당받을 때가 되었는데, 과연 자신이 제대로 해낼 수 있을지, 또 어떤 일을 받게 될 지에 생각이 미치니 머리가 아플 지경이었다.

그런데 그런 정석 씨가 처음 받은 일은 생각보다 아주 간단하게 들렸다.

"계산기를 만들어 보세요."

계산기…? 과제로도, 연습문제로도 나오던 그 계산기 말인가? '별 거 아니겠는데' 하는 생각이 정석 씨의 귓가에 맴돌았지만 이내 마음을 고쳐먹기로 했다. 작은 일부터 확실하게 그리고 정석대로 하는 게 중요하다는 생각 때문이었다. 정석 씨는 자신이 여태 과제로 만든 계산기와는 차원이 다른 계산기를 만들어 보겠다고 다짐했다.

보통 신입 개발자들에게 처음으로 주어지는 일은 무엇일까? 내가 신입 개발자일 때는 몰랐지만, 이제 중견 개발자 즈음이 되니 신입 개발자에게 처음 맡길 만한 일이 많이 없다. 사실은, 거의 없다고 말하는 게 정확하다. 개발 실력이 부족하다거나 하는 이유가 아니다. 신입 개발자뿐만 아니라, 새로 들어온 경력 개발자도 비슷하다. 회사 내에 있는 결과물, 즉 서비스에 대해 아직 잘 모르기 때문이다. 보통은 기존에 있는 코드를 분석하는 데에 많은 시간을 보낸다. 큰 회사일수록, 큰 서비스를 하는 회사일수록 그렇다. 곧 바로 앉아서 코드를 고치고, 새 기능을 만들고 싶은 열정은 이해하지만, 수년의 경력을 가진 사람도 새 회사에서는 그러기가 쉽지 않다. 지루하더라도, 멋지게 보이지 않더라도, 문서를 찾아 읽고, 기존에 있던 코드를 구경하고, 다른 사람의 도움을 구해야만 한다. 아예 처음 개발을 시작하는 완전 신입 개발자라면 더욱 그렇다.

'악성 주니어'라는 개념이 있는데, 이 단계에 머무르는 주니어 개발자가 많다. 악성 주니어는 자신이 뭐든지 할 수 있다고 믿거나, 이건 내가 충분히 알고 해 봤다고 생각하고 우쭐대는 상태가 된 주니어를 의미한다. 3년을 버텨야 그나마 쓸 만한 개발자가 된다는 업계의 말이 있다. 그만큼 배울 것이 많고, 또 제대로 된 한 사람 몫을 하기가 어려운 것이 개발 분야다. 그러나 나도 그랬고, 많은 사람이 그랬듯이 처음에 두려움으로 시작했던 것은 어느새 잊히고, 어느덧 자신감이 붙는 시기가 온다. 자신감이 붙는 것 자체가 잘못된 것이 아니다. 자만심이 생기는 것이 위험한 것이다.

앞서 신입 개발자 정석 씨는 계산기를 만드는 과제를 받았다. 계산기라니? 언뜻 생각하기에 너무 단순하다. 하루가 아니라 몇 시간이면 충분히 만들어서 보여줄 수 있을 것 같다. 그러나 꼭 그렇지만도 않을 수 있다. 계산기 만들기 예제를 정석 씨와 함께 풀어보자.

계산기에는 몇 가지 기능이 들어갈까? 더하기, 나누기, 곱하기, 빼기 정도가 있겠다. 이 기능을 한 패키지에 모두 담을 것인가? 각 패키시에 나눠서 담을 수도 있다.

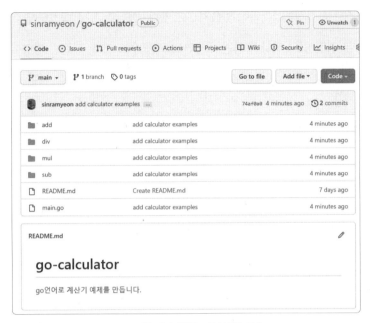

▲ 그림 4-1 add, div, mul, sub를 패키지별로 나눠 담은 모습

이런 식으로 배치하면 각 기능별로 분류가 쉬워지고, 한 파일 내에 모두 코드를 담는 것보다 따로 꺼내서 쓰기가 편하다. 그렇지만 이렇게만 구현을 하는 게 아니라, 한 걸음 더 나아가서 각 기능에 테스트를 더해 보는 건 어떨까?

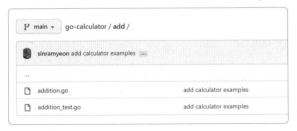

▲ 그림 4-2 add 폴더 안에 addition.go와 additon_test.go가 있는 모습

유닛 테스트를 작성해 본 적이 있을지 모르겠다. 아니면 유닛 테스트에 대해 들어 본 적만 있고 정확히 어떤 내용인지 모를 수도 있다. 단순한 명령어 입력식 계산기를 구현하는 데에도 아래와 같이 여러 접근 방법을 더할 수 있다.

▲ 그림 4-3 additon_test.go 내의 테스트 코드

이 테스트 코드를 선혀 이해하지 못해도 상관없다. 여기에서 각 기능을 나누고 그 기능별로 테스트를 더한다는 접근 방법도 있다는 것을 알고 간다면 충분하다. 성공한 테스트와 실패한 테스트의 경우를 위 코드에서는 확인하

고 있다. 간단한 계산기 과제라고 생각했는데, 그렇지만도 않다는 걸 생각할 수 있을 것이다.

신입에게 과제를 맡긴다면, 시험을 본다거나 평가를 하려는 이유보다는 이렇게 문제를 보는 시각과 코드를 다루는 방법을 넓혀주려는 이유가 크다고 생각한다. 자신이 볼 때는 빠짐없이 모든 요소를 만들었다고 생각할 수 있지만, 또 다른 측면에서 보면 여러 요소가 빠진 코드를 만들 수 있기 때문이다. 그렇기 때문에 개발을 하면서 서로가 서로의 코드를 리뷰해 주기도 하고, 아예 익명의 여러 사람이 함께 만드는 오픈소스 작업을 진행하기도 하는 것이다. 이렇게 인터넷에서 자신의 작업물을 무료로 공개하고, 또 거기에 대한 비판이나 수정할 내용을 편히 받아들이고 서로 공유하는 것은 개발계의 큰 특징이자 장점이다.

처음 입사 후 과제를 받는다고 해서 너무 긴장하거나 겁먹지 말자. 오히려 내가 놓친 부분을 알게 될 좋은 기회라고 생각한다면 어떨까?

보통 이렇게 신입들에게는 기본적인 실력이나 개발에 대한 접근 방법을 알아보기 위해 테스트 과제를 내주는 회사가 있다. 가만히 앉아서 남들이 하는 걸 구경만 시키기에는 너무 지루할테고, 뭐라도 하고 있도록 업무를 줘야 하는데, 인수인계를 할만한 업무가 마땅치 않으니 이런 식으로 작은 과제를 내 주는 것이다. 우리는 계산기를 예시로 들었지만, 회사에서 사용할 법한 슬랙봇 프로그램이나 단순한 수정 업무가 내려올 수도 있다. 물론, 이런 과제 말고 실제 업무에 대해서도 이야기 할 수 있다.

실제 결과물에 쓰이는 코드에는 어떻게 손을 대기 시작해야 할까? 많은 회사에서 코드 접근 권한을 주고 난 이후 실제로 쓰이는 코드를 구경하는 시간을 준다. 남이 쓴 코드를 읽는 것은 많은 도움이 된다. 설사 모두 이해하지 못하더라도 패키지 구성을 둘러보고 어떤 기능별로 묶였는지 살펴 보는 것만으로도 괜찮다. 첫 업무는 보통 작은 버그를 고치거나, 간단한 기능을 구현하거나, 오래된 코드를 손보는 것 등으로 시작된다. 멋진 일을 하고 픈 마음은 이해하지만 가벼운 것부터 부담없이 시작해 보자.

우리의 첫 업무를 지금 할당하겠다. 사내에서 직원들을 상대로 사용하고 있는 회원 관리 사이트 내에 회원가입 기능을 손보는 것이다. 지금도 회원가입은 가능하지만, 오래된 코드라서 모양도 그리 좋지 않다. 우리 손으로 우리 직원들이 사용하는 회원가입 기능을 멋지게 고쳐보자.

개발 분야와 회사의 다양성을 인정하자

개발 분야의 다양성. 회사 크기와 팀 크기의 차이만큼 모든 곳이 동일하지는 않다. 일반적인 이야기 중 이상적인 이야기를 다루고 있음을 짚고 넘어간다. 이 모든 것이 지켜지지 않거나. 이 중 몇 가지만 지켜지는 회사나 팀이라고 해서 나쁜 팀이 아니라고 나는 믿는다.

4.2 개발 업무 시작하기

첫 업무다! 드디어.

오히려 신이 나서 미소가 지어지는 정석 씨였다. 처음 업무다운 업무를 받은 마정석 씨는 코드를 직접 짜 볼 생각에 신이 났지만, 역시 그 앞을 가로막는 여러 이유가 존재했다. '그러니까, 문제가 있을 때는 이 슬랙으로 메신저처럼 연락하고, 슬랙은 용하게도 허들 기능을 통해서 화면을 공유하거나 이야기도 할 수 있단 말이지.' 이건 게임을 할 때 '디스코드'를 켜고 했던 거랑 비슷하겠다.

코드를 보아야 하니, 그 코드가 쓰인 프로젝트도 알아야만 했다. '그걸 관리하는데에는 이 지라 보드를 이용한다고 했고.' 마치 대학교 시절 때 과제를 하려고만들던 엑셀과도 닮아 있다고 생각했다.

프로젝트 관련 문서는 노션에서 확인하면 된다고 했는데, 이건 전에도 봤던플랫폼이었다. 취업하려고 여기에 자기소개서 같은 걸 적어 준비해 놨던 기억이떠올랐다. 그나마 아는 게 하나라도 있어 다행이었다.

이제 정말 첫 발을 내딛는 건데, 제대로 한번 해 보자!

업무에 쓰이는 도구가 한두 가지가 아니라고 생각할지도 모른다. 사실, 맞는 이야기이기도 하다. 한 회사나 팀에서 맡는 개발 프로젝트가 한 가지 이상인 경우가 많다. 또 그 프로젝트 안에도, 서로 매우 다른 기능과 구현이존재한다. 같은 회사, 같은 개발 부서라고 하더라도, 부서 내에서 다른 팀이면, 서로 무슨 일을 하는지조차 이해하기가 어려운 경우가 많고, 사실 같은팀이어도 그렇다. 누가 어떤 일을 어디까지 어떻게 하고 있고, 우리가 무엇을 언제까지 해야 하는지 관리하는 데에 많은 품이 들어간다. 그 품을 줄이기 위해서 많은 도구를 사용할 수밖에 없다.

개발에는 많은 문서와 일정 관리가 필수이고, 그 관리를 도와주는 전문 도구가 존재한다. 개발자들이 괜히 다들 똑같은 소프트웨어와 플랫폼을 사용하고 있는 게 아니다. 여기서는 개발 요구사항을 파악하고, 일정을 관리하고, 작업을 만들며 기록하는 데에 도움이 되는 도구를 소개한다.

4.3 슬랙

단순 메신저보다 한 걸음 더 나아간 워크플레이스용 채팅 소프트웨어 슬랙 Slack을 소개한다. 슬랙은 메시지, 여러 도구, 파일을 관리할 수 있는 메신저 앱이다. 다른 메신저와 다르게, 혹은 비슷하게 업무 내의 여러 일을 도와주기 위해서 추가적 기능이 많이 포함되어 있다. 그렇지만 슬랙을 사용하는 데 있어 이 모든 추가 기능이 따로 필요하지는 않다. 메신저 앱답게 주요 기능은 모두 다른 사람과 대화하는 것에 맞춰져 있기 때문이다. 그룹 채팅 채널, 일대일 채팅, 비공개 채널 등의 기본 기능을 자주 사용하게 될 것이다. 메시지에 대한 답장을 읽고, 귀여운 이모티콘으로 반응을 보내고, 거기에 더해 GIF 파일로 귀여운 짤방을 덧붙여 보자. RSS 피드를 읽고, 미리 알림을 설정하거나 추가 기능 알림을 받을 수도 있다.

▲ 그림 4-4 슬랙 홈페이지의 메인 화면

수많은 회사, 개인이 슬랙을 사용하고 있다. 특히 많은 개발회사가 그렇다. 슬랙이 초기에 나왔을 때에는 사실 시장 안에 경쟁자가 많지 않았다. 물론, 다른 채팅 앱이 없었던 것은 아니다. 우리나라로 치면, 버디버디, 네이트온 등과 같은 메신저가 있었다. 이런, 너무 옛날 메신저 앱을 말했는지도 모른다. 요새는 모두 카카오톡으로 대화하니 말이다. 그래도 앱에 관심이 있는 분이라면 텔레그램 정도는 생각하고 있을지도 모른다.

슬랙은 직관적인 UI와 함께 그룹, 개인 간 메시징을 훌륭하게 결합했다. 또 회사 혹은 그룹 내에서 초대 시스템을 이용해서 사람을 모집할 수 있기 때문에 슬랙을 사용할 권한을 누가 받을지 통제할 수 있다는 것도 하나의 큰 장점이다. 물론, 이런 기능만이 이 메신저의 장점은 아니다. 슬랙을 살펴보면, 사용 편의성과 안정성이 두드러진다는 사실을 깨달을 수 있는데, 키치Kitsch하고 귀여운 디자인만큼 대단한 장점이다. 다른 그룹 채팅 도구, 예를 들어 마이크로소프트의 팀즈Teams와 비교할 때, 기술에 익숙하지 않은 사용자도 굉장히 쉽게 사용할 수 있도록 디자인되었다는 것을 알 수 있다. 또한 개인은 무료로 자신의 슬랙 인스턴스를 만들 수 있다. 다양한 색상 테마는 덤이다!

4.3.1 슬랙 설치하기

슬랙을 설치하는 방법에 대해서는 저자의 개발 블로그 중 '4장. 개발 시작하기 → 맥OS에 슬랙 설치하기'를 참고한다.

▶ https://blog.naver.com/sh_kim_0926

4.3.2 슬랙 사용법 및 개발자가 사랑하는 기능들

▲ 그림 4-5 슬랙 접속 화면

일반적으로 슬랙은 메신저이기 때문에 사용에 큰 어려움은 없을테고 그룹 대화, 개인 대화를 가장 자주 사용하게 될 것이다.

▲ 그림 4-6 개발 1팀의 그룹 채팅 모습

▲ 그림 4-7 마정석 씨와의 개인 채팅 모습

이처럼 신입인 정석 씨의 과한 MZ세대식 인사를 보는 식으로 말이다. 물론, 그 외에도 슬랙으로 이용할 수 있는 다양한 기능이 있다. 예를 들어, 코드 저장소인 깃허브github를 슬랙과 연동할 수 있다.

슬랙에 깃허브를 연동하는 법을 알아보자. 슬랙을 실행하고, 왼쪽 메뉴의 [Slack 찾아보기]에서 [앱]을 클릭한다.

▲ 그림 4-8 슬랙의 왼쪽 메뉴

앱 목록을 보면, 깃허브 외에도 구글 캘린더나 줌 등 유용한 앱을 많이 찾을 수 있다. 우리는 필요한 Github를 추가한다.

▲ 그림 4-9 슬랙 내의 앱 설치 화면에서 git을 검색하면 나오는 화면

안내 메시지에 따라 슬랙에 깃허브를 추가하면, 아래와 같은 자동 채팅이

나타난다.

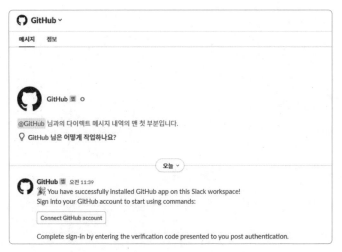

▲ 그림 4-10 슬랙 내 깃허브 앱이 추가된 모습

이렇게 슬랙에 깃허브 앱을 추가할 수 있는데, 자신이 원하는 계정과 연결해야만 그 계정과 관련된 업데이트를 슬랙으로 받아볼 수 있다. 아래 그림에서 [Connect Github account] 버튼을 클릭해서 자신의 깃 계정과 연결한다.

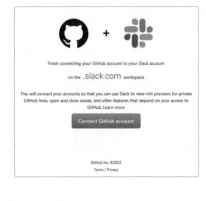

▲ 그림 4-11 슬랙 내 깃허브 앱과 자신의 깃허브 계정을 연동하는 모습

연결하는 동안 아래와 같은 확인 코드가 뜬다. 슬랙으로 접속해, 깃허브 봇과의 채팅 내역에서 아래 [Enter code]를 눌러 확인 코드를 입력한다. 확인 코드를 타인에게 유출하지 않도록 주의하자.

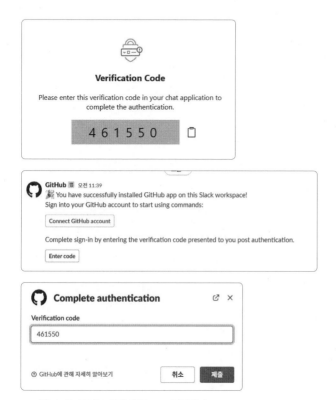

▲ 그림 4-12 깃허브 연결 확인 코드 입력하기

코드를 입력하면 자신의 계정과 연결된 것을 확인할 수 있다.

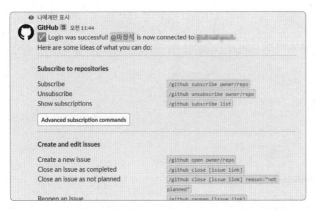

▲ 그림 4-13 깃허브 연결이 완료된 모습

이렇게 깃허브 봇을 연동하면 자신이 관리하는 깃허브 리포지토리repository(저
장소)를 구독하거나 여러 기능을 이용할 수 있다. 리포지토리를 구독하면,
그 리포지토리에서 발생하는 커밋과 업데이트에 대해 알림을 받아볼 수 있
어 매우 유용하다. /github subscribe [리포지토리 이름] 명령어는 새 커밋, 새
풀 리퀘스트, 새로운 이슈, 코드 리뷰에 대한 업데이트를 제공한다.

▲ 그림 4-14 슬랙 깃허브 봇 리포지토리 구독 명령어

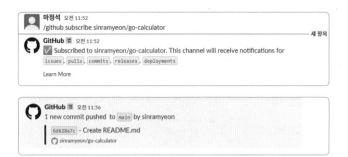

▲ **그림 4-15** 리포지토리 구독이 완료된 모습. 이제 새 커밋에 대한 알림을 받아볼 수 있다.

슬랙 창에 /github help를 입력하여 더 많은 기능을 알아볼 수 있다. 이외

에도 다양한 슬랙 앱을 추가하여 업무의 효율성을 추구해 보자.

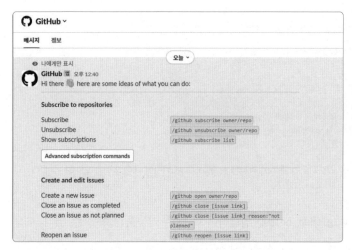

▲ 그림 4-16 깃허브에서 /github help 명령어를 실행한 모습

4.4 지라

사실 슬랙은 최약체가 아니었을까? 메신저 사용법 정도야 MZ세대인 정석 씨에게는 큰 문제가 아니었다. 문제는 이제 프로젝트 보드를 처음 마주한다는 건데…. 사실, 솔직하게, 정말로 모르겠다. 여러 칸으로 나눠진 보드를 바라보면서 정석 씨는 잠깐 멍 때리는 시간을 보냈다.

소프트웨어 개발론을 배울 때, 칸반이나 애자일에 대해 들었던 기억은 났다. 그렇지만 직관적인 보드를 보고 그 방법론을 적용해 생각하는 것은 아직 정석 씨에게는 조금 무리였다. 그렇지만 단순히 정리된 보드를 보고 무엇이 내가 해야 할 일인지, 진행 중인 일은 무엇인지, 다시 확인 중인 일은 무엇인지 등을 알아보는 것은 어렵지 않았다.

몇 가지 티켓 위에 정석 씨를 위해 '#우웅빛깔_신입' 태그가 붙어있는 것을 보고 정석 씨는 가볍게 미소 지었다. 이 작업 중 자신이 먼저 해야 할 일을 골라 보자.

▲ **그림 4-17** 지라 보드 예시

지라Jira는 원래 버그와 이슈 추적 소프트웨어로 만들어졌다. 그러나 현재는 요구사항, 테스트 관리, 애자일 소프트웨어 개발 등 모든 유형의 개발 사례에 적용할 수 있는 강력한 도구로 발전했다. 소프트웨어의 크기가 커지고 관리의 필요성이 대두되면서 애자일 개발 방법론 등이 소프트웨어 회사에서 더 널리 사용되기 시작했다. 그래서 아틀라시안Atlassian은 지라 플랫폼을 확장해서 여러 팀에 여러 서비스를 제공할 수 있도록 발전시켰다.

기본 프로젝트 관리 도구인 지라의 핵심 기능뿐 아니라 소프트웨어 개발 팀을 위해 설계된 지라 소프트웨어 버전 등이 있고 핵심이 되는 모든 기능을 제공하면서 애자일 기능도 포함하는 버전이 있는 식이다. 그러므로 소프트웨어 팀은 버그 추적, 기본 프로젝트 개발 작업 관리, 칸반, 스크럼 및 기타 프레임워크 지원 등의 기능을 이용할 수 있다. 여기에 IT팀을 위해 서비스 데스크라는 콜센터 관리자, 헬프 데스크 에이전트 등이 갖춰진 기능도 있다. 많은 기술회사에서 지라, 혹은 비슷한 플랫폼을 이용해서 프로젝트를 관리하고 있다. 지라 소프트웨어는 요구사항 및 테스트 케이스 관리, 애자일 방법론에 따른 프로젝트 관리, 소프트웨어 개발과 제품 관리, 작업 관리와 버그 추적에 최적이기 때문이다.

정석 씨와 같이 프로젝트 내에서 자신에게 할당된 몇 가지 이슈가 있고, 그중 중요성에 따라 자율로 자신이 할 일을 선택하게 하는 회사도 많다. 큰 프로젝트 안에 한 주 혹은 한 달에 할당된 일의 양이 있고, 그 사이에 일을 분류해서 신입에게 알맞은 일은 따로 배정하고는 한다. 릴리스와 스프린트 계획, CI/CD 도구와 통합하여 소프트웨어 개발 주기 전반의 투명성을 향상시킬 수 있는 것이 지라의 큰 장점이다.

4.4.1 지라 사용하기

여기서는 지라의 여러 기능 중 칸반Kanban 보드를 기준으로 설명하려고 한다. 칸반 보드는 소프트웨어 개발 주기 중 칸반 방법에 따라 만들어진 보드다. 지속적인 작업 전달을 기준으로 하기 때문에 작업 흐름을 지속적으로 모니터링 할 수 있고 항상 작업 중인 것이 무엇인지 확인하기 쉽다. 한 가지 컬럼에서 작업이 완료되면 새 작업을 가져오면 된다.

▲ 그림 4-18 지라 보드 예시

개발 1팀의 가상 지라 보드를 보면 보통 팀별로 스프린트 기간이 다른데 1주, 2주 혹은 한 달인 경우도 있다. 각 팀의 상황에 맞게 조절되는 경우가 많다. 각 기간별로 해야 할 일이 '할 일' 단에 표시된다. 시작한 이슈는 '진행 중' 컬럼으로 이동한다. 이 외에도 팀의 특성에 맞게 '테스트 중' '보류 중' '진행 대기 중' 등의 컬럼이 있는 경우도 많다. 자신의 티켓을 상태에 맞게 이동하여 팀 내 일정 관리를 효율적으로 수행할 수 있다.

▲ 그림 4-19 지라 이슈 예시

각 이슈를 클릭해보면, 상세한 정보가 나온다. 담당자를 할당할 수 있으며, 레이블을 활용하여 분류를 쉽게 할 수 있다. 다른 이슈와 연결하거나 하위 이슈를 추가할 수도 있다. 어떠한 일이 어떤 일과 관련이 있고, 어떤 일을 먼저 해야 하는지 파악하기에 아주 편리한 기능이다. 이슈 설정 기능에 대해 자세히 설명하면 다음과 같다.

▼ 표 4-1 유용한 지라 이슈 설정값

종류	설명
첨부	이슈와 관련된 파일을 첨부할 수 있다.
하위 이슈 추가	큰 이슈 아래에 관련된 하위 이슈를 추가할 수 있다.
이슈 연결	다른 이슈와 연결해 일의 순서를 알 수 있다
레이블	태그 지정 기능으로 이슈를 분류할 수 있다.

각 회사나 팀별로 사용하는 기능이 상이할 수 있으나 처음 회사에 들어온
상태로는 이슈를 할당받아 그 일을 처리하는 경우가 많고 스스로 지라 보드
를 관리하는 일은 많지 않다. 지라 보드의 구성을 알고, 이슈를 진행 상태에
맞게 옮기는 것이면 충분하다. 자세한 지라에 대한 사용법은 아틀라시안에
서 제공하고 있다.[01]

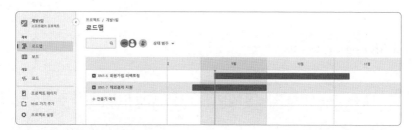

▲ 그림 4-20 지라 로드맵 예시

위 그림의 왼쪽 메뉴에서 [로드맵] 버튼을 누르면, 전체 큰 이슈들의 로드맵
을 볼 수 있다. 스프린트 보드가 이번 스프린트 주간 동안의 일을 보여준다
면, 로드맵에서는 전체 일정을 살펴볼 수 있다. 어떤 프로젝트들은 몇 개월

01 https://www.atlassian.com/

에서, 길게는 년 단위로도 진행된다. 각 프로젝트별 진행 타임라인을 보며 언제까지 어떤 일이 완료되어야 하고 제일 급한 사안이 뭔지 알아볼 수 있다. 팀의 프로젝트 관리를 위해 칸반 외에도 스크럼과 애자일 스타일을 도입할 수도 있다. 각 팀에 적합한 설정에 따라 지라 보드가 구성되어 있을 것이다. 소프트웨어 개발 방법론에 대해 이 참에 다시 한번 공부해 보는 것도 괜찮은 선택이다.

소프트웨어 개발 방법론을 익히자
소프트웨어 개발 방법론 중 스크럼(scrum), 애자일(agile), 칸반(kanban)에 대해 이해하고 넘어가면 큰 도움이 될 것이다.

4.5 트렐로

트렐로Trello란 웹 기반 프로젝트 관리 프로그램이다. 지라와 비슷하지만 무료라는 아주 큰 장점이 있다. 간단하고, 유연하며, 강력한 보드를 통해서 누가 무엇을 하고 있고, 정확히 해야 할 남은 작업들을 명확히 확인할 수 있다.

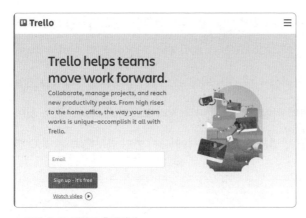

▲ 그림 4-21 트렐로 홈페이지

4.5.1 트렐로 사용하기

기본으로 생성된 보드 외에도, 자신의 필요에 따라서 새 보드를 추가할 수 있다.

▲ 그림 4-22 트렐로 보드 예시

왼쪽에 있는 트렐로 보드의 메뉴를 보면, [Your boards]에 자신이 소유한 보드판이 나오고, [+] 버튼을 통해 새 보드를 추가할 수 있다.

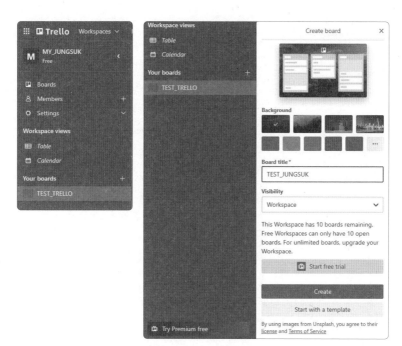

▲ 그림 4-23 트렐로 보드의 왼쪽 메뉴에서 새 보드를 추가하는 모습

트렐로 무료 버전에서는 보드를 10개까지 추가할 수 있다. 이 정도면 작은 회사에서 충분히 활용하고도 남을 양이다. 자신의 프로젝트나 개인 일정 관리에 필요한 만큼 보드를 추가해 보자.

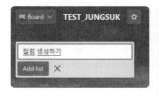

▲ 그림 4-24 트렐로 보드 내에서 할 일을 추가하기

트렐로 보드 내에서 각 컬럼에 해당하는 대제목과 거기에 속하는 작은 카드들을 제작할 수 있다. 생성된 카드를 클릭하면, 자세한 정보값을 지정할 수 있다.

▼ 표 4-2 유용한 트렐로 카드 설정값

종류	설명
Members	이 업무에 해당하는 사람을 설정할 수 있다.
Labels	색, 태그를 통해 티켓의 종류를 구별할 수 있다.
Checklist	큰 티켓 내에는 티켓에 딸린 별도의 체크리스트를 만들 수 있다.
Dates	언제 시작되어서, 언제까지 완료되어야 할 것인지 지정할 수 있다.
Attachment	파일을 첨부할 수 있다.

트렐로의 사용법은 아주 직관적이고, 또 간단하기 때문에 적응에 큰 어려움이 없을 것이다. 그러나 트렐로에서 이미 팀들을 위한 템플릿을 만들어놓았기 때문에 이를 적용한다면 더욱 더 효율적으로 트렐로를 이용할 수 있다.

▲ 그림 4-12 트렐로 메뉴 위 [Templates]를 누른 모습

위 메뉴에서 [Templates]를 선택하면, 무료로 제공되는 다양한 템플릿을 확인할 수 있다. 프로젝트에 적합한 템플릿을 사용하여 자동 생성된 템플릿을 이용해보자.

▲ 그림 4-26 트렐로 무료 Templates 중 Kanban을 적용한 모습

보통 신입 사원이 직접 템플릿을 만들거나 보드를 꾸며야 할 일은 거의 없다. 템플릿을 제대로 이해할 수 있고 또 자신의 티켓을 제대로 관리할 수 있으면 충분하다. 칸반, 애자일, 스크럼에 대한 기초적인 이해가 없다면 이참에 좀 더 공부해 보는 것도 좋은 생각이다. 프로젝트를 진행함에 있어서 훨씬 더 도움이 될 것이기 때문이다. 어떻게 소프트웨어의 개발 주기가 흐르는지, 그 이상적인 흐름은 이렇고, 지금 내가 있는 곳에서는 저렇게 흐르고 있다는 것을 이해한 후에 업무에 임한다면 좀 더 효율적이고 빠르게 업무를 처리할 수 있을 것이다.

4.6 노션

노션이라…. 사실 정석 씨는 이미 노션 사용 경험이 있었다. 이번 회사에서는 회사 내의 문서 관리를 노션으로 한다고 했다. 정석 씨에게 사원들의 생일이 적힌 노션 캘린더를 보여주며 그렇게 말하는 걸 들었다. 정석 씨도 자신의 생일을 등록했다. 취업 준비를 할 때 노션을 이용해서 공부 기록이나, 자신의 이력서를 올린 적이 있었기 때문에 정석 씨는 노션에는 꽤 자신이 있었다.

이전에는 네이버 블로그, 티스토리 블로그 등이 있었다면 요새는 노션이 많은 인기를 얻는 블로그 플랫폼 중 하나다. MZ세대로서 빠질 수 없었던 정석 씨도 몇 가지 기능을 이용해 보았다. 자신의 노션 페이지에 들어가니, 깔끔하고 정직하게 작성된 자신의 자기소개서가 보였다. 왜 개발자가 되고 싶은지에 대해 적은 자신의 글을 보면서, 정석 씨는 잠시 추억에 빠졌다.

"제 손으로 의미 있는 것을 만들어 보고 싶습니다."

꽤 나쁘지 않은 이유였다.

▲ 그림 4-27 노션 홈페이지

노션은 누구에게나 안성맞춤인 기록의 장이다. 특별히 '블로그'로만 한정된 플랫폼이 아니라는 뜻이다. 사용자가 원하는 만큼, 원하는 대로 만들어서 사용할 수 있다. 편리하고, 보기 쉽다는 장점이 크다. 많은 기업에서 노션을 활용하고 있고, 그에 따라서 개인 사용자도 많이 늘어났다. 회의록, 팀 목표, 프로세서 문서 등 업무 파악이 쉬워지도록 문서 관리를 하기에 아주 적합한 도구이므로 소기업 등 일반 기업에도 많이 사용하고 있다. 실시간으로 공동 작업을 할 수 있고, 손쉽게 사용할 수 있기 때문에 여러모로 유리하다.

여태 많은 도구를 살펴왔는데, 사실 개발자뿐만 아니고 여러 부서에게 이렇게 여러 플랫폼과 도구를 오가며 관리하는 것이 쉬운 일만은 아니다. 노션은 예를 들어 지라, 에버노트, 깃허브, 위키, 트렐로, 컨플루언스, 구글 독스, 캘린더 등의 기능을 모두 포함하고 있다. 이렇게 다양한 기능을 사용할 수 있도록 하고는 있지만, 이게 꼭 필수는 아니다. 자신이 필요한 것만 취사 선택해서 직접 만들어 사용할 수 있고, 또 다른 사람이 만들어 둔 템플릿을 이용하는 방법도 있다.

4.6.1 노션 사용하기

블로그 등에 익숙하다면 노션 이용법이 그리 어렵지 않을 것이다. 처음 노션에 가입한 이후 뜨는 페이지를 보면, 간단한 문서가 몇 가지 있다.

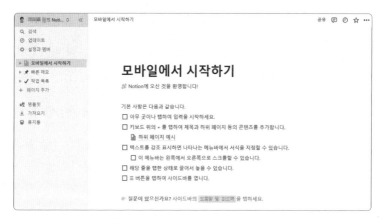

▲ 그림 4-28 노션에 처음 가입하면 뜨는 페이지

위 문서에서는 노션을 모바일에서 사용하는 법에 대한 예시가 있는데, 각 예시가 체크 리스트 형식인 것을 확인할 수 있다. 또한 하위 페이지 예시에서 다른 페이지로 연결된 하이퍼링크를 확인할 수 있다.

▲ 그림 4-29 노션 글 스타일 예시

노션에서는 왼쪽 메뉴에서 [+]를 누르면 다양한 글 스타일을 제공하는데, 평범한 텍스트, 연결된 페이지, 체크리스트, 표뿐만 아니라 날짜 리마인더, 수학 공식, PDF나 구글 맵스 임베디드도 가능하다. 또 개발자들에게 적합하게 Github gist나 miro 보드, codepen을 연동하는 기능도 제공한다. 이외에도 여러 새로운 연동 기능이 추가되고 있어서 필요한 여러 도구를 참조할 수 있다.

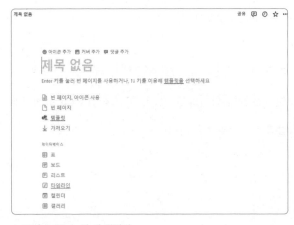

▲ 그림 4-30 노션 새 페이지

왼쪽 메뉴에서 [페이지 추가] 버튼을 누르면, 위 그림처럼 빈 페이지를 추가할 수 있는데, 노션의 장점은 이미 만들어진 여러 글 양식을 활용할 수 있다는 점이다. 스스로 빈 페이지를 꾸밀 수도 있고, 템플릿이나 가져오기 기능을 통해 이미 만들어져 있는 양식을 이용할 수도 있다. 노션의 큰 장점 중 하나는 다른 사람이 만들어 둔 양식을 서로 무료로 공유하고 사용할 수 있다는 점이다. 노션에서 자체로 만든 템플릿도 아주 훌륭하며, 여러 사람이 필요에 따라 만든 양식을 활용한다면 노션으로 할 수 있는 일이 무궁무진해 진다. 단순히 블로그로만 활용하는 것이 아니라 다양한 적재적소에 노션을 활용하여 생산성을 극대화할 수 있다.

▲ 그림 4-31 노션 자체 회의록 템플릿

노션 사용 가이드

이외에도 노션 사용 가이드에 대해 노션에서 다양한 포스트로 정리해 둔 것이 있다. 자신에게 필요한 내용을 찾아보며 활용한다면, 도구에 대한 이해도도 높아 지고 업무도 효율적으로 처리할 수 있을 것이다.

https://www.notion.so/ko-kr/help/guides

4.6.2 개발자가 사용하는 노션

정석 씨가 속한 개발 1팀에서는 노션을 적극적으로 활용하는 것을 권장하고 있었다. 본격적인 코딩을 시작하기 전, 정석 씨는 선배로부터 코딩 가이드라인에 대한 안내를 받았다.

각 언어마다 정형화된 코딩 스타일이 있고, 정석 씨의 회사에서는 이런 스타일을 따른다는 내용이었다. 노션에 깔끔하게 정리된 문서를 읽는 것은 쉬웠다.

들여 쓰기는 스페이스 2번, 사용하지 않는 변수 제거, …, 용법, 스타일에 대한 자세한 설명과 각 코드의 좋은 예시, 나쁜 예시 커밋 링크들이 노션에 들어 있었다. 개발 1팀의 노션을 구경하던 정석 씨는 생각보다 많은 내용이 들어있는 문서에 놀랐다. 하루에 한 시간 정도만 이 노션 글을 골라 읽어도 충분한 공부가 될 것 같았다.

'나도 노션에 회사용 업무일지부터 하나 만들어 볼까!'라는 생각도 들었다. 좋은 문서를 정리해서 추후에 들어오는 사람들에게 도움이 되고 싶었기 때문이다.

개발자 사이에서 노션 사용 비율이 유의미하게 높아지고 있다. 개발자들의 기술 블로그가 꽤 많아진지 오랜 시간이 지났다. 네이버와 티스토리 블로그를 이용하던 비율에서 이제 깃허브 블로그를 지나 노션에 개발 관련 지식을 정리하는 개발자가 많다. 노션에서는 개발 관련 글을 정리하기에 아주 최적화된 도구들, 예를 들면 깃허브나 Codepen.io를 연동하게 해주기 때문에 굉장히 편리하다.

개발자 중 상당수가 기록하는 습관이 있다. 또 그 내용을 타인들과 공유하기를 좋아한다. 오픈소스 등 공유가 미덕인 개발 분야의 특유한 생태계 때문일까. '개발자 노션'이라고 검색해 보면 굉장히 도움이 되는 여러 자료가 무료로 공개되어 있는 것을 볼 수 있다. 타 직군보다 이런 도구들의 사용을 더 자주, 공개적으로 하는 특성상 조금만 품을 들이면 여러 자료를 무료로 접할 수 있다. 아래는 노션에서 기본적으로 제공하는 개발팀을 위한 템플릿 자료다.

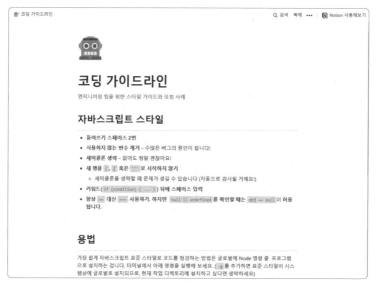

▲ 그림 4-32 노션 코딩 가이드라인 템플릿

▲ 그림 4-33 노션 엔지니어링 위키 템플릿

이렇게 회사 내에서 활용할 수 있는 종류도 많지만, 신입 혹은 구직 중이 개발자를 위한 내용은 아무래도 포트폴리오와 이력서를 노션에 정리하는 방법이다. 개발자 노션 포트폴리오를 검색해 보면 참고할 만한 내용이 많이 나온다. 단순하고 뻔한 이력서보다는 개발자의 특성을 살린 노션 이력서를 한 장 더 준비해 보는것도 나쁘지 않은 아이디어다.

노션 관련 웹사이트

https://www.oopy.io/이나 https://super.so/와 같이 노션 웹사이트를 간편하고 예쁘게 만들어 주는 사이트를 이용한다면 노션을 더욱 편리하게 사용할 수 있다.

4.7 정리하기

4장에서 살펴본 도구들은 입사 전에도 개인 프로젝트 혹은 친구들과의 작업을 할 때에 유용하게 사용할 수 있을 것이다. 많은 개발자가 단지 개발 용도가 아니라 개인적인 용도로도 위와 같은 도구를 활용하고 있다. 입사한 후에는 매일 활용하는 도구들이니 미리 익숙해질 수 있다면 큰 도움이 될 것이다.

5장

설계하기

드라마에서 보던 회의 모습을 떠올려 보자. 멋진 직장인들이 비즈니스 수트를 입고, 큰 화면에 PPT로 발표자료를 띄워놓고 회의를 하거나 전문 용어를 사용하면서 서로 대립하기도 한다. 개발회의도 크게 다르지는 않다(비즈니스 슈트만 뺀다면 말이다). 개발회의에서 신입의 역할은 첫 번째로 잘 알아듣기, 두 번째로 가능하다면 메모나 필기가 있겠다. 개발회의에 처음 들어가면, 조금 소외되는 느낌을 받을 수도 있다. 다루는 제품에 대한 일정이나 작업 분류에 대해서 익숙하지 않기 때문이다. 그렇지만 모르는 내용이나 납기일, 자신의 팀이 해야 할 일에 대해 꼼꼼하게 메모를 해 둔다면 큰 도움이 될 것이다.

프로젝트 회의에 처음으로 들어가게 된다면

- 개발 플로우에서 벌어질 수 있는 여러 경우의 수에 대응하기 위해서 Draw.io를 이용해 다이어그램을 표현하고, 일의 흐름과 의사결정을 이해할 수 있다.

- 데이터베이스 설계를 위한 ERD를 사용해 보자. 잘 설계한 데이터베이스를 기반으로 훨씬 더 빠르고 안정적인 쿼리문을 경험할 수 있다.

5.1 Diagrams.net

개발 1팀의 일상에도 슬슬 적응되어 가는 정석 씨였다. 아침에 출근한 후 커피 한 잔을 준비해서 회의에 들어간다. 짧게 15분 내외로 끝나는 회의를 마치면 잠깐 스트레칭을 하고 정석 씨가 맡게 된 회원가입단 리팩터링(refactoring) 업무를 이어간다. 가끔 모르거나 막히는 곳에는 선배들에게 질문도 하고, 타 팀에서 걸려 오는 문의 전화에 응대하는 것에도 성공했다. 그러던 중 새로운 퀘스트(quest)가 나타나듯 등장한 것이 '개발회의'였다.

"이번 개발회의에는 문서 고도화도 포함되는데, 정석 씨도 참여해 보는 게 좋겠어요."

정석 씨가 맡은 회원가입 기능에도 문서를 손보는 일이 필요했다. 그 작업 또한 이번 분기의 목표인 문서 고도화에 속하는 것이었다. '개발회의라! 다른 회의와는 어떻게 다를까?' 정석 씨는 궁금증을 안고 커피와 메모지를 준비해서 회의실로 들어갔다. 아차, 노트북도 준비하라는 조언을 들은 정석 씨는 급히 커피 잔을 입에 문 채로 노트북도 품에 안았다.

"어디 이사 가세요?"

한 마디 농담에 웃음을 짓다가 커피를 떨어트릴 뻔한 것은 묻어두자.

혹시 조별과제를 해 본 경험, 아니 악몽을 겪은 분이 있을 것이다. PPT 발표를 준비해 본 적도 있을 것이다. 이처럼 기억하고 싶지 않은 대학생 시절이 생각나는 분이 많을 지도 모른다. 개발은 기본부터 조별과제를 기반으로 이루어진다. 한 사람 혼자서 일당백을 해내는 신화는 개발업계에서는 거의 존재하지 않는다. 협업이 필수 분야인 만큼, 회의도 그만큼 필요할 수밖에 없다. 그래도 너무 걱정하지는 말자. 다른 팀, 예를 들어 개발팀과 친밀한 기획팀 회의의 반절도 안 되는 회의를 하게 될 것이기 때문이다. 이런 개발 회의에서도 사용되는 도구가 몇 가지 있다. 한 가지 기능에도 여러 명의 의사 판단이 있을 수 있기 때문에 개발회의에는 많은 표, 차트 그리고 무엇보다 다이어그램이 이용된다.

정석 씨가 맡은 회원가입으로 예를 들어 보자. 회원가입 페이지에서 어떤 것을 먼저 입력할까? 보통은 자신의 ID일 것이다. 여기에서도 몇 가지의 의사 결정이 있을 수 있다. ID가 이미 존재하는지 혹은 존재하지 않는지, ID에 들어가면 안 되는 문자가 들어갔는지 등의 내용이 있겠다. 팀에서 하는 전체적인 개발회의에서는 보통 이런 작은 케이스까지는 모두 다루지 않지만, 커다란 의사 결정 트리에도 이런 분기점이 여러 가지 존재할 수 있다.

개발 1팀에서는 현재, 해외 결제 카드사와의 연동 작업을 하고 있다고 가정한다면 해외 결제와 관련한 의사 결정에도 생각해볼 수 있는 다양한 경우의 수와 트리가 존재할 것이다. 이럴 때 한눈에 작업을 관람할 수 있게 해주는 것이 바로 다이어그램이다.

5.1.1 Diagrams.net이란 무엇인가

Diagrams.net(구 Draw.io)이란 다이어그램을 그릴 수 있도록 도와주는 무료 도구다. 별도의 설치 없이 웹페이지에서 바로 이용할 수 있다. https://app.diagrams.net/에 접속하면 아래와 같은 내용이 나타난다.

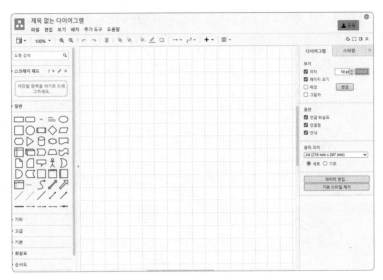

▲ **그림 5-1** Diagrams.net 메인 페이지

물론, 이런 도구를 사용하지 않고, 예전의 방식대로 큰 화이트보드에 펜으로 직접 그리는 것도 나름 멋질 수 있다. 그렇지만 그림에는 영 소질이 없는 사람들을 위해서라도 다이어그램과 차트를 만들기 위한 Diagrams.net 같은 사이트는 큰 도움이 된다. 이 소프트웨어를 사용하면 자동 레이아웃 기능부터, 사용자 정의 레이아웃, 또 필요에 따라 클라우드나 서버 혹은 데이터 센터의 네트워크 스토리지에 저장된 차트를 보관할 수 있는 옵션을 제공한다. 이러한 다이어그램 작성 소프트웨어를 활용하면, 빠른 시일 내에 생산성을 향상시킬 수 있고 특히 소프트웨어와 네트워크, 엔지니어링 환경에 큰 도움을 줄 수 있다.

　시각화의 핵심은 기술 문서 작성을 편하게 하는 데에 있다. 소프트웨어, 하드웨어 아키텍처 문서화가 필요할 때, 설계를 할 때, 비즈니스 관계

의 속성을 표시할 때에 다이어그램은 큰 도움이 될 것이다. 아래는 https://
drawio-app.com에서 제공하는 기술 다이어그램의 예시다.

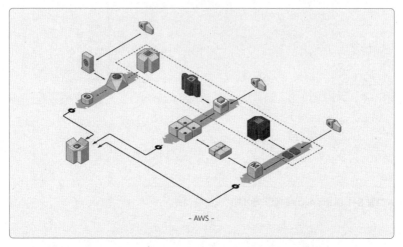

- AWS -

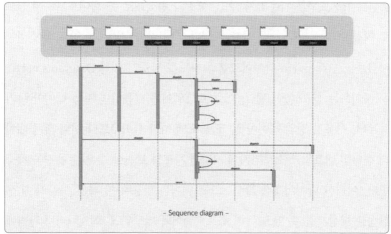

- Sequence diagram -

▲ 그림 5-2 draw-io.app.com에서 확인한 예시

Diagrams.net은 사용이 편리하고, 거의 무료이며, 또한 개발자에게 필요한 많은 기능을 제공해주고 있다. 평범한 플로우차트뿐만 아니라 UML이나 ERD, 또 네트워크 다이어그램을 그리는 데에 필요한 기능을 갖췄다. 또 아틀라시안 마켓플레이스에서 지라와 컨플루언스를 연동하는 기능 또한 함께 제공한다. https://marketplace.atlassian.com/에서 draw.io로 검색하면 찾아볼 수 있다. 기능을 쉽게 익히기 위한 비디오 튜토리얼은 물론이고, 하나하나 따라해볼 수 있는 자습서가 있어서 학습도 아주 쉬운 편이다.

5.1.2 개발자에게 다이어그램이 필요한 이유

'개발자' 하면 컴퓨터와만 소통하는 사람으로 오해하기 쉽지만, 사실 소프트웨어 개발은 거의 혼자서 해낼 수 없다. 개발자는 모두가 만족하는 제품을 만들기 위해서 다른 개발자, 디자이너, 기획자, 프로젝트 관리자 그리고 무엇보다 중요한 고객과 협력해야 한다. 이해관계가 너무 복잡하고 다양하기 때문에 개발 업무에는 의사소통이 잘못되기 쉽다. 물론, 의사소통이 어려운 것도 한몫한다. 코드로 이야기하고 싶은 개발자들과 비 개발자 간의 갈등은 익히 들어봤을 것이다. 작은 세부 사항이 중요한 분야에서는 프로젝트를 순조롭게 진행하기 위해 더욱 더 훌륭한 의사소통이 중요하다. 개발자들조차도 사실, 때때로 긴 기술적인 대화를 나누다가 나중에 가서야 둘이서 전혀 다른 것을 설명하고 있었다는 걸 깨달을 때도 있다. 다이어그램은 이런 경우 의사소통을 보다 명확하게 하는 데에 큰 도움을 줄 수 있다. 이런 경우 특화된 다이어그램이 UML이다.

UML(Unified Modeling Language) 다이어그램이란, 소프트웨어 개발자가 소프트웨어적, 코드적 측면을 시각화하고 구성 및 문서화하기 위해 만든 다이어그램 작성 언어다. UML은 전 세계적 소프트웨어 개발자 사이의 약속된 표준이기 때문에, 소프트웨어 설계 모델을 설명하는 데에 있어 가장 안전하고 적합한 대안이 될 수 있다. UML에서는 일반적으로 소프트웨어의 디자인적 측면을 그려낸다. 고작 다이어그램을 그리는 법을 배우는 데 시간을 낭비한다고 생각할 수도 있지만 이 기술은 타 직군과 협동하는 데에 큰 효과를 볼 수 있다. 다이어그램을 잘 이용하면 대화에 초점을 맞추고, 의사소통을 용이하게 하며, 설명한 내용을 다시 또 설명하느라 낭비되는 수많은 시간을 줄일 수 있다.

UML이 소프트웨어 개발에 적합하고 필요한 또 하나의 이유는 유연성 때문이다. UML 다이어그램에서 모델링 요소 및 상호작용을 사용 중인 도메인이나 기술에 맞게 특별히 사용자가 도메인을 지정해서 사용할 수 있기 때문이다. 이렇게 다양한 종류의 정형화된 다이어그램이 있고, 주어진 상황, 즉 다이어그램을 보는 청중이 누구인지 그리고 자신이 작업 중인 프로젝트 유형이 무엇인지에 따라 어떤 UML 다이어그램을 사용해야 하는지를 결정한다.

여기서 잠깐

UML 다이어그램의 종류
UML 다이어그램에는 클래스 다이어그램, 시퀀스 다이어그램, USE-CASE 다이어그램 등이 있다.

소프트웨어 아키텍처는 시스템의 청사진과 같다. 시스템이 아무리 효율적이어도 이것을 사용하고 작업하는 모든 사람에게 전달되지 않는다면 소용이 없다. 이러한 다이어그램은 단지 소프트웨어 엔지니어링뿐 아니라, 애플리케이션 구조와 동작, 비지니스 프로세스 모델링에도 사용할 수 있다. [그림 5-3]을 보면, 해외 간편결제 모듈에 대한 흐름을 Diagrams.net에서 간단하게 표현한 개발 1팀의 예시를 볼 수 있다. 누구나 한 눈에 보고 이해할 수 있도록 표현되었다.

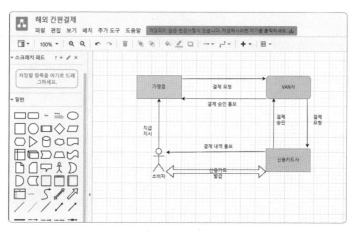

▲ **그림 5-3** 개발 1팀의 해외결제 다이어그램 단순 예시

좀 더 개발적인 예시를 들어보자면, 클래스 다이어그램이 있다. Go 언어로 작성된 팩토리 디자인 패턴 코드를 UML로 클래스 다이어그램을 그려보자. 팩토리 디자인 패턴은 가장 많이 사용되는 패턴 중 하나다. 이 패턴은 생성 중인 인스턴스의 생성 로직을 숨길 수 있는 패턴이다. [그림 5-4]를 참고하자.

총(gun)이 가져야 하는 모든 특성을 정의하는 MyGun 인터페이스가 있고, 이 MyGun 인터페이스를 구현하는 gun 구조체가 보인다. 멋진 총인 AK47 과 매버릭이 있다고 하자. 두 총 모두 MyGun의 모든 특성을 공유하므로 MyGun 유형이라고 생각할 수 있다. AK47이나 매버릭 종류의 총을 만드는 GunFactory라는 구조체 또한 보인다.

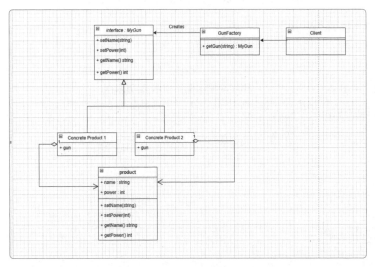

▲ 그림 5-4 팩토리 디자인 패턴 클래스 다이어그램 예시

아직 Go 언어나 팩토리 패턴, 디자인 패턴 자체가 무엇인지 몰라도 괜찮다. 코드의 구조를 이렇게 그림으로 표현할 수 있다는 것만 이해한다면 충분하다. 지금 예로 보여준 클래스 다이어그램은 클래스 내부의 내용이나 클래스 사이의 관계를 표기하는 다이어그램으로, 시스템의 구조를 파악하기에 적합하다. 의존 관계를 확실히 알 수 있으며, 순환 의존이 있는 곳을 빨리 파악하게 해 준다. 코드를 전체 쭉 읽는 것보다 이렇게 다이어그램으로 표현

한다면 한눈에 더 잘 들어올 것이라고 쉽게 짐작할 수 있다. 관련된 전체 코드는 다음과 같다.[01]

```go
package main

import "fmt"

type myGun interface {
    setName(name string)
    setPower(power int)
    getName() string
    getPower() int
}

type gun struct {
    name  string
    power int
}

func (g *gun) setName(name string) {
    g.name = name
}

func (g *gun) getName() string {
    return g.name
}

func (g *gun) setPower(power int) {
    g.power = power
}

func (g *gun) getPower() int {
    return g.power
}
```

---

01 https://lnkd.in/g4dAUpVj에서 확인할 수 있다.

```go
type ak47 struct {
    gun
}

func newAk47() myGun {
    return &ak47{
        gun: gun{
            name:  "AK47 gun",
            power: 4,
        },
    }
}

type maverick struct {
    gun
}

func newMaverick() myGun {
    return &maverick{
        gun: gun{
            name:  "Maverick gun",
            power: 5,
        },
    }
}

func getGun(gunType string) (myGun, error) {
    if gunType == "ak47" {
        return newAk47(), nil
    }
    if gunType == "maverick" {
        return newMaverick(), nil
    }
    return nil, fmt.Errorf("Wrong gun type passed")
}

func main() {
    ak47, _ := getGun("ak47")
    maverick, _ := getGun("maverick")
    printDetails(ak47)
    printDetails(maverick)
```

```
}

func printDetails(g myGun) {
    fmt.Printf("Gun: %s", g.getName())
    fmt.Println()
    fmt.Printf("Power: %d", g.getPower())
    fmt.Println()
}
```

5.1.3 Diagrams.net 사용하기

왼쪽 메뉴를 보면 일반, 기타, 고급, 기본, 순서도, ERD, UML 등의 탭이
있다. 필요한 도형을 선택해서 필요한 다이어그램을 그릴 수 있다. 워낙 단
순한 사용법이지만, 도형을 몇 가지 추가해 보고, 선이나 채움 색을 변경해
보자. 화살표를 넣을 수도 있고, 설명 텍스트를 넣어 이해를 도울 수도 있
다. https://drawio-app.com/tutorials/step-by-step-guides/를 참고한
다면 더욱 이해가 쉽다.

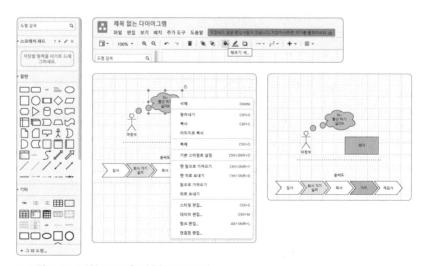

▲ **그림 5-5** 다양한 도구들을 이용한 그림 예시

또한 템플릿을 사용하여 만드는 방법도 있는데, Diagrams.net에서는 다양한 종류의 템플릿을 미리 제공하고 있다. [상위 파일] → [새로 만들기] 버튼을 클릭하면 아래와 같은 템플릿 설정 창이 나타난다. 필요한 종류의 다이어그램을 선택해서 자동 생성도 가능하다. ERD나 UML 등의 다이어그램은 복잡한 도형이 필요한 경우가 많기 때문에 직접 생성하기보다 이렇게 템플릿을 이용하는 편이 훨씬 더 편리하다.

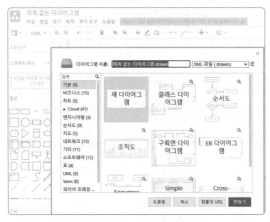

▲ 그림 5-6 Diagrams.net에서 템플릿 설정하기

템플릿을 활용하면, 복잡한 모습의 다이어그램을 훨씬 더 간편하게 그릴 수 있다. 그러므로 개발에만 한정된 것이 아닌 조직도나 지도, 다른 플로우차트 종류도 많으므로 업무에 다양한 방법으로 활용해도 큰 도움이 될 것이다.

일석이조인 UML 공부

보통 UML 관련 과목이 따로 있을 정도로 방대한 내용이니, UML을 한번에 이해
하지 못했더라도 괜찮다. 소프트웨어 세계에서 복잡한 코드를 이렇게 그림으로
나타내는 방법이 있다는 것만 알아도 충분하다. 개인적으로 UML에 대한 공부를
더한다면 일석이조라고 생각한다.

5.2 ERD

깜빡 졸 뻔했다. '개발회의도, 일반 회의와 다를 게 없구나' 하고 정석 씨는 생
각했다. 지루하고 길고 졸리다. 눈에 레몬즙이라도 짜 넣고 싶은 심정이었다. 여기
도 저기도 많은 요구사항이 있고, 차트와 다이어그램, 문서가 한두 가지가 아니었
다. 정석 씨의 작업도 여기 해당되었다. 오래된 문서를 다시 새롭게 업데이트해
야 하므로, 자신이 고칠 회원가입 코드의 구조가 바뀐다면 UML이라는 걸로 정리
해야만 한다.

데이터베이스 테이블에 대한 이야기가 나오자 또 다른 개념이 등장했다.
ERD(Entity Relationship Diagram). 방금 본 UML과 비슷하게도, 다르게도 생
긴 듯 했다. 이건 분명 대학 시절에 데이터베이스론 수업에서 따로 배운 내용인
데…. 막상 여러 종류의 화살표가 뜻하는 바가 뭐였는지 전혀 기억이 안 났다.
테이블 종류는 왜 이렇게 많고, 관계는 왜 이리도 복잡하단 말인가.

얼굴을 찌푸린 채로 ERD 표를 째려보는 정석 씨를 다른 선배들이 힘을 북돋아 주
었다. "모르면 뭐다? 또 다시 찾아보면 된다"라고. 정석 씨는 이곳이 동료들 하나는
참 좋은 회사라고 생각하게 되었다.

데이터베이스의 중요성은 아무리 강조해도 지나치지 않다. 데이터베이스 마이그레이션, 데이터베이스 쿼리문 속도 향상 등 실제 업무에서도 많이 관련된 이슈를 겪을 것이다. DBA(DataBase Administrator)라고 불리는 데이터베이스를 다루는 전문가를 부르는 용어도 존재한다.

지금은 클라우드 도입 확산으로 이전만큼 알려져 있는 개념은 아니지만, 일전에는 데이터베이스를 건강히 유지보수하고, 개발 테스트용 데이터베이스 프로비저닝Provisioning이나 관리와 같은 업무를 따로 맡는 사람을 지칭하는 용어가 있었다. 데이터 관리, 데이터 아키텍트는 그때나 지금이나 중요하다. 보통 신입이 테이블의 설계를 직접 담당하지는 않는다. 그러나 단순한 테이블의 제작 혹은 이 테이블과 다른 테이블의 상관관계와 어떻게 최적의 효율성을 가지게 설계되었는지, 인덱스 키를 어디에 더하고 뺄 것인가에 대한 이해는 필요하다. 이런 이해를 돕는 데에 큰 도움을 주는 것이 바로 ERD다. 개발회의에서 한번쯤은 ERD의 모습을 구경할 기회가 올 것이다.

5.2.1 ERD란 무엇인가

ERD(Entity Relationship Diagram)는 좋은 데이터베이스 디자인을 만드는 데 매우 중요하다. 데이터베이스에 대한 개념적인 설계를 하는 데에 필수적이라고 할 수 있다. 이렇게 다이어그램과 기호를 사용해서 소프트웨어 시스템을 문서화하는 기술을 '데이터 모델링'이라고 한다. 데이터 모델에 대한 가장 높은 수준의 추상화가 ERD다. 이해가 어렵다면 간단히 예시로 이해해 보자.

학교용 데이터베이스를 생성하는 데에는 몇 가지 엔티티(Entity)가 필요하다. 엔티티는 쉽게 식별하고 구별할 수 있는 실제 세계의 사물이라고 이해하면 된다. 따라서 학교의 경우에는 학생, 교수, 수업, 강의 등을 엔티티라고 할 수 있다. 그 이후에는 이 엔티티들 간의 관계다. 학교에서 교수는 학생들을 가르친다. 여기에서 가르침이라는 관계가 교수와 학생 사이에 있다고 생각하면 된다. 이렇게 생각하면 데이터베이스 구조도 그리 어렵지 않을 것이다. 이 데이터베이스 구조를 쉽게 이해하기 위해 사용하는 ERD에는 방금 알아본 세 가지 구성요소가 있다.

▼ 표 5-1 ERD의 구성요소

구성요소	설명
엔티티	데이터베이스에 필요한 기본 개체다.
관계	테이블끼리 어떻게 서로 연결되어 있는지에 대한 정보다.
속성	각 테이블을 설명하는 데 필요한 정보다.

각 구성요소에 대해 조금만 자세히 알아보자. 엔티티는 ERD의 기본 개체다. 데이터베이스의 테이블이라고 생각하면 이해가 쉽다. 엔티티의 특정한 예를 인스턴스instance라고 부른다. 각 인스턴스는 테이블의 레코드 혹은 행이 된다. 예를 들어, 엔티티가 학생이라면 학생 마정석은 학생이라는 테이블의 한 레코드가 된다. 관계는 엔티티 간의 연결이다. 까마귀 발 같이 생긴 화살표를 이용해서 관계를 나타내는데, 1:1, 1:N, N:N 관계가 있다.

일대일 관계(1:1)에서는 한 엔티티 클래스의 단일 엔티티 인스턴스는 다른 엔티티 클래스의 단일 엔티티 인스턴스와만 연결된다. 예를 들어, 다시 학교 예시로 생각해 보자. 각 학생은 한 자리를 채우고 한 자리는 한 학생에게만 할당된다. 각 교수는 하나의 사무실 공간을 가지고 있다.

일대다 관계(1:N)에서는 한 엔티티 클래스(상위)의 단일 엔티티 인스턴스는 다른 엔티티 클래스(하위)의 여러 엔티티 인스턴스와 연결된다. 한 명의 교수는 여러 코스를 가르칠 수 있지만 한 코스는 한 명의 교수만 가르칠 수 있다고 생각하면 이해가 쉽다. 한 교수가 한 수업에서 많은 학생을 가르칠 수 있지만 모든 학생은 해당 수업에 한 명의 교수를 두고 있기 때문이다.

다대다 관계(N:N)에서는 한 엔티티 클래스의 각 엔티티 인스턴스는 다른 엔티티 클래스의 여러 엔티티 인스턴스와 연결된다. 각 학생은 많은 수업을 들을 수 있고, 각 수업은 많은 학생이 들을 수 있다. 각 소비자는 많은 제품을 구입할 수 있으며 또 마찬가지로 각 제품은 많은 소비자가 구입할 수 있다. 이 다대다 관계는 표현하기 어렵기 때문에, 보통 다대다(N:N) 관계를 두 개의 일대다(1:N) 관계로 분해해서 표시한다.

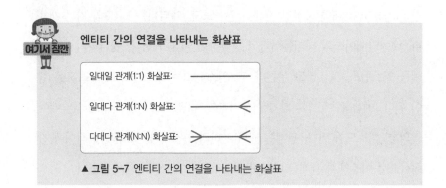

엔티티 간의 연결을 나타내는 화살표

일대일 관계(1:1) 화살표: ──────

일대다 관계(1:N) 화살표: ──────≪

다대다 관계(N:N) 화살표: ≫──────≪

▲ 그림 5-7 엔티티 간의 연결을 나타내는 화살표

마지막으로 속성이란, 엔티티에 대한 설명인데, 테이블의 열이라고 이해하면 쉽다. 예를 들어, 엔티티 학생의 경우 속성은 이름, 성, 이메일, 주소 및 전화번호다. 크게 기본 키와 외래 키로 나뉘는데, 기본 키는 프라이머리 키 Primary Key라고도 불리고 또 다른 용어로는 식별자(Identifier)라고 불린다. 이 엔티티의 인스턴스를 고유하게 식별하는 속성 또는 속성 집합이다. 예를 들어, 학생 엔티티의 경우 두 학생이 동일한 학생 번호를 갖지 않으므로 학생 번호가 기본 키가 된다. 이름이 기본 키가 될 수 없는 이유는 동명이인이 있을 수 있기 때문이다.

　테이블에는 하나의 기본 키만 있을 수 있다. 모든 행을 고유하게 식별하며 null값(빈 값)일 수 없다. 외래 키(Foreign Key) 혹은 참조 키(Referencing Key)는 두 테이블을 함께 연결하는 데 사용되는 키다. 일반적으로 한 테이블에서 기본 키 필드를 가져와 외래 키가 되는 다른 테이블에 삽입한다(원래 테이블에서 기본 키는 그대로 유지된다). 기본 키와 달리 테이블에 하나 이상의 외래 키가 있을 수 있다.

복잡하다고 생각할 수도 있고, 한번에 이해되지 않을 수도 있다. 데이터베이스론을 좀 더 공부한다면 이해하는 데에 도움이 될 것이다. ERD 또한 전에 배운 Diagrams.net과 같은 도구로 그려 사용한다면 편리하다. 직접 ERD를 그려 보고, 또 그려진 ERD를 많이 읽어 관계도를 파악하는 연습을 해 보자. 다음에 이어지는 코너에서는 방금 예시로 든 학생과 수업에 대해 ERD를 직접 그려 보고 또 읽어 볼 것이다.

5.2.2 ERD 예시와 읽는 법

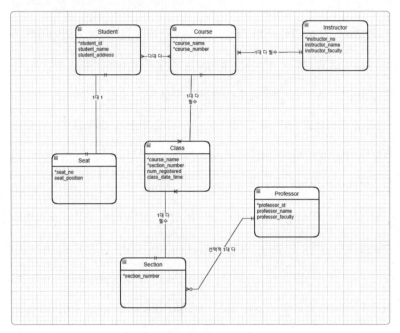

▲ **그림 5-8** ERD로 그린 다이어그램 예시

이해하기 쉬운 ERD 예시 다이어그램을 보고 ERD를 읽고 그리는 법을 알아보자. 위 표가 복잡하게 느껴질지라도, 하나씩 보다 보면 그리 어려운 내용이 아니다. 학생, 자리 관계를 하나씩 표시해보는 것으로 시작해 보자. 표처럼 생긴 상자는 엔티티를 뜻한다. 학생은 학생 ID를 기본 키로 한다. 이름과 주소도 있다. 자리는 자리 번호를 기본 키로 한다. 자리 위치 값도 있다. 두 엔티티를 그냥 그리면 아래처럼 될 것이다.

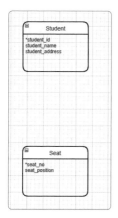

▲ 그림 5-9 학생(Student)과 자리(Seat) 엔티티

한 학생 당 자리가 한 개씩만 배정되어야 하니 1:1 관계여야만 한다. 이 관계는 앞서 배운 까마귀 발과 같은 화살표로 표시한다.

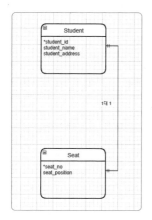

▲ 그림 5-10 학생(Student)과 자리(Seat) 엔티티 1:1 연결

직접 해 보니 크게 어렵지 않을 것이다. 다른 엔티티도 동일한 식으로 표시하고, 관계에 따라 연결하면 된다. 다른 엔티티끼리도 관계를 되짚어 보고, 어떤 화살표로 연결할 지에 대해 고민해 보자. 예시로 든 다이어그램을 보면 알 수 있듯이, 기본 키를 누가 가지고 있는지, 외래 키가 어디에 있는지, 누가 어디에 종속되고, 누가 누구를 포함하고 있는지 등의 관계를 ERD로 보면 훨씬 단순하게 이해할 수 있다.

ERD의 표기법

추가로 ERD는 IE 표기법과 Barker 표기법으로 나뉜다.

관계	선택성	IE 표기법	Barker 표기법
1:1	필수	 ┼────────┼	 ─────────
1:1	선택	 ┼───────○�Ɫ	┈┈┈┈┈
1:N	필수	 ┼───────≪	───────≪
1:N	선택	 ┼──────○≪	 ┈┈┈┈┈≪

5.3 정리하기

개발회의에서 에이스가 되고 싶다면 해당 내용을 알아듣기만 해도 절반은 간다고 생각한다. 개발문서, 개발에 따로 쓰이는 차트 등은 조금 복잡해보일 수 있지만, 또 어느새 익숙해 질 것이다. 또 이런 식으로 문서화에 힘써 두면 시간이 지난 후 다시 의문점이나 문제가 생겼을 때에 참고하기에도 도움이 된다. 자신이 설계를 맡게 될 날이 생각보다 금방 찾아온다. 회사나 팀에서 한 설계의 좋은 점과 나쁜 점, 고칠 점에 대해 생각해 보고 기억해 두자. 나중에 신입이 아닌 한 명의 번듯한 개발자가 되었을 때, 자신이 시스템 설계에 참여하게 되었을 때 분명히 도움이 될 것이다.

개발자로
첫 출근했어요

6장
코드
작성하기

다시 한번 드라마 이야기를 해 보자. 드라마, 영화에서 나오는 개발자의 모습…. 그놈의 후드 티는 도대체 왜 입고 있는 것일까? 그리고 까만 화면(이제 우리는 이것이 터미널임을 안다.) 거기에 정말 빠른 속도로 의미를 알 수 없는 로그가 지나가거나 엄청나게 빠른 속도로 터미널에 타이핑한다. 십중팔구 vim일 것이다. vim이 무엇인지는 차치하고서라도, 타자 속도가 한 1분에 1000타 정도는 되는 것 같다. vim이라는 무시무시한 프로그램과 빠른 타자는 개발자의 필수 덕목인 것일까? 그렇지 않다. 6장에서는 코드 작성을 도와주는 여러 프로그램을 알아본다. 이 중에서 자신의 취향에 맞는 것을 골라 오늘부터 바로 사용해 보자.

개발자의 무기인 키보드, 아니 코드 작성 도구에 대해 알아보자

- 인텔리제이, VS Code, 이클립스 등의 프로그램을 설치하고 사용할 수 있다.

- 제일 어렵다고도 일컬어지는 vim, vi의 기초 사용법을 알아보자. 이제는 나도 서버에서 파일을 고칠 수 있다.

- 꼭 어렵고 무거운 IDE뿐만이 아닌 서브라임 텍스트, 아톰 등의 단순 편집기도 있다.

6.1 인텔리제이

아무래도 개발의 꽃은 코딩에 있을 것이다. 코드를 입력하려면 코드 편집기가 필요할 테고. 나름 회사에서 개발자들에게 여러 개발용 복지를 제공하고 있었기에 정석 씨는 즐거운 고민을 해야 했다.

학교와 학원에서는 이클립스만 사용했는데, 다른 개발 도구가 많았다. 돈을 내고 사용해야 하는 것, 아예 완전히 무료인 것 등 선택할 수 있는 종류가 한두 가지가 아니었다. 회사에서는 구독 정책을 활용해서 여러 도구 중 자신이 원하는 코드 편집기를 선택할 수 있게 해 주고 있었다.

과연 내게는 어떤 프로그램이 가장 편할까? 역시 이전부터 사용하던 이클립스를 계속 쓰는 것이 좋을까? 즐거운 고민이 생겼다.

세상에는 많은 코드 편집기 옵션이 존재한다. 무료로, 유료로 사용할 수 있는 다양한 코드 편집기 말이다. 젯브레인스JetBrains는 이런 코드 편집기 등을 전문으로 개발하는 회사다. 유료로 구독해야만 사용할 수 있는 옵션도 있고 커뮤니티 에디션도 있다. 그중 자바 개발에 적합한 코드 편집기가 인텔리제이IntelliJ다. 처음 개발을 시작하는 개발자는 자바를 주 언어로 하는 경우가 많기 때문에 인텔리제이를 예로 들었지만, 젯브레인스의 제품을 구경해 보면 타 언어에 최적화해서 만들어진 편집기도 많다. 자신이 사용하는 언어를 위해 개발된 편집기를 사용하도록 하자.

인텔리제이는 IDE(Integrated Development Environment)로서 굉장한 안정성을 가지고 있다. 소위 "가볍다"라고 표현한다. 플러그인 설치, 코드 자동 추천 등의 기능으로 자바 개발의 성능이 상승하는 것은 덤이다. 다양한 자바용 플러그인을 제공하고, 이런 것을 추가해도 프로그램이 전혀 무겁지 않다. 이를 사용하면 개발의 질을 한층 높여주는 경험을 할 수 있을 것이다.

6.1.1 인텔리제이 설치하기

인텔리제이를 설치하는 방법에 대해서는 저자의 개발 블로그 중 '6장. 코드 작성하기 → 윈도우즈에 인텔리제이 설치하기'를 참고한다.

▶ https://blog.naver.com/sh_kim_0926/222910549017

6.1.2 인텔리제이 활용하기

인텔리제이IntelliJ는 개발자 생산성을 극대화하도록 설계된 JVM 언어용 통합 개발환경이다. 자동 코드 완성, 정적 코드 분석 및 리팩터링refactoring을 제공해서 코드 편집을 편하게 할 수 있다. 인텔리제이는 윈도우즈, 맥, 리눅스 등 멀티 플랫폼에서 사용할 수 있으며, 자바 외에도 많은 언어를 지원한다. JVM 바이트 코드로 컴파일할 수 있는 자바, 코틀린, 스칼라, 그루비는 물론이고 간단히 파이썬, 루비, PHP, SQL 언어 등도 지원한다. 젯브레인스의 마켓플레이스를 탐색하면 오늘날 사용되는 거의 모든 언어, 프레임워크 또는 기술, 타사 플러그인을 지원하는 공식 플러그인을 찾을 수 있다.

인텔리제이 Ultimate 버전은 대부분의 Pycharm, Webstorm, PHPStorm 같은 구체적 IDE 지원이 포함된다. 예를 들어 주로 사용하는 언어가 자바지만, 간간히 파이썬의 스크립트도 사용되는 경우에는 인텔리제이를 사용하면 되고, 반대로 주로 사용하는 언어가 파이썬이라면 Pycharm을 사용하면 된다.

인텔리제이의 사용법은 텍스트 편집기와 큰 차이가 없으나 간단한 사용자 인터페이스와 활용 팁을 몇 가지 소개한다. 아래는 인텔리제이로 소스코드를 실행했을 때의 사용자 인터페이스다.

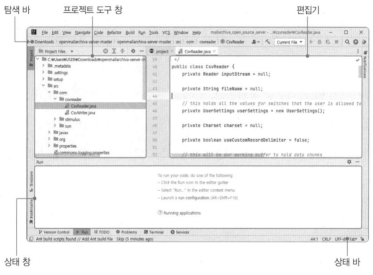

▲ 그림 6-1 인텔리제이 사용자 인터페이스 예시

인텔리제이 에디션 및 구성 설정에 따라 IDE가 위와 다르게 보일 수 있다. 각 부분에 대해 간단히 알아보면 아래와 같다. 편집기에서는 소스코드를 읽고, 쓰고, 탐색한다. 왼쪽에 위치한 탐색 바에서는 프로젝트 구조를 탐색하고, 편집을 위해 파일을 열 수 있다. 필요한 파일에 마우스로 우 클릭하면 프로젝트 빌드, 실행, 디버그 등을 시작할 수 있다. 메인 창 하단의 상태 표시줄 왼쪽 부분은 가장 최근의 이벤트 메시지와 마우스 포인터를 올려놓았을 때의 동작 설명을 보여준다. 하단 상태 창에서 깃Git의 버전 컨트롤, 버그 발생, 터미널 등에도 접속할 수 있다.

▲ 그림 6-2 인텔리제이 하단 상태창

편집기에서 마우스를 우 클릭하면, 현재 콘텍스트에서 가능한 작업을 볼 수도 있다. 예를 들어, 해당 파일과 관련된 작업을 보려면 파일에 대고 마우스를 우 클릭하거나 현재 코드 조각에 적용되는 작업을 보려면 편집기에서 마우스를 우 클릭하면 된다. 이러한 작업의 대부분은 화면 상단의 기본 메뉴에서도 수행할 수 있다.

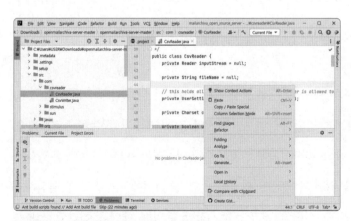

▲ 그림 6-3 마우스를 우 클릭하면 나타나는 메뉴

코딩을 지원하는 기능도 많다. 인텔리제이는 콘텍스트 인식 후 코드를 자동 완성하는 기능을 제공하므로 코딩 프로세스 속도를 높이는 데 도움이 된다. 기본 완성 기능은 클래스, 메서드, 필드 및 키워드 이름을 완성하는 데 도움이 된다.

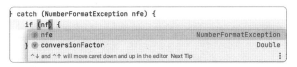

▲ 그림 6-4 인텔리제이 스마트 완성 기능 예시

스마트 완성은 인텔리제이가 적절한 유형을 결정할 수 있을 때 현재 콘텍스트에 적용 가능한 가장 관련성 높은 내용을 제안한다.

```
Calendar now = new GregorianCalendar(T)
  f Calendar.THURSDAY ( = 5) (java.util)                          int
  f Calendar.TUESDAY ( = 3) (java.util)                           int
  f Locale.TAIWAN ( = TRADITIONAL_CHINESE) (java.util)         Locale
  f Locale.TRADITIONAL_CHINESE (java.util)                     Locale
  m TimeZone.getTimeZone(String ID) (java.util)              TimeZone
  c TimeZone java.util
  c Time java.sql
  m TimeZone.getTimeZone(ZoneId zoneId) (java.util)          TimeZone
  m TimeZone.getDefault() (java.util)                        TimeZone
  c Throwable java.lang
  c Thread java.lang
  c ThreadDeath java.lang
Press ^⇧Space to show only variants that are suitable by type  Next Tip
```

▲ 그림 6-5 인텔리제이 스마트 완성 기능으로 제안된 내용들

인텔리제이는 상당한 생산성 향상을 가져오는 포괄적 자동 코드 리팩터링 세트도 제공한다. 예를 들어, 클래스 이름을 바꾸면 IDE는 프로젝트 전체에서 이 클래스에 대한 모든 참조를 업데이트한다. 리팩터링을 적용하기 전에 별도로 어떤 것을 선택하지 않아도 된다. 인텔리제이는 리팩터링할 구절

을 파악할 수 있을 만큼 똑똑하다. 여러 옵션이 있을 때만 확인하면 되기 때문이다.

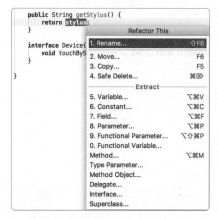

▲ 그림 6-6 인텔리제이 리팩터링 메뉴

아래는 몇 가지 리팩터링 관련 단축키다.

▼ 표 6-1 인텔리제이 리팩터링 단축키

액션	키
리팩터링	〈^〉+〈T〉
리네이밍	〈⇧〉+〈F6〉
복사	〈F5〉
이동	〈F6〉

인텔리제이는 내장된 정적 코드 분석 도구를 제공하며, 잠재적인 버그를 찾고 죽은 코드를 짚어 내며, 성능 문제를 감지하고, 전체 코드 구조를 개선할 수 있다. 검사는 문제가 있는 위치를 알려줄 뿐 아니라 그 문제를 즉시 처리

하는 데 도움이 되는 빠른 수정 옵션을 제공한다. 강조 표시된 코드 옆의 빨간색 전구를 클릭하면 내용을 볼 수 있어 도움이 된다.

빠른 수정 외에도 인텔리제이는 올바른 코드에 자동 변경사항을 적용하는데 도움이 되는 인텐션intention 액션도 제공한다. 예를 들어, 언어 삽입, 자바 주석 추가, 자바독 추가, HTML 또는 XML 태그 변환 등을 수행한다.

6.2 비주얼스튜디오 코드

비주얼스튜디오 코드Visual Studio Code(이하 VS Code)에는 소스코드 편집기의 단순성과 코드 완성 및 디버깅과 같은 강력한 개발자 도구가 더해져 있다. 굉장히 빠르고, 수백 가지 언어를 지원한다. 구문 강조, 대괄호 통일, 자동 들여쓰기, 스니펫Snipet 등을 개발에 활용할 수 있다. 원격으로 공동 작업 및 코딩이 가능한 LiveShare 확장 프로그램이 있으며, 코드의 키워드를 다양한 색상으로 강조 표시해서 코딩 패턴을 쉽게 식별하고 더 빨리 배울 수 있도록 도와준다.

지능형 코드 완성(IntelliSense)이나 Peek Definition과 같은 기능을 활용하여 기능을 사용하는 방법과 기능 간의 관련성을 이해하는 데 도움을 준다. 코딩할 때 VS Code는 일반적인 실수에 대한 수정사항을 바로 제안한다. 자체 디버거를 사용하여 각 코드 줄을 단계별로 실행하고 무슨 일이 일어나고 있는지 이해할 수 있다. 사용자 정의 테마로 좋아하는 글꼴과 아이콘을 설정할 수도 있으며, 진행 상황을 자동으로 저장하므로 작업 내용이 날아갈 염려도 없다. 무엇보다 가장 큰 장점은 "무료다!"

6.2.1 VS Code 설치하기

VS Code를 설치하는 방법에 대해서는 저자의 개발 블로그 중 '6장. 코드 작성하기 → 윈도우즈에 비주얼 스튜디오 코드 설치하기'를 참고한다.

▶ https://blog.naver.com/sh_kim_0926/222918968357

6.2.2 VS Code 활용하기

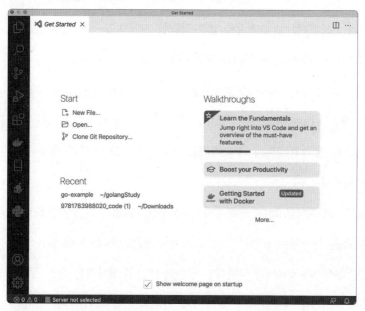

▲ **그림 6-7** VS Code의 '시작하기' 화면

VS Code를 활용하기 가장 좋은 방법은 '시작하기' 페이지를 잘 보는 것이다. VS Code의 사용자 지정 기능에 대한 개요를 얻을 수 있기 때문이다. 오른쪽에 있는 Walkthrough에서는 VS Code에서 자체적으로 제공하는 가이드를 확인할 수 있다.

VS Code는 매우 생산적인 소스코드 편집에 필요한 기능을 포함하고 있다. 코드를 작성할 때 키보드에서 손을 떼지 않는 것이 높은 생산성에 매우 중요하다고 여겨지는데, VS Code에는 풍부한 키보드 단축키 세트가 있으며 이를 사용자 정의할 수도 있기 때문이다. 몇 가지 간편한 키보드 단축키를 알아보자.

▼ 표 6-2 VS Code 단축키(맥 기준)

액션	키
명령어 팔레트 보기	〈⇧〉〈⌘〉+〈P〉, 〈F1〉
사용자 설정하기	〈⌘〉
파일 첫 줄로 가기	〈Home〉
파일 끝 줄로 가기	〈End〉

타 운영체제의 단축키 확인
타 운영체제를 위한 단축키는 VS Code 공식 홈페이지에서 확인할 수 있다.
https://code.visualstudio.com/docs/getstarted/keybindings#_keyboard-shortcuts-reference

VS Code에서 아주 편리한 기능으로 다중 커서 지원이 있는데, 〈Alt〉+〈마우스 우 클릭〉으로 보조 커서를 추가할 수 있다. 각 커서는 위치하는 콘텍스트에 따라 독립적으로 작동된다. 맥에서는 〈⌥〉〈⌘〉+〈↑〉 혹은 〈⌥〉〈⌘〉+〈↓〉 키를 통해 커서를 위, 아래에 추가할 수 있다.

```
    }
    client := &client{
        socket: socket,
        send:   make(chan []byte, messageBufferSize),
        room:   r,
    }
    r.join <- client
```

```
    client := &client{
        goLangsocket: socket,
        goLangsend:   make(chan []byte, messageBufferSize),
        goLangroom:   r,
    }
```

▲ 그림 6-8 VS Code 다중 커서 예시

기본적으로 VS Code는 변경한 코드 저장을 위해서 [저장] 버튼을 눌러야 한다. 그렇지만 자동 저장 기능을 사용하는 게 훨씬 편하다. 자동 저장 기능은 일정 시간이 지난 이후, 혹은 포커스가 편집기를 벗어날 때 등에 일어난다. 따로 파일을 번거롭게 저장할 필요가 없고 파일 변경사항을 잃을 염려도 사라진다. 자동 저장을 켜는 가장 쉬운 방법은 [File] → [Auto Save] 버튼을 누르는 것이다.

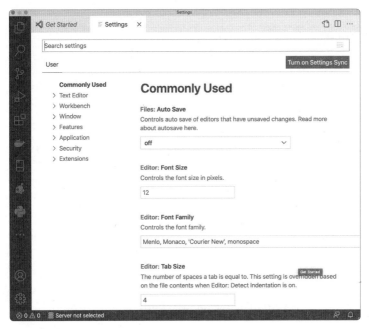

▲ **그림 6-9** VS Code 자동 저장 설정 예시

또한 VS Code는 기본적으로 종료할 때 저장되지 않은 파일의 변경사항을 기억하고 있다. [File] → [Exit](맥에서는 [Command] → [Quit])으로 종료했을 때, 혹은 열고 있던 창이 닫혔을 때 모두 적용된다. files.hotExit 값 설정을 자신이 원하는 대로 변경하여 적용해보자.

▼ 표 6-3 VS Code 변경사항 기억 설정

변경사항	기억 설정
off	적용하지 않고 변경사항을 기억하지 않는다.
onExit	애플리케이션이 종료할 경우 마지막 창이 닫힐 때 트리거된다. 열린 폴더가 없는 모든 창은 다음에 시작할 때 자동 복원된다.
onExitAndWindowClose	애플리케이션이 종료할 경우 마지막 창이 닫힐 때 트리거된다. 마지막 창인지의 여부에 관계없이 폴더가 열려 있는 모든 창에 대해서도 적용된다.

만약, 자동 저장 기능에 문제가 생겨도 백업 파일에서 불러올 수도 있다. 백업 파일 위치는 아래와 같다.

- 윈도우즈: %APPDATA%\Code\Backups
- 맥OS: $HOME/Library/Application Support/Code/Backups
- 리눅스: $HOME/.config/Code/Backups

VS Code에는 다양한 개발 상황을 돕기 위해 명령행 인터페이스(CLI)를 자체적으로 지원한다.

▲ 그림 6-10 VS Code 하단 터미널

몇 가지 터미널에서 쓸모 있는 명령어를 알아보자. 현재 위치에서 VS Code 를 실행하려면 code `.`을 입력하면 된다. 가장 최근 사용했던 VS Code 창 에서 열기 위해서는 code `-r` `.` 옵션을 사용한다. 새로운 창을 생성하려면 code `-n`, 도움말 메뉴를 보기 위해선 code `--help`를 사용한다.

VS Code의 path 설정법

VS Code에서 명령어가 잘 작동하지 않는 경우는 VS Code 바이너리가 path 안에 들어 있지 않은 상태라서 그렇다. VS Code의 공식 홈페이지에 path를 설정하는 법이 나와 있으니 참고하기 바란다.

https://code.visualstudio.com/docs/getstarted/tips-and-tricks#_command-line

파일, 폴더 전체에서 검색 및 변환을 수행할 수도 있다. 바꾸기 텍스트 상자 는 검색 창 아래에 위치하며, 변경하고 싶은 텍스트를 입력하면 내용이 대치된다. 모든 파일을 대체하거나 혹은 원하는 파일에서만 교체할 수 있다.

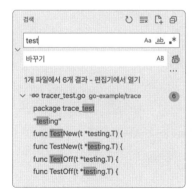

▲ **그림 6-11** VS Code에서 왼쪽 바의 검색 기능

만약, VS Code를 한국어로 이용하고 싶다면 〈F1〉을 눌러 언어 설정을 변경하면 된다. 'Configure Display Language'를 누르면, 사용 가능한 언어 옵션이 뜬다. 한국어 등을 설치하고 싶다면 왼쪽 Marketplace에서 language packs를 통하여 '한국어'를 설치한다.

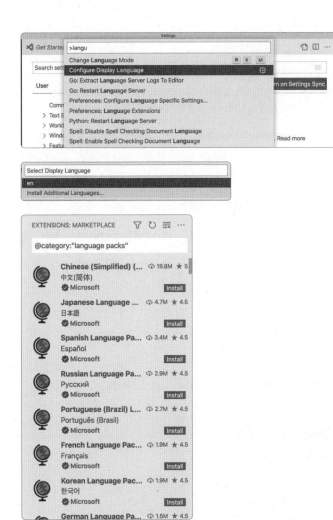

▲ **그림 6-12** VS Code Configure Display Language 모드와 설치 가능한 언어 팩 모음

한국어 팩을 설치한 후 재시작해보면 VS Code를 한국어로도 이용할 수 있다는 것을 확인할 수 있다. 많은 개발 도구는 영어 자체로 이용하는 게 편할 때도 있지만, 한국어 설정 팩이 따로 있는 경우, 개발에 편리하므로 사용해볼 것을 고려해도 된다.

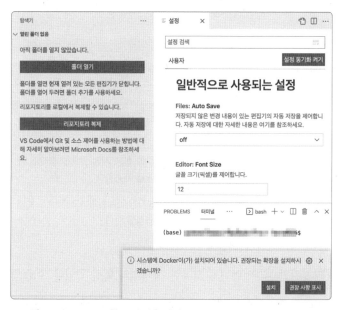

▲ 그림 6-13 VS Code 한글 팩 적용 화면

6.3 이클립스

이클립스Eclipse는 자바 IDE로 유명하지만 C, C++, 자바스크립트, 타입스크립트, PHP 등도 지원한다. 여러 언어뿐만 아니라 기타 기능을 기본 패키지에 쉽게 결합할 수 있으며, 이클립스 마켓플레이스Eclipse Marketplace를 사용하면 무제한으로 사용자 정의 확장이 가능하다. 한국에서는 자바를 개발의 첫 언어로 고르는 사람이 많을텐데, 자바에 최적화된 이클립스를 첫 IDE로 고르는 것도 나쁘지 않은 선택이다. 자바를 이용할 때 자주 쓰이는 API 등이 구현되어 있기에 개발이 편리하며, 무료이므로 학습용으로도 제격이기 때문이다. 자바의 특별한 개발환경에 대해 간략하게 짚고 넘어가자. 아래 표를 참고하자.

▼ 표 6-1 자바 개발환경

자바 개발환경 도구	설명
JDK (Java Development Kit)	자바 개발 시 사용되는 총체적 소프트웨어 개발환경이다(java, javac, jar 등).
JRE (Java Runtime Environment)	JDK의 일부로서, 프로그램 실행 시에 필요한 클래스 라이브러리 및 기타 리소스를 제공한다.
JVM (Java Virtual Machine)	애플리케이션 메모리를 자동으로 관리하고 자바와 운영체제 사이에서 중개자 역할을 한다.

모든 언어가 그렇지만, 각 언어별로 고유한 생태계와 특징이 있다. 이클립스는 이러한 자바의 특유 생태계에 적합하게 디자인된 IDE이므로, 자신의 주 언어가 자바라면 한번 이용해 보는것도 좋은 선택이다.

6.3.1 이클립스 설치하기

이클립스를 설치하는 방법에 대해서는 저자의 개발 블로그 중 '6장. 코드 작성하기 → 윈도우즈에 이클립스 설치하기'를 참고한다.

▶ https://blog.naver.com/sh_kim_0926/222918979069

6.3.2 이클립스 활용하기

이클립스는 거의 20년에 가깝게 릴리스된 오래된 소프트웨어다. 수많은 플러그인과 확장을 이어왔으며, 큰 개발자 커뮤니티를 갖추고 있다. 사용자가 일상 업무에서 생산성을 높일 수 있는 여러 강력한 기능을 제공하고 있다. 하지만 사실 이 많은 기능을 모르기 때문에 사용하지 않는 경우가 많다. 여기서는 이클립스 최근 릴리스 버전 4.18 이후 버전에서 추가된 기능을 포함해서 설명한다. 찾기(⟨Cmd⟩+⟨3⟩) 명령어로 기본 검색을 실행할 수 있으며 이클립스 도움말도 찾을 수 있다. 편안한 탐색을 위한 키를 소개하면 아래와 같다.

▼ 표 6-2 이클립스 탐색 키

키	키 매핑
⟨Cmd⟩+⟨E⟩	열린 편집기로 이동한다.
⟨Cmd⟩+⟨F6⟩	전/후 편집기로 이동한다.
⟨Cmd⟩+⟨M⟩	최대화한다.
⟨Cmd⟩+⟨Q⟩	마지막 편집한 위치로 이동한다.
⟨Cmd⟩+⟨W⟩	편집기를 닫는다.
⟨Cmd⟩+⟨Shift⟩+⟨W⟩	모든 편집기를 닫는다.

⟨Ctrl⟩+⟨Space⟩를 이용하면 자동 활성화 기능을 이용할 수 있다. 덮어쓰기와 삽입 모드 사이의 제안, 카멜 케이스CamelCase 완성 등으로 코드 작성을 도와준다. ⟨Cmd⟩+⟨.⟩을 이용하면 단어를 자동 완성해 주기도 한다. 좀 더 빠른 수정 및 지원 기능으로 ⟨Ctrl⟩+⟨1⟩을 이용해 볼 수 있다. 이 키를 사용하면 새로운 코드를 구현하기 위해 더 빠른 지원을 제공한다. 게터Getter,

세터Setter 생성은 물론, 생성자(constructor) 생성, 로컬 변수 생성을 위한 빠른 수정을 도와준다. 만약 메이븐Maven을 사용하는 경우 종속 항목의 소스코드를 다운로드할 수 있다.

[Window] → [Preferences] → [Maven] 아래를 선택할 경우, 종속성의 소스 아티팩트를 자동으로 다운로드하는 설정을 할 수 있다. 수동으로 다운로드하고 싶으면, 메이븐 종속성 트리에서 [Maven] → [Download Sources]를 클릭하면 된다. 자바독JavaDoc을 자동으로 입력하고 싶으면 /** 를 입력하고 〈Enter〉를 누르면 자동으로 자바독이 생성된다.

이클립스 작업공간에 파일을 저장하기 위한 기본 설정은 기본 운영체제의 파일 인코딩을 따라간다. 일반적으로 플랫폼에 독립적인 애플리케이션을 만들고자 한다면 파일 인코딩을 UTF-8로 설정하는 것이 좋다. UTF-8을 사용하면 다른 운영체제를 사용하는 시스템에 배포하거나 유닉스 시스템에서 빌드를 실행하는 경우 특수문자로 인한 문제를 방지할 수 있다. [Preferences] → [General] → [Workspace]에서 설정할 수 있다.

빌드 전 자동 저장을 할 수 있는 것도 좋은 설정 기능이다. 많은 사람이 계속해서 〈Ctrl〉+〈S〉를 눌러 저장하거나 심지어 마우스를 사용해서 [저장] 버튼을 눌러 저장하고는 한다. 아마 작업물을 몇 번 날려버린 사람이라면 더욱 그러할 것이다. 빌드하기 전 자동 저장을 활성화할 경우 이런 시간이 절약된다. [Preferences] → [General] → [Workspace]에서 자동 저장을 설정해두자.

이전에 실행한 애플리케이션을 항상 실행하게 하는 옵션도 꽤 유용하다. 마지막으로 사용한 구성을 그대로 사용할 수 있다. 기본 설정에서 이클립스는 현재 리소스에 가장 적합한 구성을 고르려고 시간을 소모하는데, 이클립스를 사용하는 경우 프로그램이 느려지는 등 성가실 수 있다. [Preferences] → [Run/Debug] → [Launching]에서 이 설정을 변경할 수 있다.

6.4 VIM

솔직하게, 멘탈 붕괴다. 마정석 씨는 처음 터미널을 마주했을 때의 공포를 떠올렸다. vim, vi의 충격은 그만큼 컸다. 이번에 해야 할 일은 간단한 서버 설정 변경이었다. 서버에 접속하는 것까지는 괜찮았다. 이제 정석 씨는 원격 서버에 접속하는 ssh 명령어도, 그 명령어를 사용해야 하는 명령행에도 익숙해져 있었기 때문이다. 그런데 이 서버 안 파일을 도대체 어떻게 수정한단 말인가, 검색해 보니 이런 데에 사용하는 vi가 있다는데, 이 얄궂은 config.json 파일을 vi로 어떻게 편집하고, 저장하는지 알 수가 없었다.

검은 화면을 띄워놓고 이렇게도, 저렇게도 해 봤지만 파일이 꺼지기는커녕, 마음대로 이동하거나 이상한 줄이 제 멋대로 지워져 버리고, 이걸 어쩌나 하며 머리를 감싸 쥐고 있는 정석 씨를 선임이 안타까운 듯 바라보고 있었다. 뭔가 도와주고 싶은데, 너무 쉬운 것이니 괜히 정석 씨의 자존심을 상하게 할까 걱정되는 눈치였다. 선임 분들, 제발 깨달아 줬으면…. 어떤 이들에게는 너무 쉬운 것이 당연하지 않을 때가 많다는 것을 말이다.

vim을 모르는 사람이라도 검은 화면에 뭔가 타이핑하는 프로그래머의 모습은 알고 있을 것이다. vim은 모든 종류의 텍스트를 매우 효율적으로 편집할 수 있는 텍스트 편집기다. 대부분의 유닉스 시스템 및 애플 운영체제에는 vi로 포함되어 있다. vim은 안정적이며 더 나아지기 위해 지속적으로 개발되고 있는 편집기다. 오픈소스이므로 무료이며, vim은 텍스트와 그래픽 인터페이스를 제공하는 vi의 가장 인기 있는 최신 버전이다. 부분적으로는 그래픽 인터페이스가 있지만, 보통 터미널에서 실행하기 때문에 메뉴나 마우스 없이 키보드로 온전히 이용할 수 있다는 것이 장점이자 단점이다. 그렇지만 vim은 새 편집기에 대한 고민을 줄여 주고, 확장성이 아주 뛰어나며, 메모리 사용성이 낮다.

모든 POSIX 시스템에서 vim은 기본 편집기다. 방금 운영체제를 설치했든, 최소 시스템 복구 환경으로 부팅했든, 다른 편집기에 접근할 수 없는 모든 상황에서 vim은 도움을 줄 것이다. vim은 전 세계 다른 모든 시스템에서 작동하므로 사용법을 간단하게 익혀 두는 것이 중요하다. 물론, 러닝 커브가 있다. 그러나 vim은 그만한 가치가 있다. 처음 vim을 실행한다면 첫인상은 분명 끔찍할 것이다. 그렇지만 디자인과 기능 모두의 측면에서 효율성을 무시할 수 없다.

vim의 기본 터미널 기반 인터페이스는 메뉴나 기타 주변 장치, 혹은 〈Ctrl〉, 〈Alt〉와 같은 추가 키에 의존하지 않는다. vim은 공통적인 키를 사용하기 때문에 어떤 키보드로도 사용이 가능하다. 보통은 새 코드를 작성하는 것보다 기존 코드를 편집하는 데 더 많은 시간을 소비한다. vim을 사용하면 키보드만 사용하게 강제하므로 기존 키보드 단축키를 사용할 수 있을 뿐만 아니라 반복적인 작업을 빠르게 완료하기 위해서 새 단축키를 사용자 지정할 수 있는 기능을 제공한다. 차후 알아볼 .vimrc 파일 구성에서, 이 파일은 vim이 로드될 때마다 모든 바로 가기와 구성을 불러온다.

vi, vim을 혼동해서 사용하는 사람도 많다. vim은 VI IMproved의 약자다. 그러므로 vim은 vi 표준 구현에 많은 추가사항이 구현된 것이다. 일반적으로 vim은 비활성화할 수 있는 vi 호환성 모드에서 시작된다. 즉, 대체된 vi가 vim인 것이다. 이제 vi, vim에 대한 막연한 공포를 벗어나 친숙한 도구로 자리 잡을 수 있도록 시도해 보자.

6.4.1 vim 설치하기

유닉스 기반 운영체제의 경우 터미널에서 별도의 설치 없이 vim을 실행할 수 있다.

▲ **그림 6-14** 터미널에서 vim을 실행하는 모습

6.4.2 vim 활용하기

vim을 실제로 사용하기 전에, vim은 확실히 다른 일반 편집기에 비해 제대로 배우고 사용하기 까다롭다는 사실을 인정해야 한다. 다른 일반 편집기처럼 사용하려는 마음을 가지면 많이 실망할 수 있다. vim의 원칙에 미리 익숙해지고 나서 시작한다면 좋다. 삽입 모드에서 모든 작업을 수행하려고 하지 말고, vim의 모달Modal 편집 시스템을 이해하고 사용하도록 해 보자. 〈화살표〉 키로 움직이기보다는 다른 키를 이용해서 vim에서 이동하는 방법을 배우자. 여러 명령 조합 원리를 이해하고, 작업 속도를 향상시킬 수 있다. vim의 검색, 바꾸기 기능, 매크로까지 익힌다면, 기초적인 것은 준비된 셈이다.

초기에 해야 할 가장 중요한 일 중 하나가 바로 〈화살표〉 키를 포기하는 것이다. 이상하게 들리지만 이유가 있다. 문자 기반 〈탐색〉 키를 사용하면 표준 입력 구성에서 손을 떼지 않고도 텍스트를 탐색할 수 있다. 이는 텍스트를 탐색할 때마다 〈화살표〉 키를 누르기 위해 손을 움직이는 것보다 더 효율적이고 빠르다. 일반 모드에서 vim은 공백, 단어, 단락, 줄 검색 등과 같이 HJKL[01]을 넘어 이동할 수 있는 수많은 효율적인 단축키를 제공한다. 그럼 삽입 모드(Insert Mode)에서 검색하는 건 어떨까? 사실 이 생각 자체가 잘못되었다. 삽입 모드에서 움직이면 안 된다. 이 모드는 텍스트를 입력하기 위한 것이기 때문이다.

---

01 화살표를 대신해서 사용하는 이동 키다. 예를 들어, 〈H〉는 왼쪽, 〈J〉는 아래쪽, 〈K〉는 위쪽, 〈L〉은 오른쪽 방향키로 설정할 수 있다.

vim의 삽입 모드

삽입 모드(Insert Mode)에 대해 지금 잘 이해하지 못해도 괜찮다. 아래는 vimrc에 붙여넣으면 아예 화살표 키를 쓰지 못하게 하는 옵션이다.

```
noremap  <Up>+""
noremap! <Up>+<Esc>
noremap  <Down>+""
noremap! <Down>+<Esc>
noremap  <Left>+""
noremap! <Left>+<Esc>
noremap  <Right>+""
noremap! <Right>+<Esc>
```

많은 초보자가 vim이 실제로 얼마나 많은 모드를 가지고 있는지 모른다. 삽입 모드(Insert Mode), 명령 모드(Command Mode) 및 마지막 줄 모드(Last Line Mode)로 나눌 수 있다. 명령 모드를 시작할 때 표시되는 기본 모드로 상정하고 시작해 보자. 파일을 편집하기 위해 vim 파일 이름을 실행하면 vim이 명령 모드에서 시작된다. 이는 모든 영숫자 키가 해당 문자를 삽입하는 대신 명령에 좌지우지된다는 뜻이다. 무슨 뜻이냐 하면, 예를 들어 j를 입력하면 문자 'j'가 삽입되지 않고 커서가 한 줄 아래로 이동해 버린다. dd를 입력하면 'dd'가 삽입되지 않고 전체 행이 삭제된다.

처음 vim을 쓰는 사람들이 아무런 키도 먹히지 않거나, 갑자기 파일이 움직이거나 삭제되는 이유가 바로 이 명령 모드 때문이다. 삽입 모드로 들어가려면 i("삽입"의 경우)를 입력하면 된다. 이제 키가 예상대로 작동한다. 드디어 내가 입력하는 대로 파일이 수정된다. 수정하거나 파일을 저장하거나 명령 모드 또는 마지막 줄 모드용으로 예약된 다른 작업을 수행하기 전까지는 말이다. 삽입 모드를 종료하려면 〈Esc〉를 누르면 된다. 〈Esc〉를 누르면 다시 명령 모드가 된다. 여기서 방금 만든 파일을 저장하거나 문서를 검색하려면 어떻게 해야 할까? :를 누르면 vim이 마지막 줄 모드로 전환된다.

vim은 이제 파일을 쓰기 위해 :w 또는 편집기를 종료하기 위해 :q와 같은 명령을 입력하기를 기다리고 있다. 모든 것이 복잡하게 들린다면 사실 그렇다. 처음 vi 명령어를 실행해 파일을 vim으로 편집한다면 헷갈리기 마련이다. 모드 사이를 이동하고 이동, 명령 등에 대한 가장 중요한 키를 암기하도록 두뇌를 훈련하기 시작하는 데 며칠은 걸릴 것이다. 우선은 "삽입 모드 i와, 명령 모드 〈Esc〉를 기억하자"다. 요령을 터득하기 시작하면 vim에서 파일을 얼마나 유연하게 편집하는지에 놀라게 될 것이다.

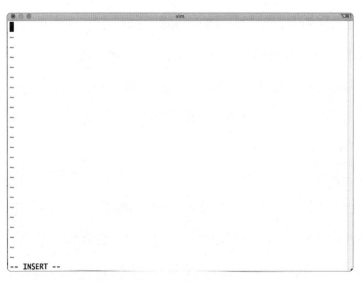

▲ 그림 6-15 vim에서 i를 눌러 삽입 모드로 들어간 모습

가장 먼저 배워야 할 것은 파일에서 커서를 이동하는 방법이다. 명령 모드에 있을 때 다음 키 매핑을 시도해 보자.

▼ 표 6-3 vim 커서 이동

키	이동
h	왼쪽으로 한 문자를 이동한다.
j	한 줄 아래로 이동한다.
k	한 줄 위로 이동한다.
l	오른쪽으로 한 문자를 이동한다.
0	줄 시작 부분으로 이동한다.
$	줄 끝 부분으로 이동한다.
w	한 단어 앞으로 이동한다.
b	한 단어 뒤로 이동한다.
G	한 파일 끝으로 이동한다.
gg	파일의 시작 부분으로 이동한다.
`.	마지막으로 편집한 부분으로 이동한다.

다른 유용한 팁도 숙지하자. 이동 명령 앞에 숫자를 입력하면 해당 이동이 여러 번 실행된다. 따라서 6줄 위로 이동하려면 6k를 입력하면 vim이 커서를 6줄 위로 이동한다. 5개 단어 위로 이동하려면 5w를 입력한다. 10단어 뒤로 이동하려면 10b를 사용한다. 다른 명령 앞에 숫자를 붙이는 것도 유용할 수 있기에 익숙해지면 좋은 명령어다. 헷갈리기 쉽지만 배우는 가장 좋은 방법은 연습이다. 하루 몇 분만 시간을 내어 vim을 사용해 보면 좋다. 지금 리눅스 시스템을 사용 중이라면 터미널을 열고 vim 파일 이름을 입력해서,

삽입 모드로 들어가 글을 복사한 다음 〈Esc〉를 눌러 파일 주위를 이동하는 연습을 시작하자.

이제 조금 이동하는 방법을 알았으니 편집도 시작해 보자. 커서를 단어의 시작 부분으로 이동하자. 이제 x를 입력해 본다. 커서가 있던 문자가 삭제된다. 취소하고 싶다면, u(실행 취소)를 입력하면 복원된다. 한 단어 대신 전체 단어를 삭제하고 싶다면 다시 단어의 시작 부분으로 커서를 이동하여 dw를 사용한다. 이렇게 하면 커서가 있는 단어만 삭제되므로 단어 중간에 커서가 있으면 해당 지점부터만 삭제된다. 다시 말하지만 삭제된 것은 u를 눌러 취소한다. vim에는 여러 수준의 실행 취소가 있으므로 그 이전의 변경사항과 그 이전의 변경사항 등을 취소할 수 있다. 실행취소를 취소할 때는 〈Ctrl〉+〈R〉을 누르면 마지막 실행 취소가 다시 실행된다.

▼ 표 6-4 vim 문자 편집 키

키	편집
d	삭제한다.
dw	단어를 삭제한다.
d0	줄 앞을 삭제한다.
d$	줄 뒤를 삭제한다.
dgg	파일 앞까지 삭제한다.
dG	파일 뒤까지 삭제한다.
u	실행을 취소한다.
〈Ctrl〉+R	'실행 취소'를 취소한다.

지금 여러 명령이 텍스트 작업과 이동 키를 결합한 것임을 눈치챈 사람이 있을 수도 있다. gg는 파일 시작으로 이동하기, d는 삭제에 이용된다. 이 두 개를 결합해서 dgg를 통해 지금 커서부터 파일 제일 앞까지 삭제할 수 있는 것이다. 이렇게 명령어 결합으로 여러 강력한 명령어를 제작할 수 있다.

이제 텍스트를 입력하고 변경하는 방법 등을 알아봤으므로 vim에서 검색 및 바꾸기를 사용하는 방법을 알아볼 차례다. 듣기 싫은 말일지도 모르지만 정말 쉽다. 명령 모드에서 문서를 검색하려면 / 다음에 검색하려는 텍스트를 사용한다. 따라서 "manual"을 검색하려면 /를 입력한 다음 manual을 입력하고 〈Enter〉를 누르면 된다. 다시 찾으려면 n을 누른다. 텍스트의 이전 인스턴스를 찾으려면 문서에서 반대 방향으로 검색하는 N을 대신 사용하자. 검색 방향을 반대로 하고 싶을 때도 있다. / 대신 ?를 사용하자. vim이 문서에서 뒤로 이동한다. 위와 같이 n과 N을 사용하면 검색 방향이 반대로 된다. 표로 한번 더 정리해 보면 아래와 같다.

▼ 표 6-5 vim 검색 키

키	검색
/	단어를 검색한다. 앞으로 이동한다.
n	마지막 검색에서 텍스트의 다음 인스턴스로 커서를 이동한다(문서의 시작 부분으로 줄바꿈을 한다).
N	마지막 검색에서 텍스트의 이전 인스턴스로 커서를 이동한다.
?	단어를 검색한다. 뒤로 이동한다.
:%s/text/replacement/g	문서 전체에서 text를 검색한 후 replacement로 변경한다.
:%s/text/replacement/gc	문서 전체에서 text를 검색한 후 replacement로 하나씩 확인해가며 변경한다.

이미 텍스트를 삭제하는 방법은 익혔다. 삭제한 마지막 텍스트는 문서에 다시 붙여 넣을 준비가 된 버퍼에 저장되어 있다. 즉, dd를 실행하고 전체 줄을 삭제한 경우 이제 p 또는 P를 눌러 문서에 다시 붙여 넣을 수 있다는 뜻이다. 이것은 한 줄, 여러 줄, 심지어 전체 문서에도 적용된다. 텍스트를 선택하고 싶으면 명령 모드에서 v를 누르면 〈화살표〉 키 또는 표준 이동 키(h, k, j, l)를 사용하여 커서를 이동하여 텍스트를 강조 표시할 수 있다. 쉽지만 느리기 때문에 한 커서씩 이동하는 것이 번거로운 방법이다. 한번에 전체 줄을 복사하는 쪽이 더 효율성이 높다.

v 대신 V를 사용하면 한번에 전체 줄을 강조 표시한다. 다시 말하지만 이동 키를 사용하여 추가 행을 강조 표시할 수 있다. vim에도 정말 멋진 트릭이 있는데, 열에서 강조를 할 수 있다. 〈Ctrl〉+〈v〉를 사용하면 전체 줄이 아닌 열을 강조 표시할 수 있다. 이는 열에 데이터가 있는 일부 텍스트 파일로 작업하고 전체 줄이 아닌 전체 열을 선택하려는 경우에 유용할 수 있다. 〈Ctrl〉+〈v〉는 굉장히 자주 쓰는 복사, 붙여넣기 키이기 때문에 헷갈릴 수 있다. 어떤 역할을 하는지 잘 익혀두자.

원하는 것을 강조 표시한 후 y를 누르면 나중에 붙여 넣을 수 있도록 텍스트가 버퍼에 불러진다. 따라서 일반적인 붙여넣기 작업은 텍스트를 강조 표시하기 위해 v를 누르고, 그런 다음 y를 눌러 버퍼에 넣는다. 그런 다음 커서를 원하는 위치로 이동하고 명령 모드에서 p를 사용한다. 이제 텍스트를 붙여 넣는 것이 가능해졌다.

▼ 표 6-6 vim 복사, 붙여넣기 키

키	형태
v	한 문자를 강조한다.
V	한 줄을 강조한다.
〈Ctrl〉+v	한 구문(열)을 강조한다.
p	현재 줄 다음에 붙여넣는다.
P	현재 줄 전에 붙여넣는다.
y	복사 버퍼에 텍스트를 불러와 복사해 놓는다.

지금까지 배운 것만으로 충분히 머리가 아프다. 그만 편집하자. 삽입 모드에 있는 경우 〈Esc〉를 누르도록 하자. 그런 다음 :을 입력하면 입력할 준비가 된 커서가 있는 줄이 화면 하단에 표시된다. 편집 중인 파일을 쓰려면 w를 입력한다(:w가 화면 아래에 보인다). 기존 파일 이름에 파일을 쓴다. 파일 이름이 없거나 다른 파일 이름으로 쓰고 싶다면 :w 파일 이름을 사용한다.

작업을 마친 후 vim을 종료하려면 :q를 누른다. vim이 파일을 아직 저장하지 않았다면 경고 메시지를 보여준다. 정말로 저장 없이 종료하고 싶다면 :q!를 사용하면 된다. ZZ를 사용하여 vim을 종료하면 파일이 저장되고 종료된다. 다시 말하지만 이 모든 것이 다소 복잡하게 들릴 수 있지만 실제로는 그렇지 않다. 지금 이 정도면 시작하기에 충분하고 넘친다.

이제 배운 것을 토대로 작업을 실행해 보자. 아래는 vim으로 문서를 열고, 편집하고, 저장하는 실습 화면이다. 문서를 vim으로 작성하고, 편집하고, 저장해보자.

```
● ● ●                              -bash                                  ⌥⌘1
(base) ██████████████$ vi lorem_ipsum.text█


                                       I
```

▲ 그림 6-16 vi 파일 이름으로 파일 편집 시작

```
● ● ●                               vi                                    ⌥⌘1
Lorem Ipsum
"Neque porro quisquam est qui dolorem ipsum quia dolor sit amet, consectetur,
adipisci velit..."
"There is no one who loves pain itself, who seeks after it and wants to have i
t, simply because it is pain..."
Lorem ipsum dolor sit amet, consectetur adipiscing elit. Cras in turpis eu met
us sollicitudin congue pretium quis nulla. Donec quis viverra neque, id sollic
itudin odio. Duis ut felis non nunc ultricies sollicitudin in vel nisi. Fusce
dictum, lorem at convallis ultricies, lacus ligula efficitur felis, in pulvina
r augue leo nec massa. Sed faucibus dapibus quam, quis lacinia urna efficitur
cursus. Sed viverra laoreet tristique. Integer et lacus sed leo vestibulum ali
quam. Vestibulum finibus orci non ligula euismod, et ullamcorper ex semper. Cu
rabitur vehicula semper est, vitae suscipit ipsum venenatis vel. Nam id facili
sis nisl. Curabitur faucibus massa vitae ipsum vulputate volutpat. Pellentesqu
e consequat condimentum eros et scelerisque.

@
@
@
@
@
@
@
@
"lorem_ipsum.text" 12L, 3308C
```

▲ 그림 6-17 vim 내 파일의 모습

```
● ● ●                               vi                                    ⌥⌘1
Lorem Ipsum
"Neque porro quisquam est qui dolorem ipsum quia dolor sit amet, consectetur,
adipisci velit..."
"There is no one who loves pain itself, who seeks after it and wants to have i
t, simply because it is pain..."
Lorem ipsum dolor sit amet, consectetur adipiscing elit. Cras in turpis eu met
us sollicitudin congue pretium quis nulla. Donec quis viverra neque, id sollic
itudin odio. Duis ut felis non nunc ultricies sollicitudin in vel nisi. Fusce
dictum, lorem at convallis ultricies, lacus ligula efficitur felis, in pulvina
r augue leo nec massa. Sed faucibus dapibus quam, quis lacinia urna efficitur
cursus. Sed viverra laoreet tristique. Integer et lacus sed leo vestibulum ali
quam. Vestibulum finibus orci non ligula euismod, et ullamcorper ex semper. Cu
rabitur vehicula semper est, vitae suscipit ipsum venenatis vel. Nam id facili
sis nisl. Curabitur faucibus massa vitae ipsum vulputate volutpat. Pellentesqu
e consequat condimentum eros et scelerisque.

@
@
@
@
@
@
@
@
-- INSERT --
```

▲ 그림 6-18 vim i 명령어로 삽입 모드로 들어간 모습

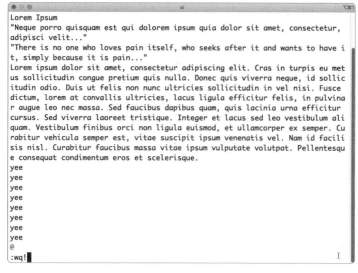

▲ **그림 6-19** vim에서 수정된 파일을 덮어쓰기 해서 저장하는 모습

6.5 서브라임 텍스트와 아톰

앞서 살펴본 IDE를 쓸 것까지 없이, 단순한 파일 작업을 위한 편집기를 찾

고 있다면 더욱 간편하고 가벼운 편집기도 있다. 소프트웨어 프로그래밍뿐

만 아니라 데이터 과학을 시작하는 사람들에게도 적합한 편집기다. 터미널

에서 명령을 푸시하고 프로그램을 실행할 수도 있지만, 대규모 프로그래밍

프로젝트에 대해서는 그럴 수 없다. 특히 명령행 인터프리터 애플리케이션

이 아직 그렇게까지 익숙하지 않다면 말이다. 그렇다고 IDE를 다른 새 것

으로 새롭게 시작하는 것도 부담스러운 사람들에게 서브라임 텍스트Sublime

Text와 아톰Atom은 추천할만한 셰어웨어 크로스 플랫폼 소스코드 편집기다.

간편하지만 타 IDE와 같이 기본적으로 많은 프로그래밍 언어와 마크업 언어를 지원한다. 사용자는 일반적으로 커뮤니티에서 유지 관리되는 플러그인을 사용하여 기능을 확장할 수 있다. 타 IDE처럼 코드 자동 완성, 구문 강조 표시, 리소스 관리, 디버깅 도구도 제공한다. 무엇보다 무료이고 UI 또한 예쁘다.

▲ 그림 6-20 서브라임 텍스트를 실행한 모습

▲ 그림 6-21 아톰을 실행한 모습

6.5.1 서브라임 텍스트 설치하기

서브라임 텍스트를 설치하는 방법에 대해서는 저자의 개발 블로그 중 '6장.
코드 작성하기 → 윈도우즈에 서브라임 텍스트 설치하기'를 참고한다.

▶ https://blog.naver.com/sh_kim_0926/222918980651

6.5.2 아톰 설치하기

아톰을 설치하는 방법에 대해서는 저자의 개발 블로그 중 '6장. 코드 작성하
기 → 윈도우즈에 아톰 설치하기'를 참고한다.

▶ https://blog.naver.com/sh_kim_0926/222919095926

6.5.3 서브라임 텍스트 활용하기

서브라임 텍스트는 매우 단순한 코드 편집기처럼 보일 수 있지만 그 아래에
는 숨겨진 기능이 참 많다. 코드 편집에 특히나 도움이 되는 몇 가지 팁을
알아보자. 아래는 유용한 선택 단축키다.

▼ 표 6-7 서브라임 텍스트 선택 단축키

키	명령어
〈Cmd〉+〈D〉	단어를 선택한다.
〈Cmd〉+〈L〉	줄을 선택한다.
〈Cmd〉+〈A〉	문서 내 전체 콘텐츠를 선택한다.
〈Ctrl〉+〈Cmd〉+〈M〉	대괄호 내 항목을 선택한다. (CSS, 자바스크립트 작업 시 유용하다)

또 서브라임 텍스트가 강세를 발휘하는 곳이 CSS 파일 편집이다. 일반적으로 CSS는 위치에 관계없이 브라우저에서 원하는 출력을 제공하므로 CSS 속성이 정렬되는 방식에 신경쓰지 않는다. 그러나 특정 순서로 배치하면 코드가 더 체계적으로 정리된다. 서브라임 텍스트에서 CSS 속성을 선택하고 〈F5〉를 눌러 속성을 알파벳순으로 정렬할 수 있다. 또한 CSSComb과 같은 타사 플러그인을 사용하여 속성 정렬 규칙을 더 잘 제어할 수 있다.

서브라임 텍스트의 플러그인

https://github.com/csscomb/CSScomb-for-Sublime과 같이 서브라임 텍스트에서 사용할 수 있는 여러 플러그인을 인터넷에서 쉽게 찾을 수 있다. 오픈소스로 공개된 종류가 많기 때문에 필요할 때 찾아보면 유용하다.

여기서 몇 가지 유용한 서브라임 텍스트용 패키지를 소개한다. 각자 취향에 맞는 패키지를 찾아 사용해보자.

- BracketHighlighter: 브라켓 구문을 밝혀주기 때문에 json 등에서 작업할 때 편리하다.
- Emmet: HTML/CSS 사용자에게 적합하다.
- A File Icon: 파일마다 아이콘을 붙여주기 때문에 아이콘을 식별하기에 좋다.
- Color Highlight: CSS를 이용할 때 컬러 코드와 실제 색상을 보여준다.
- Prettier: 자동으로 HTML/CSS/JS/GraphQL/Markdown/YAML 파일을 정돈해준다.

- SublimeLinter: 각각의 린터를 따로 추가해주어야 하지만 코드를 린팅(Linting)해주는 유명한 프레임워크다.

이외로도 자주 쓰이는 기능인 새 파일 이름 바꾸기, 파일 구문 설정 및 스니펫 삽입과 같은 명령들은 명령어 팔레트(Command Palette)를 사용하여 많은 작업을 빠르게 수행할 수 있다. 서브라임 텍스트에서 명령 팔레트를 표시하려면 〈Cmd〉+〈Shift〉+〈P〉를 누른 다음 수행하려는 명령을 고르면 된다.

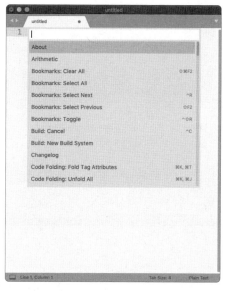

▲ 그림 6-22 서브라임 텍스트의 command palette 기능

대부분의 애플리케이션과 마찬가지로 서브라임 텍스트의 기본 설정은 맥에서 〈⌘〉+〈+〉를 눌러 접근할 수 있다(윈도우즈 또는 리눅스 사용자를 위해 이 작업에 할당된 키보드 단축키는 없지만 명령 팔레트(〈⇧〉+〈⌘〉+〈P〉)를 열고 "pref"

를 입력하여 설정 파일에 빠르게 접근할 수 있다). 그러나 대부분의 애플리케이션과 달리 클릭해서 만드는 설정 창이 보이지 않는다. 설정은 텍스트 기반이다(JSON 형식). 이 접근 방식이 유용하게 쓰이는 이유는 이러한 설정을 쉽게 공유하거나 내보내 다른 컴퓨터로 편리하게 가져오거나, 다른 사용자의 설정을 실험할 수 있기 때문이다. 직접 설정 창을 들여다보자.

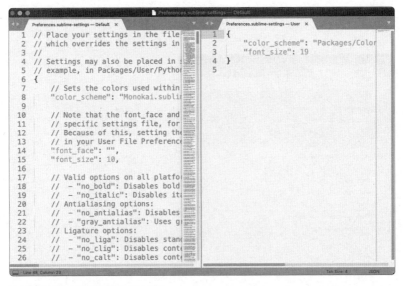

▲ **그림 6-23** 서브라임 텍스트의 설정

두 개의 화면 중 왼쪽 열에서 서브라임 텍스트의 전체 설정 목록을 찾을 수 있다. 변경하려는 항목을 확인하고 자신이 설정하고 싶은 설정을 오른쪽 화면에 입력하면 된다. 이렇게 하면 기본값을 재정의할 수 있다. 아래는 설정 예시다.

```
{
  "tab_size": 2,
  "translate_tabs_to_spaces": true,
  "detect_indentation": false,
  "bold_folder_labels": true,
  "caret_extra_bottom": 2,
  "caret_extra_top": 2,
  "caret_extra_width": 2,
  "caret_style": "phase",
  "color_scheme": "Packages/Color Scheme - Default/Celeste.
   sublime-color-scheme",
  "font_face": "Victor Mono",
  "font_options":
  [
    "gray_antialias"
  ],
  "font_size": 22,
  "line_padding_bottom": 3,
  "line_padding_top": 3,
  "material_theme_accent_orange": true,
  "overlay_scroll_bars": "enabled",
  "theme": "Material Firewatch.sublime-theme",
}
```

이 방법으로 사용자 정의 키를 설정할 수 있다. 기본 키 설정은
[Preferences] → [Key Bindings] → [Default]에서 찾을 수 있고, 자신의
키를 설정하려면 [Preferences] → [Key Bindings] → [User file]을 재정의
하면 된다. 특히 이 설정 중 중요한 건 들여쓰기와 관련한 사용자 기본 설정
인데, 이 설정에 따라 탭의 크기가 결정되기 때문이다.

파이썬 사용자나 XML, 혹은 다른 많은 설정 파일 편집에도 이 들여쓰
기와 띄어쓰기 기준이 중요하기 때문에 잘 기억해 두는 게 좋다. 기본적으
로 서브라임 텍스트 편집기의 탭 정지 크기는 네 칸이지만 두 칸을 차지하
도록 변경할 수 있다. 예를 들어, 〈Enter〉를 누르면 다음 줄이 기본 네 칸이

아닌 두 칸에서 시작되게 할 수 있다. 설정 파일을 열고 "tab_size"를 검색하고 값을 4에서 2로 변경하면 된다.

일반적인 권장 사항은 서브라임 텍스트의 편집기 설정을 Packages/User/Preferences.sublime-settings에 두는 것인데, 특정 파일 형식에 대한 기본 설정을 지정할 수도 있다. 예를 들어, 파이썬 파일에서 작업하는 경우 설정을 Packages/User/Python.sublime-settings에 배치하는 식이다. 이런 식으로 하면 자신이 필요한 경우마다 골라서 설정을 사용할 수 있다.

예시 설정 파일을 만들어 보자면, 파이썬을 위한 들여쓰기 설정을 Packages/User/Python.sublime-settings로 따로 저장해 둘 수 있다.

```
{
"tab_size": 4,
"translate_tabs_to_spaces": false
}
```

마지막으로 몇 가지 편리한 기능을 알아보고 마무리하자. Goto Anything 기능은 코드의 특정 파일, 줄, 기호 또는 메서드 정의로 이동할 수 있는데, 〈CTRL/⌘〉+〈P〉를 사용하여 Goto Anything의 검색 표시줄을 시작할 수 있다. 파일 사이를 전환하기 위해서 파일 이름을 입력하기 시작하면 여러 파일 제안이 표시된다.

Goto는 퍼지 검색을 사용하여 구현되어 있기 때문에 파일 이름이 헷갈려도 걱정 없다. 검색 쿼리가 파일 이름과 정확히 일치할 필요가 없기 때문이다. 이 기능을 사용하면 파일을 찾기 위해 전체 파일 경로를 입력할 필요가 없다. 파일 내 검색에도 유용하게 쓰이는데, 파일 내의 한 줄로 이동할 수 있다. 다른 파일의 줄을 편집하려면 Goto Anything을 실행하고 콜론과 줄 번호를 입력하면 된다. 예를 들어 (:113)은 현재 파일의 113행으로 이동한다. 다른 파일의 줄로 이동하려면 파일 이름 뒤에 콜론을 입력한 다음 줄 번호를 입력하자. 예를 들어 (test.py:113)은 test.py 파일의 113줄로 이동한다.

Goto Anything은 파일의 클래스, 메서드 또는 함수 정의에 접근할 수 있다. Goto 정의를 사용하려면 Goto Anything을 시작하고 @ 기호 다음에 클래스, 함수 또는 메서드 이름을 입력한다. 그러면 선택한 파일의 모든 정의 목록이 표시된다. 찾고 있는 클래스 이름을 입력하고 〈Enter〉를 누르면 클래스 정의로 이동할 수 있다. 예를 들어 (@Product)는 현재 파일에서 'Product'라는 클래스 정의로 이동한다. 자바 혹은 파이썬, 여러 클래스 함수를 사용하는 언어에 아주 적합하다. 또 한 가지 팁인데, 오타 체크를 할 수 있다! 〈F6〉을 사용하여 맞춤법 검사기를 켜 두자. 오타 방지에 아주 쏠쏠한 도움이 될 것이다.

6.5.4 아톰 활용하기

아톰 관련 설정을 위해 수정할 수 있는 여러 설정 및 기본 설정을 제공하는 [Setting View]로 이동할 수 있다. 각 운영체제에서 아톰 상단 메뉴 모음의 [Preferences] 혹은 [Settings]로 들어가면 [settings-view:open]을 찾을 수 있다. 이 [Setting View]에서 테마를 변경할 수 있다. 아톰이 보이는 방식, 한 눈에 코드를 더 쉽게 읽을 수 있는 색 구성표를 선택해서 자신이 원하는 대로 수정하면 된다. 또한 공백 및 래핑 기본 설정을 지정하고 글꼴 설정, 탭 크기를 변경하고 스크롤 속도를 조정하는 등의 작업을 수행할 수 있다.

이런 설정은 파이썬 사용자 등에게 특히 유용하다. 아톰을 실행하는 쉬운 방법은 아톰을 사용하여 편집하려는 파일 또는 파일 폴더가 이미 있는 경우, 폴더를 마우스로 우 클릭한 다음 아톰으로 열기를 선택하는 것이다. 그러면 해당 경로의 모든 파일이 추가되고 아톰의 트리와 같은 계층적 보기에서 파일이 열린다. 이는 여러 파일이 포함된 프로젝트를 처리할 때 유용하다. 아톰 내에서 한 파일에서 다른 파일로 전환하고 편집할 수 있다.

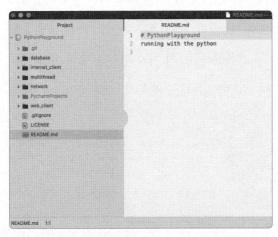

▲ 그림 6-24 아톰의 계층적 파일 보기 시스템 예시

명령행을 사용하여 아톰에서 파일을 열 수도 있다. 이를 위해 명령어 `atom`을 입력한다. `atom` 명령에 대해 자세히 알아보려면 `atom --help` 명령어를 사용한다. 이 작업은 터미널 작업에 익숙한 경우에 유용하다.

파일을 저장하려면 메뉴 표시줄에서 [File] → [Save]를 선택하거나 단축
키 〈Cmd〉+〈S〉 또는 〈Ctrl〉+〈S〉(플랫폼에 따라 다르다)를 사용하여 파일
을 저장하면 된다. 또한 '다른 파일 이름'으로 파일을 저장하는 단축 키는
〈Cmd〉+〈Shift〉+〈S〉 또는 〈Ctrl〉+〈Shift〉+〈S〉다. 두 개의 파일을 나란
히 동시에 열 수 있다. [View] → [Panes] → [Split Right]로 이동하여 현재
파일을 창의 오른쪽 절반으로 보낸다. 코딩할 때 이 기능이 유용하고 생산
성을 높일 수 있음을 알게 될 것이다.

▲ 그림 6-25 아톰 명령어 사용 예시

▲ 그림 6-26 아톰에서 동시에 창 두 개 열기

아톰 자체에는 기본 기능이 포함되어 있지만 새로운 기능을 추가하는 여러
유용한 패키지를 사용할 수 있다. 패키지는 믿을 수 없을 정도로 강력하며
아톰 인터페이스의 모양에서 느낌, 심지어 아톰의 핵심 기능의 기본 작동까
지 모든 것을 사용자 마음대로 변경할 수 있다.

새 패키지를 설치하려면 이전에 본 [Setting View]에서 [Install] 탭을 사용한다. [Setting View]를 열고 [Install] 탭을 클릭하고 패키지 설치 아래의 상자에 검색 중인 패키지 이름을 입력한다.

▲ 그림 6-27 아톰 패키지 매니저

아톰 패키지는 공식 레지스트리이며 여기에 나열된 패키지를 찾을 수 있다. 검색하면 아톰 패키지 레지스트리로 이동하여 검색어와 일치하는 항목을 가져온다. 두 가지 유용한 패키지를 소개하면 하나는 Autocomplete(자동 완성), 나머지 하나는 platform-ide-terminal이다.

자동 완성은 특히 파이썬에서 막 시작하는 경우, 이 기능이 있으면 도움이 될 수 있다. 자동 완성 시스템을 사용하면 〈Tab〉 또는 〈Enter〉를 사용하여 편집기에서 코드가 자동으로 추천된다. platform-ide-terminal 패키지는 아톰에서 파이썬 파일을 실행하는 데 역시 유용하다. 아톰과 통합되어 아톰 자체 내에서 파일을 실행할 수 있으며, 터미널 플러스 패키지를 설치했으면 아톰 창 하단에 추가된 + 기호를 클릭하면 터미널이 열리기 때문이다.

6.6 정리하기

이론만 해도 머리가 아픈데, 개발을 하는 데 필수인 코드를 사용하기 위해 쓰이는 도구가 이 정도라니…. 조금은 기가 죽었을지도 모른다. 그러나 여기서 소개하는 편집기는 수많은 옵션 중 하나일 뿐이다. 이 중 하나에 익숙해지면 충분하다. 사실은 완전히 익숙해지지 않은 채로 사용해도 부담 없다. 코드 작성을 도와주는 도구들이므로 어떻게든 여러분에게 도움을 줄 것이다. 또 사용하다 보면 다른 사람은 어떤 설정으로, 어떤 편집기를 사용하는지 궁금하기도 할 것이다. 이전에는 막막했던 서버 파일 수정 작업 등을 이제 vim으로 척척 해내는 자신을 발견할 수도 있다. 편집기는 개발자의 단짝과도 같은 존재다. 친해지고 되도록 최신 버전을 유지하자.

7장
코드
관리하기

파일 저장을 잊어버려서 작성하던 과제를 날려본 경험이 한번쯤 있을 것이다. 중요한 영상 편집을 하는 도중 정전이 일어나서 모든 자료가 날아간 적은? 분명히 컴퓨터에 잘 저장해 놨던 그림인데, 랜섬웨어로 잃어 본 적은? 에픽하이의 노래 가사 같다고 느낄 수도 있지만, 슬프게도 몇 사람에게는 실제로 일어난 사건일 것이다. 소프트웨어 개발에서 가장 중요한 코드. 코드가 이렇게 갑자기 사라진다고 생각해 보면 어떨까? 정말로 끔찍하지 않을까? 이것만이 문제가 아니다. 모두가 같은 코드를 개발하고 있을 때는 어떻게 해야 할까? 이 사람이 작업하던 코드 파일을 옆 사람에게 USB에 담아 넘겨야 하나? 아니면 구글 워드 등으로 동시에 작업을 해야 하나? 의견을 내지 않아도 좋다. 이미 정답이 존재하기 때문이다. 이제 무엇보다 중요한 코드의 버전 관리 도구에 대해서 알아본다.

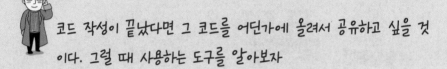

코드 작성이 끝났다면 그 코드를 어딘가에 올려서 공유하고 싶을 것이다. 그럴 때 사용하는 도구를 알아보자

- 버전 관리 프로그램을 설치하고 사용할 수 있다.

- 코드 관련 웹 호스팅 플랫폼을 알아보자.

- 깃 관련 프로그램을 이용할 수 있다.

7.1 버전 관리 시스템

정석 씨에게는 갑자기 기억나는 대학 시절의 에피소드가 있다. 분명히 A4 용지에 10 포인트 크기의 글자로 10장이 넘게 빽빽하게 보고서를 썼다. 중요한 필수 교양 수업의 마지막 기말 시험을 대체하는 과제물이었기 때문에 이 보고서 하나로 교양 수업의 성적이 정해질 터였다. 겨우 보고서를 마무리했다. 그런데 잠깐 친구들과 카카오톡으로 메시지를 확인한 게 문제였는지, 아니면 과제 제출 기한이 몇 시간은 더 남았다는 이유로 게임을 켜고 몇 게임을 즐겁게 하다가 분위기가 과해지고 계속 패배하기를 반복하자 화가 나서 키보드를 쾅 내리쳤던 게 문제였을까. … 갑자기 컴퓨터가 꺼져 버리고 말았다.

과제는? 물론, 모두 사라졌다. 흔적도 없이.

갑자기 왜 이런 기억이 떠올랐는지는 모르지만, 깃 저장소의 권한을 받으면서 정석 씨는 과거의 기억을 떠올렸다. 그때도 이런 걸 알고 있었다면 그 보고서를 날리지는 않을 수 있었을까? 과거의 생각에 잠겨있던 정석 씨에게 뒤에서 선임이 농담 한 마디를 던진다.

"정석 씨! 불이 나도 꼭 코드 푸시(Code Push)는 하고 대피하는 거예요."

"버전 관리 시스템?" 하고 반문하는 분을 위해 버전 관리가 무엇인지부터 간단히 알아보자. 소스 제어라고도 하는 버전 관리는 소프트웨어 코드의 변경을 추적하고 관리하는 방법이다. 버전 관리 소프트웨어는 소프트웨어 팀이 시간이 지남에 따라 소스코드의 변경사항을 관리하는 데 도움이 되는 소프트웨어 도구다. 코드에 대한 모든 수정 사항을 추적하므로 어떤 사람이, 어떤 코드를, 어디에서, 어떻게, 언제 바꾸었는지 알 수 있다. 실수가 발생한다고 해도 개발자가 이 버전 관리 시스템을 통해서 이전 버전의 코드와 비교해서 실수를 수정하면 된다. 마치 타임머신과도 같은 존재인 것이다. 개발환경이 가속화됨에 따라 버전 관리 시스템은 소프트웨어 팀에서 더 빠르고 효율적으로 작업할 수 있도록 해주며, 개발 시간을 줄이고 성공적인 배포를 늘리는 데 도움을 준다.

거의 모든 소프트웨어 프로젝트에서, '소스코드'란 최고로 중요한 자원이다. 대부분의 소프트웨어 팀에서 소스코드를 잃는 것은 무엇보다도 두려운 일일 것이다. 그렇지만 버전 관리 시스템과 함께라면 물리적 재난이나 인적 오류 등 어떤 문제로부터도 소스코드를 보호할 수 있다. 팀으로 작업하는 소프트웨어 개발자는 지속적으로 새로운 소스코드를 작성하고 기존 소스코드를 변경한다. 그렇다면 팀의 한 개발자가 새로운 기능을 개발하는 동안 다른 개발자는 그 기능이 완성될 때까지 기다려야 될까? 절대 그렇지 않다. 다른 개발자는 같은 코드를 변경하여 버그를 수정할 수 있다. 이런 버전 관리의 여러 부분에서 모두가 같은 제품을 통해 다른 방식으로 변경 작업을 수행할 수 있는 것이다.

소프트웨어 개발에서 변경사항은 새로운 버그를 불러온다. 그래서 새로운 소프트웨어를 테스트하기 전까지는 신뢰할 수 없다. 따라서 새 버전이 준비될 때까지 테스트와 개발이 함께 진행되곤 한다. 만약, 어떤 형태의 버전 관리도 사용하지 않는 소프트웨어 팀이 있다고 해보자. 그러면 어떤 변경사항이 안전하게 사용될 수 있는지 전혀 알 수 없는 상태에서 작업 간에 호환되지 않는 변경사항이 생겨나는 것과 같은 문제에 자주 직면하게 될 것이다. 특정 기능을 비활성화하기 위해 코드를 삭제하지 않고 나중에 혹시나

다시 사용할지 모른다는 두려움 때문에 코드 블록을 주석으로 처리하고 남겨놨을지도 모른다.

버전 관리를 사용해 본 적이 없는 개발자라면 '정말' '마지막' '최종' '최신' '20xx년' 'xx월' 'xx일'과 같은 접두사 또는 접미사를 사용하여 파일에 버전을 추가한 다음 나중에 새로운 최종 버전을 처리해야 했을지 모른다. 버전 관리는 이러한 문제를 해결하는 좋은 방법이다.

버전 관리 시스템은 현대 소프트웨어 팀의 일상 업무에서 필수 부분이다. 팀 내에서 버전 관리 시스템의 강력한 이점에 익숙해지면 많은 개발자는 규모가 작은 개인 제작 소프트웨어가 아닌 큰 프로젝트에서도 편안하게 적응할 수 있을 것이다.

7.2 깃

7.2.1 깃이란 무엇인가

깃Git은 소규모 프로젝트에서 대규모 프로젝트에 이르기까지 모든 것을 빠르고 효율적으로 처리하도록 설계된 '오픈소스 분산 버전 관리 시스템'이다. 소프트웨어의 전체 변경 기록과 저장을 위한 도구이자, 모든 개발자의 코드 작업 복사본을 저장하는 창고이기도 하다. 단순히 말하자면, 깃은 파일을 여러 명이서, 나눠서 편집하고, 쉽게 다운로드하고, 변경사항을 기억하고, 저장할 수 있도록 도와주는 도구다.

7.2.2 깃 설치하기

깃을 설치하는 방법에 대해서는 저자의 개발 블로그 중 '7장. 코드 관리하기 → 맥 운영체제에 깃 설치하기'를 참고한다.

▶ https://blog.naver.com/sh_kim_0926/222952620261

7.2.3 깃 활용하기

깃에서 새 리포지토리_{repository}(저장소)를 만들려면 git init 명령을 사용한다. git init은 리포지토리의 초기 설정 중에 사용하는 일회성 명령으로 이 명령어를 실행하면 현재 작업 디렉터리에 새 .git 하위 디렉터리가 생성된다.

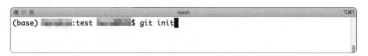

▲ 그림 7-1 test 폴더를 깃 저장소로 만드는 git init 명령어

여기서 깃 리포지토리란, 프로젝트의 가상 저장소다. 필요할 때 접근 가능한 코드 버전을 저장하는 창고와 같다. git init 명령을 실행하면 해당 폴더 내 범위로 프로젝트 디렉터리가 지정된다. 지금 작업하는 폴더를 깃과 함께하는 저장소로 탈바꿈시키고 싶다면 이 명령어를 사용하자.

만약, 프로젝트가 이미 존재할 경우 이 프로젝트를 깃 명령어로 다운로드해야 한다. 개발자가 작업 복사본을 얻으면 모든 버전의 관리 작업은 로컬 저장소를 통해 관리된다. 깃의 가장 좋은 기능 중 하나는 분산되어 있다는 것이다. 전체 리포지토리를 '복사'하기 때문에 사용자가 주 서버의 전체 백업을 다운로드하게 된다. 만약, 파일에 충돌이나 손상이 발생한 경우 이러한 각 복사본을 푸시하여 문제가 되는 주 서버의 파일을 교체할 수 있다.

실제로 리포지토리 사본이 하나만 있지 않는 한, 깃에는 파일 하나가 잘못된다고 모든 파일이 날아가는 등의 일이 벌이지지 않는다. 거기에 깃의 분산 특성과 뛰어난 분기 시스템으로 인해 거의 무한한 수의 워크플로우를 상대적으로 쉽게 구현할 수 있다. git clone 명령어를 통해 존재하는 개발 코드를 다운로드할 수 있다. 이 명령어는 원격에 존재하는 깃 리포지토리의 전체 사본을 다운로드한다.

▲ 그림 7-2 golang 리포지토리를 복제하는 git clone 명령어

git clone은 원격 리포지토리의 복사본을 만드는 데 사용된다. 깃은 저장소 URL을 사용해서 SSH 프로토콜을 따라 리포지토리를 다운로드한다. 깃의 SSH URL은 다음과 같은 템플릿을 따른다.

▼ 표 7-1 깃의 SSH URL 템플릿

구분	내용
HOSTNAME	github.com
USERNAME	golang
REPONAME	go

git clone 명령어를 실행하면 main 브랜치에 있는 원격 repo 파일의 최신 버전을 다운로드해서 새 폴더에 추가된다. 새 폴더 이름은 보통 REPONAME을 따라간다. 폴더에는 원격 기록과 새로 생성된 기본 분기가 포함된다. git init이 이미 다운로드한 폴더 안에서 실행되고 있는 것이다. 깃 또는 기타 버전 관리 시스템에서 작업할 때에 저장의 개념은 우리가 보통 생각하는 저장과는 다른 미묘한 프로세스다.

전통적인 소프트웨어에서 생각하는 '저장'을 깃에서는 '커밋commit'으로 해석한다. 기존 저장은 기존 파일을 덮어쓰거나, 새로운 파일을 저장하는 방식으로 사용된다. git add 명령을 통해서 작업 디렉터리의 변경사항을 스테이징 영역에 추가할 수 있다. 그러나 git add만으로는 리포지토리에 큰 영향을 미치지 않는다. git commit을 실행할 때까지 변경사항이 실제로 저장되지 않기 때문이다.

그러면 스테이징 영역이란 무엇일까? 작업 디렉터리와 프로젝트 기록 사이의 버퍼라고 생각하자. 더 쉽게 말하자면, 임시 저장소 영역 같은 것이다. 마지막 커밋 이후에 수행한 모든 변경사항을 커밋하는 대신 스테이지를 통해서 관련 변경사항을 프로젝트에 실제 반영하기 전에 집중 스냅샷으로 관리하는 것이다. 즉, 언제든지 다시 되돌리거나 취소할 수 있는 임시 저장소라고 생각하면 편하다.

다음으로 git commit 명령어를 통해 변경사항을 실제로 기록할 수 있다. 이러한 명령과 함께 작업 디렉터리 내의 상태를 보려면 git status 명령어를 사용하면 된다.

git add와 git commit 명령은 가장 자주 쓰이는 깃 명령어다. 먼저 깃 리포지토리인 디렉터리에서 파일을 편집한다. 프로젝트의 현재 상태 복사본을 저장할 준비가 되면 git add를 사용하여 변경사항을 추가한다. 코드를 모두 완성했다면 git commit을 사용하여 프로젝트 기록에 커밋하면 이 변경사항들이 현재 브랜치(분기)에 반영된다. git add 및 git commit 외에도 세 번째 명령인 git push가 나올 차례다. git push는 커밋된 변경사항을 원격 리포지토리로 보내는 데 사용된다. 이렇게 하면 다른 팀 구성원이 저장된 변경사항에 접근할 수 있다.

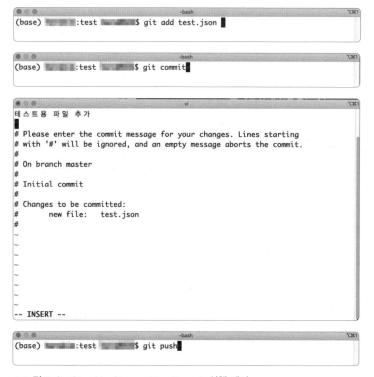

▲ 그림 7-3 git add, git commit, git push 실행 예시

커밋 메시지의 첫 번째 줄을 제목 줄로 사용하는 것이 일반적이다. 나머지
는 로그 메시지와 같이 본문으로 간주된다. git commit 명령은 깃의 핵심
기본 기능 중 하나다. 다음 커밋을 위해 준비할 변경사항을 선택하려면 git
add 명령을 미리 사용해야 한다. 그런 다음 git status 명령을 사용하여 스
테이징 영역 및 보류 중인 커밋의 상태를 탐색할 수 있다. git add 명령의
주요 기능은 작업 디렉터리에서 보류 중인 변경사항을 깃 스테이징 영역으
로 올리는 것이다. 아래는 git add 명령어와 commit 명령어에서 자주 쓰이
는 옵션 목록이다.

▼ 표 7-2 git add 옵션

옵션	내용
git add ⟨file⟩	파일의 모든 변경사항을 스테이징에 저장한다.
git add ⟨directory⟩	폴더(디렉터리)의 모든 변경사항을 스테이징에 저장한다.
git add -p	add 옵션을 설정할 수 있다.

▼ 표 7-3 git commit 옵션

옵션	내용
git commit -a	작업 디렉터리의 모든 변경사항에 대한 스냅샷을 커밋(git add로 추가된 파일)한다.
git commit -m "commit message"	커밋 메시지로 커밋을 바로 생성한다.
git commit -amend	마지막 커밋을 수정한다.

git diff로 변경사항을 비교할 수 있다. git diff는 실행 시 깃 데이터 소
스에서 diff 기능을 실행하는 다용도 깃 명령이다. 이러한 데이터 소스는 커
밋, 브랜치, 파일 등이 될 수 있다. git diff 명령은 종종 git status 및 git

log와 함께 사용되어 깃 저장소의 현재 상태를 분석한다. 파일을 변경하고 나서 git diff를 실행해보면, 어떤 변경사항이 있는지 알 수 있다.

```
● ● ●                               -bash                          ⌐⌐1
(base) ████:test ██ ███$ git diff
diff --git a/test.json b/test.json
index 45b983b..f471c09 100644
--- a/test.json
+++ b/test.json
@@ -1 +1,2 @@
 hi
+hello
```

▲ 그림 7-4 git diff 실행 예시

git diff는 마지막 커밋을 한 후 커밋되지 않은 변경사항을 강조 표시와 색상을 더해 보여주기 때문에 사용자가 이해하기에 편리하다. 편리하게 함께 쓸 수 있는 명령인 git stash는 작업 복사본에 대한 변경사항을 일시적으로 보류하여 다른 작업을 수행한 다음 나중에 돌아와서 다시 적용할 수 있게 한다. 그리고 stash 명령어를 통해서 콘텍스트를 빠르게 전환할 수 있다. 다른 작업을 빨리 해야 하는데 작업하던 코드가 아직 남아있든지, 커밋을 하자니 아직 완성되지 않았을 때 유용하게 사용할 수 있는 명령어가 바로 stash다. git stash 명령어를 통해 커밋되지 않은 변경사항(스테이지, 언스테이지 모두 포함)을 가져와서 나중에 사용할 수 있도록 저장한 다음, 작업 복사본에 되돌릴 수 있다. 아래 예시를 살펴보자.

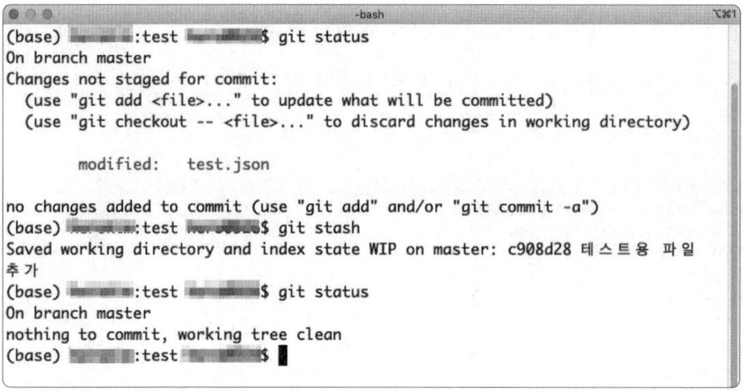

▲ 그림 7-5 git stash 실행 예시

처음 git status로 상태를 보면, test.json 파일이 변경된 것을 확인할 수 있다. git stash 명령으로 변경된 사항을 잠시 임시로 저장해 두었다. git status로 상태를 다시 확인하면, 아무런 변경사항도 남지 않은 것을 알 수 있다. 이 시점에서 필요한 부분을 자유롭게 변경하고, 새 커밋을 만들고, 브랜치를 전환하는 등 다른 깃 작업을 수행할 수 있다. 나중에 필요할 때 이처럼 임시 저장된 사항을 다시 불러오면 된다. 그럴 때는 git stash pop 명령어를 사용한다. 이 명령어로 임시 작업본이 다시 되돌려진다. 또는 작업 복사본에 변경사항을 다시 적용하기 위해 git stash apply 명령어를 사용할 수 있다. apply는 숨겨진 임시 변경사항을 여러 브랜치에 적용하려는 경우에 유용하다.

```
● ● ●                                    -bash                              ⌥⌘1
(base) ▓▓▓▓▓:test ▓▓▓▓$ git status
On branch master
nothing to commit, working tree clean
(base) ▓▓▓▓▓:test ▓▓▓▓$ git stash pop
On branch master
Changes not staged for commit:
  (use "git add <file>..." to update what will be committed)
  (use "git checkout -- <file>..." to discard changes in working directory)

        modified:   test.json

no changes added to commit (use "git add" and/or "git commit -a")
Dropped refs/stash@{0} (055a1f90ec90b163958df1cd370533a1d1923979)
(base) ▓▓▓▓▓:test ▓▓▓▓$ ▮
```

▲ 그림 7-6 git stash pop 실행 예시

파일에 대한 변경사항 포함 유무
git stash를 사용하기 전에, 기본적으로 깃은 추적되지 않거나 무시된 파일에 대한 변경사항은 포함하지 않는다는 사실을 기억하자. gitignore에 대해서는 뒤에서 알아볼 것이다.

깃은 작업 복사본의 모든 파일을 다음 세 가지 중 하나로 인식한다.

1. tracked: 이전에 준비되었거나 커밋된 파일이다.

2. untracked: 준비되지 않았거나 커밋되지 않은 파일이다.

3. ignored: 깃이 무시하도록 명시적으로 지시된 파일이다.

이러한 파일들은 일반적으로 커밋되지 않아야 하는 빌드 아티팩트 혹은 시스템 생성 파일이다. 예를 들어, /node_modules 또는 /packages의 내용과 같은 종속성 캐시나 .o, .pyc 및 .class 파일과 같은 컴파일된 코드, /bin, /out 또는 /target과 같은 빌드 폴더, 런타임에 생성된 파일인 log, .lock 또는 .tmp, 숨겨진 시스템 파일인 .DS_Store 또는 Thumbs.db 등이다. 이런 파일은 리포지토리의 루트에 생성된 .gitignore라는 특수 파일에서 추적한다.

명시적인 `git ignore` 명령은 없기 때문에 커밋하고 싶지 않은 새 파일이 있을 때는 .gitignore 파일을 직접 편집하고 커밋해야 한다. 예시로 만든 .gitignore 파일은 아래와 같다.

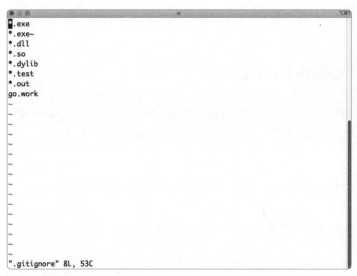

▲ 그림 7-7 Go 언어용으로 만든 .gitignore 예시 파일

다음으로 깃에서 가장 중요한 부분은 바로 브랜치branch(분기)다. 한 파일, 같은 프로젝트를 여러 개발자가 함께 여러 기능을 개발하는 경우가 많기 때문에 때때로(혹은 항상) 우리는 분리된 개발 라인을 필요로 한다. 두 개발 라인, 혹은 그보다 더 많은 라인에서 모두 병렬적으로 작업할 수 있어야 하며 제일 중요한 main 브랜치를 의심스러운 코드로부터 보호해야 한다. 브랜치

는 독립적인 개발 라인이다. 편집, 스테이지, 커밋의 추상화 역할을 맡는 것이다.

새로운 커밋은 현재 브랜치 히스토리에 기록되며 main 브랜치에는 아직 영향을 주지 않는다. 모든 것이 테스트되고 준비가 완료되었을 때 main 브랜치에 합치면 된다. git branch 명령을 사용하면 브랜치를 만들고, 나열하고, 이름을 바꾸고 또 삭제할 수 있다. git branch -list로 모든 리포지토리 내에 있는 브랜치를 나열할 수 있다.

새로운 브랜치를 생성해 보자. 브랜치는 커밋에 대한 포인터로 이해하면 쉽다. git branch <branch name>을 통해 생성한다. 삭제는 git branch -d <branch name> 명령어를 사용하는데, 이는 안전한 삭제다. 만약 아직 병합(Merge)되지 않은 수정사항이 존재한다면 이 명령어는 삭제 유무를 확인할 것이다. 완전한 삭제를 원한다면 git branch -D 명령어를 사용하면 된다. 실습 화면에서 확인해보자.

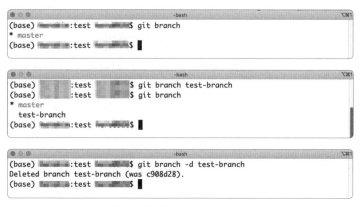

▲ 그림 7-8 git branch를 사용한 확인, 생성, 삭제 예시

브랜치를 생성하고 삭제를 해 봤으니 이제 사용해 보자. git checkout 명령어가 필요할 때다. 이 명령어를 사용해서 다른 브랜치로 이동할 수 있다. 브랜치를 체크아웃하면, 해당 브랜치에 저장된 버전과 일치하도록 작업 디렉터리 파일이 업데이트되고 해당 브랜치에 모든 새 커밋이 기록된다. git clone과 헷갈려하는 사람이 많은데, clone 명령어는 원격 저장소에서 코드를 가져오는 데 사용하는 것이다. git checkout은 로컬 시스템에 이미 있는 코드 브랜치를 전환하는 데 사용한다. 존재하는 브랜치 사이를 git checkout으로 옮겨 다녀 보자.

▲ 그림 7-9 git checkout 실행 예시

또 간편하게 git checkout 명령어를 사용해서 새 브랜치를 만들 수도 있다. git checkout -b 옵션을 이용해서 〈branch name〉을 만들면 새 브랜치가 만들어진다. 새 브랜치를 만들고 즉시 그 브랜치 속으로 전환하기에 편리하다. 자신의 로컬 속에서만 아니라, 팀과 협업 시에는 원격 리포지토리를 활용해야 할 것이다. 내 로컬 브랜치만이 아닌 팀의 원격 브랜치에 있는 내용도 이 명령어를 활용해서 받아올 수 있다. git fetch -all로 원격 브랜치를 모두 체크아웃한다. 그리고 git checkout <remote branch name>으로 동일한 방법으로 원격 브랜치에 접근할 수 있다.

이렇게 브랜치에서 따로 작업하던 브랜치된 히스토리를 다시 main 브랜치에 결합하기 위해서는 git merge 명령어를 사용한다. 깃 브랜치에서 생성한 독립적인 개발 라인을 단일 브랜치로 통합시키는 방법이다. 각 브랜치 내에서 어떠한 변경을 해도 병합 전에는 main 브랜치에는 반영되지 않는다.

git merge는 여러 커밋 시퀀스를 하나의 통합 기록으로 결합한다. 가장 빈번한 사용 사례는 바로 두 브랜치를 결합하는 데 git merge를 사용하는 것이다. 이러한 시나리오에서 git merge는 두 개의 커밋 포인터를 사용하고 이들 사이에서 공통 커밋을 찾는다. 깃이 공통 커밋을 찾으면 대기 중인 각 병합 커밋 시퀀스의 변경사항을 결합하는 새로운 merge commit을 생성한다. 작업이 완료되면 git merge를 통해 브랜치를 병합하면 된다. 병합의 경우는 복잡하고 어려울 수 있지만 가장 단순한 케이스로 설명하기 위해서 main 브랜치에서 따로 시작한 새로운 test 브랜치(test-branch)를 다시 main 브랜치에 병합하는 예시를 살펴보자.

▲ 그림 7-10 git merge 실행 예시 ①

위 예시에서는 git branch로 현재 우리가 test-branch에 있는 것을 확인할

수 있다. git diff를 통해 어떤 변화가 있는지 살펴보았다. 이 변경사항을

test 브랜치에 우선 커밋한다.

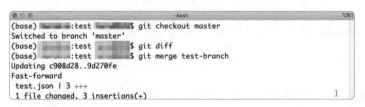

▲ 그림 7-11 git merge 실행 예시 ②

master(main) 브랜치[01]로 git checkout 명령어를 사용해서 돌아왔다. 이때

git diff를 확인해보면 그 어떠한 변경사항도 없다. 이때 git merge 명령

어로 test-branch를 병합했다. test.json 파일이 우리가 변경한 대로 변경

된 것이 보인다. 어떤 커밋이 남았을지 git log로 확인해 보자.

▲ 그림 7-12 git merge 실행 예시 ③

---

01 main 브랜치를 이전에는 master 브랜치라고 했다. 이 둘은 버전 차이에 따라 이름만 다른 뿐 같은 브
랜치다.

test-branch에서 만든 커밋인 변경사항 추가가 이제 master(main) 브랜치에도 적용된 것을 알 수 있다. 이는 제일 간단한 예시지만, 사실 병합, 혹은 브랜치와 관련해 골치 아플 문제가 차후에 많을 수 있다. 병합하려는 두 가지가 모두 동일한 파일의 동일한 부분을 변경한 경우 어떤 부분을 써야 할지 충돌(conflict)이 나타날 수 있는데, 이러한 충돌 사항을 현명하게 해결해야만 한다. 브랜치끼리 병합해야 할 경우도 있고, 내가 main 브랜치를 잠시 잊고 있는 동안 이미 main 브랜치에서 변경사항이 있을 수도 있다. 브랜치, 병합에 대해서는 차차 깃을 사용해 나가면서 문제를 맞닥뜨리며 공부해나가기를 추천한다.

참고로 깃에는 무시무시한 기능이 하나 있는데, 깃은 버그가 일어난 코드를 과연 누가 썼는지 잡아낼 수도 있다. 바로 `git blame` 기능이다. 버전 관리 프로그램뿐만이 아닌 디버깅 프로그램으로도 깃을 사용할 수 있는 것이다.

Makefile 관련 명령어
`git blame -L 69,82 Makefile`이라는 명령어를 통해 MakeFile의 69줄~82줄 사이에 있는 어떤 코드를 누가 언제 변경했는지도 확인할 수 있다.

7.3 깃 사용을 도와주는 프로그램들

깃 명령어에 익숙하지 않거나 좀 더 직관적인 사용을 원하는 분이 있을 것이다. 2005년 깃이 처음 도입될 당시 깃을 사용하기 위해서는 모든 개발자가 CLI(Command Line Interface, 명령행 인터페이스)를 사용해야 했다. 그러나 여러분이 실감했다시피, 명령행을 배우고 사용하는 것은 종종 많은 개발자에게 매우 어려운 작업이며 경우에 따라 깃의 기능을 활용하려는 사람에게는 상당한 진입 장벽이 되어 버릴 수도 있다.

이런 경우 '깃 클라이언트'라고도 하는 GUI(Graphical User Interface, 그래픽 사용자 인터페이스)가 그런 분을 도와줄 수 있다. 깃 GUI는 깃 리포지토리를 시각화하고 몇 번의 간단한 마우스 클릭이나 키보드 단축키만으로도 깃을 사용할 수 있게 해 주는 친절한 도우미라고 생각하면 된다.

신입 개발자든, 오랜 경력의 개발자든, 누구나 깃 GUI 프로그램을 편안히 활용하면 된다. 자신이 CLI에 익숙하지 못해서 GUI 프로그램을 사용한다는 생각은 버리자. CLI를 통해 깃을 사용하든, GUI를 통해 깃을 사용하든 모두 상당한 이점이 있으며 자신이 편안하게 코드를 작성하는 데 도움이 되는 도구를 선택해야 한다는 점을 기억하는 것이 중요하다. 전 세계 수백만 명의 개발자가 깃 GUI를 사용하고 있다.

7.3.1 소스트리

윈도우즈 및 맥용 무료 깃 클라이언트인 소스트리Sourcetree는 코딩에 집중할 수 있도록 개발자들을 도와준다. 소스트리의 깃 GUI는 간단하고 시각화되어 있기 때문에 사용이 편리하다. 깃 클라이언트를 이용하는 초보자들에게도 적합하지만, 전문가를 위해서도 다양한 기능이 알맞게 포함되어 있다. 그냥 단순한 GUI라고 생각하면 섭섭하다. 강력한 깃의 기능을 더 확장시켰기 때문이다.

깃의 대용량 파일을 지원(GIT LFS)해서 팀이 한 곳에서 대규모의 코드를 관리하기 쉽게 해주고, git-flow 상태 주기 아이콘으로 스마트한 브랜치 작업을 할 수 있다. 하위 모듈은 프로젝트, 해당 종속성이나 기타 프로젝트 그룹화를 관리할 때 아주 편리한 기능이다. 로컬 커밋 검색, 대화형 리베이스, 원격 저장소 관리도 가능하다. 무엇보다 이 모든 기능이 시각화되어 있어 아이콘 클릭이나 몇 번의 마우스 움직임만으로 이루어진다는 것이 가장 큰 장점이다.

이러한 클라이언트를 사용하면 진행 중인 작업을 더 잘 이해할 수 있다. 시각적으로 진행상황을 추적하고, 아직 브랜치 작업에 익숙하지 않은 초보들에게도 사고의 위험을 줄여준다. 사용자 친화적인 이러한 프로그램을 잘 활용한다면 팀 내에서 큰 효율성을 증가시킬 수 있을 것이다.

소스트리 설치하기

소스트리를 설치하는 방법에 대해서는 저자의 개발 블로그 중 '7장. 코드 관리하기 → 소스트리 설치하기'를 참고한다.

▶ https://blog.naver.com/sh_kim_0926/222952654196

소스트리 이용하기

로컬에서 이용하고 싶은 폴더가 있을 것이다. 혹은 새로 만들 수도 있다. 소스트리를 설치할 경우 영어나 한글로 편하게 이용할 수 있고 UI가 동일하므로 혹시 언어가 다르더라도 이용하기에 그리 어렵지 않을 것이다. 아래와 같은 방법으로 새 로컬 리포지토리를 생성할 수 있다. 메뉴에서 [새로 만들기] → [로컬 저장소 생성]을 누른다.

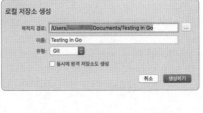

▲ 그림 7-13 소스트리에서 새 로컬 리포지토리 생성하기

혹은 다른 방법으로 폴더를 화면에 끌어다 놓는 것도 가능하다. 이런 경우에는 이미 존재하는 로컬 리포지토리를 추가하는 경우에도 해당할 수 있다.

[로컬 저장소 추가] 기능을 이용한다. 이전에 깃을 실습할 때 이용했던 test 폴더를 추가한다면 아래와 같이 나타난다.

▲ 그림 7-14 소스트리에서 기존 로컬 저장소를 추가한 모습

소스트리로 위 리포지토리(저장소)를 클릭해서 열면 프로젝트 기록 및 코드 변화를 볼 수 있다. 먼저 파일 상태를 확인해 보자. [그림 7-15]는 왼쪽 바에서 [파일 상태]를 눌렀을 때 보이는 화면이다. 왼쪽에 있는 상태 바에서 파일의 상태, 히스토리, 현재 브랜치 혹은 브랜치 간의 전환을 할 수 있다. 배포 버전을 생성할 때 이용하는 태그 혹은 원격 저장소의 브랜치들, 임시 저장한 git stash 상태는 [치워두기] 탭에서 확인할 수 있다. 자주 이용하는 커밋, 풀, 푸시, 패치, 브랜치, 병합 등의 명령어는 위 상태 바에서 찾아볼 수 있다.

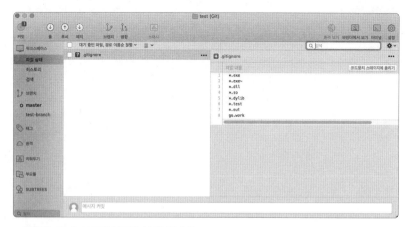

▲ 그림 7-15 소스트리의 '파일 상태' 화면 ①

히스토리 화면에서는 현 리포지토리의 전체 변경 기록을 볼 수 있다. 브랜치를 기준으로 어떤 것을 검색할지에 대한 추가 필터링도 가능하다. 여러 커밋을 선택하면 해당 커밋 간에 변경된 사항을 확인할 수 있어 편리하다. 로컬 리포지토리에 새로운 변경사항을 받아오고 싶다면 [풀] 버튼을 클릭한다. 로컬 리포지토리로 파일을 병합하고 있음을 나타내는 팝업이 나타난다. 팝업에서 [확인]을 누르면 로컬 시스템 리포지토리로 방금 추가한 파일이 표시되고 소스트리가 업데이트된다. 반대로 자신의 변경사항을 업데이트하고 싶으면 [푸시] 버튼을 클릭하여 리포지토리에 푸시하면 된다. 브랜치 위에서 작업할 경우 새 브랜치를 선택하여 어떤 브랜치 위에 푸시하고 있는지 확인하면 된다.

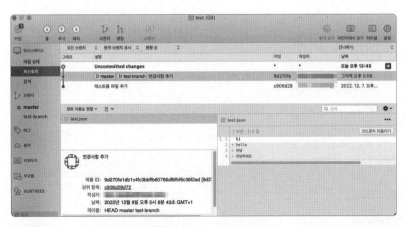

▲ **그림 7-16** 소스트리의 '히스토리' 화면 ②

7.3.2 TortoiseGit

TortoiseGit은 깃 버전 관리 시스템을 위한 오픈소스 클라이언트다. 윈도우즈용 셸이기에 윈도우즈 사용자들에게 적합하다. 오픈소스이므로 자유롭게 사용할 수 있는 소프트웨어다.

TortoiseGit 설치하기

TortoiseGit을 설치하는 방법에 대해서는 저자의 개발 블로그 중 '7장. 코드 관리하기 → 윈도우즈에 TortoiseGit 설치하기'를 참고한다.

▶ https://blog.naver.com/sh_kim_0926/222964815688

TortoiseGit 이용하기

TortosieGit은 윈도우즈 셸 확장 형식으로 설치된다. 폴더에서 마우스로 우 클릭하면 상황에 따른 메뉴에서 필요한 깃 명령어를 접근하고 호출할 수 있다.

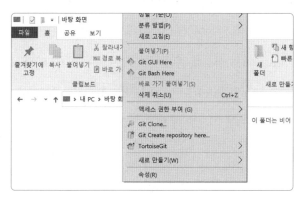

▲ **그림 7-17** TortoiseGit을 설치하고 마우스로 우 클릭한 모습

윈도우즈의 탐색기를 켜고, 파일이나 폴더를 마우스로 우 클릭해서 Git과 TortoiseGit이 보이는 것을 확인해보자. 사용 가능한 명령은 파일이나 폴더 또는 상위 폴더가 버전 관리를 이용 중인지의 여부에 따라 달라진다. 윈도우즈에서 유용하게 쓰이는 몇 가지 단축키를 살펴보자.

▼ 표 7-4 TortoiseGit 단축키

단축키	내용
〈F1〉	도움말을 볼 수 있다.
〈F5〉	현재 보기에서 새로고침을 한다. (⎙ 탐색기에서 작업 트리의 아이콘 오버레이 새로고침)
〈Ctrl〉+〈A〉	전체 선택을 한다.

윈도우즈에서 사용하는 단축키와 내용이 거의 동일하므로 크게 헷갈리지 않을 것이다. 또 깃 리포지토리를 원격으로 이용하기 위한 SSH(git@example.com과 같은 url)는 윈도우즈에서 TortoiseGitPlink로 이용한다. 암호를 저장하는 대신 퍼티 인증 에이전트를 통해서 암호를 캐싱하는 것이다. 그렇지만 TortoiseGitPlink는 보통 OpenSSH에서 기본적으로 사용하는 설정인 ~/.ssh/config를 이용하지 않는다. Git Bash에서도 TortosieGitPlink를 사용하고 싶으면 경로를 따로 설정해 줘야 한다. 명령행에서 GIT_SSH 변수를 GIT_SSH=C:\Program Files\TortoiseGit\bin\TortoiseGitPlink.exe로 설정해 준다. OpenSSH를 사용할 경우 ~/.ssh/config 내의 설정을 사용하게 된다.

이제 TortoiseGit을 이용해서 깃 저장소를 복제해보자. 빈 디렉터리가 있는 탐색기 내에서 마우스로 우 클릭한 후 [Git Clone]을 선택하자.

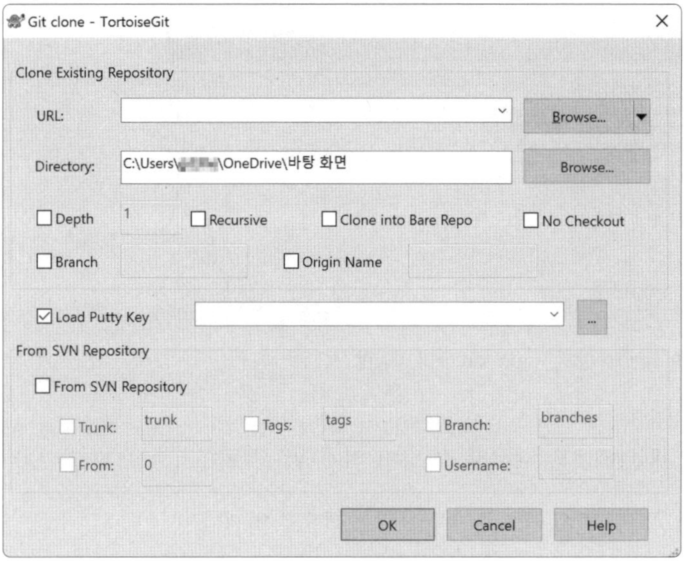

▲ **그림 7-18** TortoiseGit에서 `git clone`을 실행한 예시

'URL'에 복제할 리포지토리의 URL 주소를 입력한다. 'Directory'에는 원격 리포지토리 복제본을 저장할 폴더를 설정한다. 그 외 많은 설정 중 자주 쓰이는 설정 몇 가지만 알아보자. 'Branch' 선택상자를 통하여 새로 복제된 깃 리포지토리의 HEAD가 복제된 리포지토리의 원래 HEAD가 아닌 새로 생성된 브랜치를 가리키게 할 수 있다. From SVN Repository 설정은 SVN 사용자의 사용을 도와준다.

만약, 올바른 설정값을 통하여 복제에 성공한 경우, 아래와 같은 성공 화면이 뜬다.

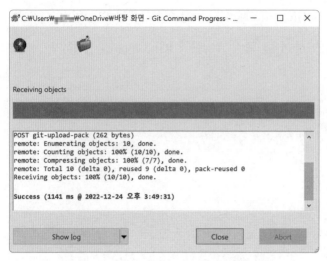

▲ 그림 7-19 TortoiseGit에서 `git clone`이 성공한 모습

이번에는 새 브랜치를 생성한 후 파일 변경사항을 커밋하고 푸시해 보자.
파일이 변경되면 왼쪽 아이콘이 빨간색 느낌표로 바뀐다.

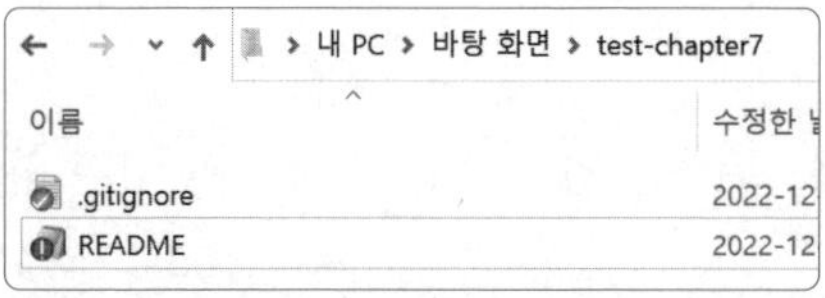

▲ 그림 7-20 변경된 파일 표시

작업 트리에 대한 변경사항을 저장하는 것이 커밋이라고 했다. [Tortoise
Git] → [Check for Modifications]를 사용하면, 어떤 파일이 로컬에서
변경되었는지 확인할 수 있다. 충돌이 없다면 변경사항을 커밋할 준비가
된 것이다. 커밋하려는 파일 혹은 폴더를 클릭한 다음 [TortoiseGit] →
[Commit..]을 클릭한다.

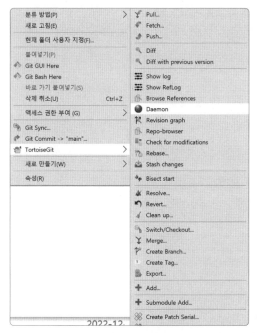

▲ **그림 7-21** TortoiseGit에서 마우스로 우 클릭했을 때 나오는 메뉴

커밋 대화상자에는 추가, 삭제 및 무시된 파일을 포함해서 모든 변경된 파일이 표시된다. 파일 중 커밋할 준비가 되지 않은 파일은 해당 파일을 선택해서 취소하면 된다. 무시하고 싶은 쓸모없는 파일이 많이 보인다면 파일을 .gitignore 목록에 추가하자. [TortoiseGit] → [Add to ignore list]를 이용한다.

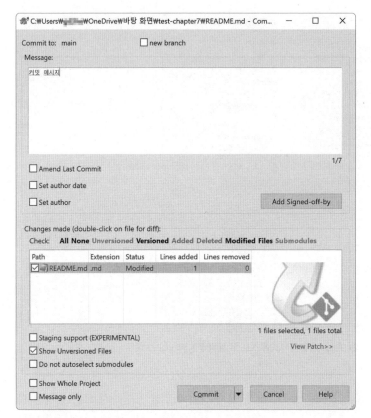

▲ 그림 7-22 TortoiseGit 커밋 메시지

커밋을 완료하면 변경된 사항을 푸시해야만 한다. [TortoiseGit] → [Push…]를 클릭해서 푸시 대화 상자를 연다.

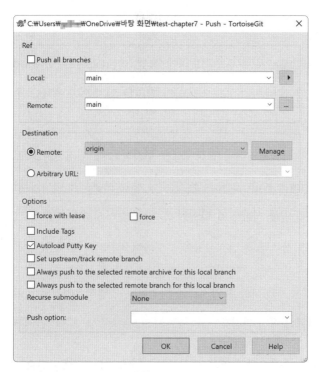

▲ **그림 7-23** TortoiseGit 푸시 창

브랜치 설정이 중요하다. 다음처럼 설정하자.

- Local: 다른 리포지토리로 푸시될 소스 브랜치다. 현재 브랜치 혹은 선택한 로컬 브랜치에 원격 추적이 가능한 브랜치가 있는 경우에는 원격 값으로 자동 설정된다.

- Remote: 다른 리포지토리의 원격 브랜치다.

- Destination: 내 변경사항을 보낼 브랜치를 설정한다.

깃 푸시를 할 경우 여러 옵션을 활용하면 깔끔한 커밋 로그를 만들 수 있다.

- force with lease: 원격 리포지토리에 더 안전한 non-fast-foward 푸시를 실행한다. 원격 리포지토리의 커밋을 잃지 않으면서도 내 변경사항을 우선으로 올리는 것이다.
- force: 원격 리포지토리의 변경사항을 무시하고 내 변경사항을 덮어씌운다. force with lease는 원격 추적 중인 브랜치와 내 브랜치의 커밋이 동일한 상태인지 확인한 후 강제로 푸시하기 때문에 그렇지 않으면 거부되고, 변경사항을 무시하지 않는 차이점이 있다.

다른 리포지토리에서 변경사항을 가져오는 방법은 무엇일까? 여기서 pull 과 fetch의 차이점을 알아야 한다.

- fetch: 원격 저장소에서 개체와 참조를 다운로드하고, 일반적으로 원격 브랜치를 업데이트한다.
- pull: 변경사항을 다운로드하는 것에 그치지 않고 내 변경사항과 병합해버린다. pull이나 fetch는 [TortoiseGit] → [Pull…]이나 [Fetch…]를 사용해서 시작한다.

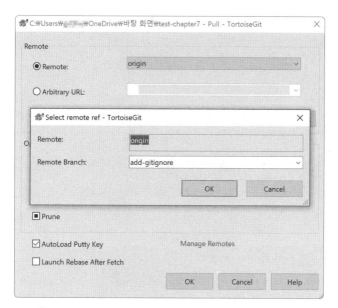

▲ **그림 7-24** TortoiseGit의 pull 창

pull 창을 실행한 후 [Remote Branch]의 오른쪽에 있는 […] 버튼을 눌러 새 브랜치를 가져와 보자. 이렇게 하면 원격에 있는 브랜치의 변경사항도 내 로컬로 가져올 수 있다. fetch 창을 살펴보자.

[그림 7-25]를 보면 'remote'에서 원격 리포지토리를 선택할 수 있다. 'Tags'로 브랜치뿐만 아닌 태그값도 받아올 수 있다. 'Prune'이란 원격에는 더 이상 존재하지 않는 브랜치는 제거하는 것이다. 제거하지 않는 경우에는 선택하지 않는다.

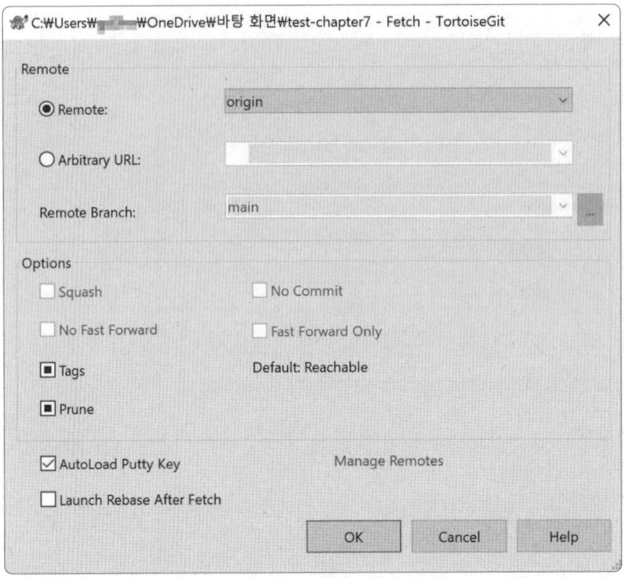

▲ 그림 7-25 TortoiseGit의 fetch 창

7.4 SVN

SVN(Subversion)이란 버전 관리 프로그램 옵션 중 하나다. SVN은 프로젝트의 현재 및 과거 버전을 유지하고 관리하는 데 사용된다. 아파치 라이선스가 부여되어 있으며 예전 기준으로 가장 널리 사용되는 시스템 중 하나였다. 최근에는 깃의 이용률이 현저하게 늘어났지만, 아직 유지 보수를 SVN으로 하는 개발자가 존재한다. SVN은 비록 소규모 오픈소스 커뮤니티가 되었으나 계속해서 활발히 유지 관리가 되고 있다. 깃과 같은 분산 시스템과 다르게 SVN은 중앙 집중형 제어 시스템이다. 즉, 버전을 기록하는 것이 중앙 서버에서 이루어짐을 뜻한다.

개발자가 특정 파일을 변경하려는 경우 해당 중앙 서버에서 자신의 컴퓨터로 파일을 가져온다. 그리고 개발자가 변경한 파일을 다시 중앙 서버로 보낸다. SVN은 원래는 CLI로 설계되었다. 즉 지긋지긋한 터미널을 열고 텍스트 명령어를 입력해야 한다는 뜻이다. SVN이 작동하기 위해서는 설정에 두 가지 주요 요소가 필요한데, 하나는 모든 소스 파일의 모든 버전이 있는 서버와 컴퓨터에 있는 파일의 로컬 복사본이다. 컴퓨터에 있는 파일을 작업 파일이라고 하자. 이는 각 사용자가 편집하는 파일이다. 그러면 이 파일을 보낼 SVN 서버가 필요한 것이다. 사용자가 변경사항을 커밋할 때마다 SVN은 새 버전을 생성해서 이를 관리하고 기록한다. 이전 버전이 필요한 경우 이전 버전으로도 되돌릴 수 있다.

만약, 처음 버전 관리 프로그램을 고를 때 SVN을 고르려고 한다면 몇 가지 짚어야 할 부분이 있다. 먼저 SVN에는 브랜치 개념이 복잡하다. 브랜치는 서버 내부 디렉터리로 생성되고 이는 혼선을 불러온다. SVN 1.6 버전부터는 트리 충돌(Tree Conflicts)이라는 개념이 도입되었다. SVN에서는 이 트리 충돌이 있을 경우 변경사항을 커밋할 수 없다.

또 중앙 저장소에 연결해야 하는 부분도 중요하다. 오프라인으로 코딩을 한다고 가정해보자. SVN을 사용한다면 인터넷 연결 전에는 커밋이 불가능하다. 만약 리포지토리가 여러 개라면 어떨까? 상황은 더 복잡해진다. SVN에서는 충돌을 수동으로 해결하기 때문에 둘 이상의 개발자가 동일한 코드 기반에서 작업하는 경우에는 상황이 복잡해진다. 이 경우에는 개발자가 충돌을 수동으로 해결해야 하므로 개발자의 시간과 노력이 낭비되어 버린다.

그런데도 여전히 SVN을 사용하는 이유가 무엇일까? 아무래도 대규모 코드 기반이 구축된 후 계속 SVN을 사용해 온 곳이라면 관성이 있을 수밖에 없다. 수백만 줄의 코드 버전 관리를 SVN으로 했다면 전환하기 어려울 수 있기 때문이다. 이럴 경우를 대비해서 SVN을 알아두면 나쁠 게 없다.

7.4.1 SVN과 깃

SVN과 깃을 비교했을 때 가장 큰 차이는 주요 버전 관리 시스템일 것이다. 그러나 이 두 프로그램은 완전히 다르므로, 어떤 차이가 있는지에 대해서만 간단히 짚고 넘어가자. 앞서도 잠시 언급했듯이 코드 관리에 대한 접근 방식이 아예 다르다. 깃은 분산 아키텍처가 있고 SVN은 중앙 집중형이다.

깃은 서버와 클라이언트 역할을 수행한다. 각 사용자는 각각의 로컬 복사본을 갖게 되고 여기에는 관련 히스토리가 모두 포함되어 있다. 서버에 지속적으로 연결할 필요가 없으므로 로컬 변경을 허용한다. 반면에 SVN은 별도의 클라이언트와 서버가 필요하며 개발자가 작업 중인 파일만 로컬에 보관된다. 서버와 연결하지 않으면 파일을 커밋할 수 없다.

또 브랜치 구조에서도 깃의 유연성이 한층 빛을 발한다. SVN은 디렉터리 구조를 기반으로 하며, 브랜치는 저장소 내부에 디렉터리로 생성된다. 개발이 완료되면 변경사항이 트렁크에 커밋되는 형식이다. 그렇지만 여러 명의 개발자가 같은 파일에서 작업할 경우 다른 개발자의 브랜치에 반영되지 않는 변경사항이 생겨난다. 이러한 상황은 병합 충돌, 누락될 파일 등으로 이어져 문제가 일어난다.

깃에서는 브랜치가 특정 커밋에 대한 참조일 뿐이다. 기본 커밋에 영향을 주지 않고 어디서든, 언제든 브랜치를 생성, 편집, 삭제할 수 있다. 따라서 개발자가 브랜치를 쉽게 만들고 삭제하는 데 주저함이 없다. 지원과 커뮤니티도 큰 차이가 난다. 깃은 업계 표준이라 불릴만하다. 많은 플랫폼에서 깃이 기본적으로 지원되며 버전 관리를 위해서는 모두 깃을 설치하거나 사용한다. 그러므로 깃에 대한 다양하고 광범위한 지원이 존재한다. CI/CD와 같은 타사 도구, 혹은 플랫폼 내에서도 깃과 연결할 수 있으며, 깃 개선에 기여하는 활발한 글로벌 커뮤니티, 많은 공부 자료와 책이 있고 오류가 발생하거나 모르는 점이 있어도 검색만 하면 모든 결과가 금방 나온다.

대조적으로, SVN은 비교적 커뮤니티가 작다. 이는 SVN을 지원하는 도구와 플랫폼이 차차 더 줄어들 것을 의미하기도 한다. 물론, 깃만큼 다양하지는 않지만 아직 지원하는 도구가 존재한다. 사용의 편리성은 어떨까? 사용자 나름이라고 생각할 수 있지만, 여기서는 놀랍게도 SVN이 깃보다 시작하기에는 비교적 쉽다는 의견이 많다. 깃을 배우기 어렵다고 생각하는 사람이 많은데, 그만큼 복잡하다는 것은 많은 기능과 세분화된 제어가 가능함을 뜻하기에 강점이기도 하다.

깃과 SVN은 고유의 장단점이 있는 좋은 소프트웨어다. 깃이 의심할 여지없는 최고의 플랫폼이라고 하지만 SVN도 적절한 고려 없이 폐기되어서는 안 될 소중한 소프트웨어인 것이다. 예를 들어 대용량 파일을 처리하는 기능이나 경로 기반 사용자 권한 같은 SVN의 고유한 장점이 특정 개발환경에서 매우 중요할 수도 있다.

7.4.2 SVN 설치하기

SVN을 설치하는 방법에 대해서는 저자의 개발 블로그 중 '7장. 코드 관리
하기 → 맥OS에 SVN 설치하기' 부분을 참고한다.

▶ https://blog.naver.com/sh_kim_0926/222956081994

7.4.3 SVN 이용하기

SVN 클라이언트가 제대로 설치되어 있다면 svn 명령을 실행하여 다음 출
력을 확인할 수 있어야 한다.

```
(base) ████████ ██████ ████████$ svn
Type 'svn help' for usage.
```

▲ **그림 7-16** SVN 설치 확인

만약, SVN이 제대로 설치되지 않았다면 'svn: command not found'란 오
류 문구가 나타나므로, 재설치를 진행한다. SVN을 이용하기 위해서는 아
파치Apache 설치도 필수이므로 SVN 설치 항목을 참고한다. SVN이 참고하
는 환경설정 파일은 /etc/httpd/conf.d/subversion.conf에 있다.

```
LoadModule dav_svn_module       modules/mod_dav_svn.so
LoadModule authz_svn_module     modules/mod_authz_svn.so

<Location /svn>
    DAV svn
    SVNParentPath /var/www/svn
    AuthType Basic
    AuthName "Authorization Realm"
    AuthUserFile /etc/svn-users
    Require valid-user
</Location>
```

하위 버전 사용자를 만들고 리포지토리에 대한 접근 권한부터 부여해야 한다. htpasswd 명령은 HTTP 사용자의 기본 인증을 위해 사용자 이름과 암호를 저장하는 데 사용되는 일반 텍스트 파일을 만들고 업데이트하는 데 사용된다. -c 옵션은 암호 파일을 생성하며, 이미 존재하는 파일일 경우에는 덮어쓴다. 그러므로 -c 옵션은 처음에만 사용한다. -m 옵션은 MD5 암호화를 활성화한다.

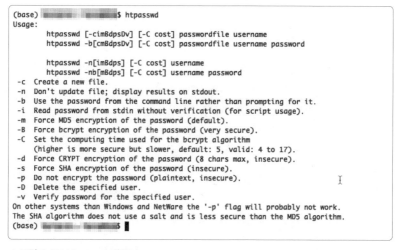

▲ 그림 7-27 htpasswd 명령어

SVN을 이용하려면 아파치의 httpd 모듈과 svnadmin 도구도 필요하다. mod_dav_svn 패키지를 이용하면 아파치의 httpd 서버를 통해 HTTP를 사용해서 리포지토리에 접근할 수 있으며, subversion 패키지는 svnadmin 도구를 설치한다. 새 사용자를 만들기 위해서는 htpasswd -cm /etc/svn-users <사용자 이름>으로 만들 수 있다.

```
(base) ████████ ████████$ sudo htpasswd -cm /etc/svn-users test
Password:
New password:
Re-type new password:
Adding password for user test
```

▲ 그림 7-28 htpasswd로 새로운 사용자 만들기

하위 버전용으로 쓸 리포지토리도 준비해 보자. svnadmin create <폴더 이름>
으로 생성할 수 있으며, 생성 후 폴더 안을 보면 svn용으로 미리 생성된 파
일이 존재함을 볼 수 있다.

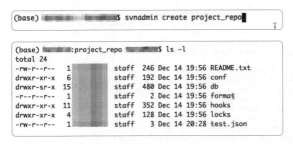

```
(base) ████████ ████████$ svnadmin create project_repo

(base) ████████:project_repo ████████$ ls -l
total 24
-rw-r--r--   1  ████  staff  246 Dec 14 19:56 README.txt
drwxr-xr-x   6  ████  staff  192 Dec 14 19:56 conf
drwxr-sr-x  15  ████  staff  480 Dec 14 19:56 db
-r--r--r--   1  ████  staff    2 Dec 14 19:56 format
drwxr-xr-x  11  ████  staff  352 Dec 14 19:56 hooks
drwxr-xr-x   4  ████  staff  128 Dec 14 19:56 locks
-rw-r--r--   1  ████  staff    3 Dec 14 20:28 test.json
```

▲ 그림 7-29 svn 폴더 안의 모습

이 폴더를 다른 곳에서 가져올 수도 있다. 다른 사용자가 svn import test
<폴더 이름> -m "Initial import"를 통해서 이 폴더를 다른 리포지토리로 가
져올 수 있다. 방금 -m으로 옵션을 지정하는데, 짧은 메시지를 첨부해 저장
소에 대한 변경사항을 트래킹할 수 있다. 이제 저장소에서 작업할 복사본을
얻을 수 있다. 이 작업을 '체크아웃'이라고 한다.

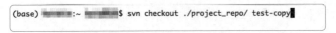

```
(base) ████████:~ ████████$ svn checkout ./project_repo/ test-copy
```

▲ 그림 7-30 SVN 체크아웃

출력에는 작업 복사본에 추가된 모든 파일이 표시된다. 작업 복사본은 중앙 하위 버전 리포지토리와 상호작용하는 데 사용하는 로컬 및 개인 작업 공간 이다. 작업 복사본을 사용하여 프로젝트의 내용을 수정하고 다른 사람이 커 밋한 변경사항을 가져오는 것이다. 작업 복사본은 프로젝트의 데이터를 포 함하고 있으며 로컬 파일 시스템의 일반 폴더와도 같이 취급되지만, 한 가 지 중요한 차이점이 있다. 작업 복사본은 파일 및 디렉터리 상태와 변경사 항을 추적한다. 작업 사본을 버전 관리 기능이 있는 일반 디렉터리로 생각 하면 된다. 작업 복사본 루트 내에 .svn이라는 관리 디렉터리를 찾아볼 수 있는데, 이 안에는 하위 버전에서 버전 관리 기능을 관리하는 데 필요한 메 타 데이터가 들어 있다.

SVN에서 외부 작업을 가져오려면 어떻게 해야 할까? import 명령을 사 용하면 된다. svn import 이후 url을 입력하고, 마찬가지로 -m 옵션을 활용 해서 코멘트를 남길 수 있다.

```
(base) ▓▓▓▓▓ ▓▓▓▓▓$ svn import https://svn.example.com/repos/MyRepo/MyP
roject/trunk -m "Initial project import"
```

▲ 그림 7-31 svn에서 외부 작업 가져오기

만약, 나 말고도 타인들이 SVN 프로젝트를 이용 중이라면 이는 곧 동료들 도 프로젝트 데이터를 동시에 수정하고 있음을 의미한다. 최신 상태를 유 지하고 다른 사람이 커밋한 수정 사항을 가져오려면, 작업 복사본에서 svn update 명령을 실행해야 한다. 결과적으로 작업 복사본이 외부 리포지토리와 동기화되고 동료가 변경한 내용을 다운로드한다. 리포지토리에 대한 로컬 수정사항을 커밋하기 전 작업 복사본은 항상 업데이트하는 습관을 들이는 것이 중요하다.

대부분의 경우 작업 복사본 내용을 수정해서 프로젝트 데이터를 수정하게 된다. 수정사항에 대해 검토한 후 중앙 리포지토리에 커밋할 준비가 되었다면, svn commit -m "커밋 메시지"를 이용하자. 이 커밋 메시지의 옵션에 주의해야 한다. 항상 설명적인 커밋 로그 메시지를 포함해서, 다른 사람들이 이 커밋을 한 이유를 이해하는 데 도움이 되도록 하자. 변경사항 요약을 포함하면 좋다.

▲ 그림 7-32 SVN 커밋 메시지 남기기

작업 복사본 내에서 데이터를 복사, 이동, 이름 바꾸기, 삭제 등을 하는 SVN 명령어도 따로 존재한다. 변경사항을 SVN이 알아서 추적해주지 않는다. 모두 명시적으로 해줘야 한다. 일반 파일에 대해 이동, 복사 등 변경을 수행하면 SVN은 이 작업에 대해 알지 못한다. 이를 인식하게 해 주는 명령어가 필요하다. 아래는 그 명령어 중 일부다.

명령어	내용
svn add	새 파일 혹은 폴더를 추가한다.
svn move	파일 혹은 폴더를 이동한다.
svn copy	파일을 복사한다.
svn delete	파일을 삭제한다.
svn revert	변경사항을 취소한다.

브랜치와 태그를 생성하려면 svn copy 명령을 사용해야 한다. 이것은 작업 사본과 저장소에서 항목을 복사하는 데 쓴 것과 동일하다. 이 명령이 바로 브랜치에 사용된다. 브랜치는 기술적으로는 복사한 소스의 복사본이기 때문이다. 그러나 로컬 파일 시스템 내에서 파일을 복사할 때와 같은 형식이 아니다. 하위 버전 리포지토리의 브랜치는 분기를 생성하고, 변경의 크기나 범위에 관계없이 원하는 변경사항에 적용된다.

```
(base) ████████████████████████$ svn copy https://example.com/MyRepo/trunk
https://example.com/MyRepo/branches/MyNewBranch -m "Creating a new branch"
```

▲ 그림 7-33 svn copy 명령어 사용 예시

깃 사용자들은 SVN이 많이 불편하다고 여긴다. SVN을 회사에서 적용하고 있는 경우, 회사 내에 있는 분들에게서 다양한 사용법을 전달받도록 하자. 많은 SVN 관련 예시나 블로그 등이 오래된 경우가 많다. 그래서 내용이 이해하기 어렵거나 아예 찾기 자체가 힘들 수도 있다. 기본적인 사용이 깃과 비슷하지만 브랜치, 중앙 저장 방식 등에서 많은 차이가 난다. 그러므로 SVN을 사용하는 신입 개발자라면 많은 주의가 필요하다.

7.5 깃허브

정석 씨는 오픈소스에 대한 이야기는 많이 들어봤다. 취업을 위해서, 실력 향상을 위해서, 개발 커뮤니티를 위해서 등 많은 사람이 오픈소스 프로젝트에 참여하고 있다. 깃허브를 기반으로 한 오픈소스 프로젝트는 정석 씨도 잠시 구경해 본 적은 있으나 직접 참여해 본 적은 없었다.

이번에 정석 씨가 회사에서 받은 티켓에는 새로운 uuid를 만들어 이벤트의 id로 적용하는 것이 포함되어 있었다. uuid는 어떻게 생성할까? 구글에서 uuid를 검색하던 정석 씨는 uuid에도 많은 버전이 있고 RFC4122 등 수많은 고려사항이 있다는 것을 알게 되었다.

'uuid라면 전 세계 사람이 정말 많이 사용하는 기능일 텐데…. 이런 기능을 누가 미리 만들어 놓은 걸 좀 가져다 쓸 수는 없을까?' 그럴 때 깃허브가 문득 떠올랐다. 정석 씨는 깃허브에서 제일 유명하고 인기가 많은 uuid 관련 프로젝트가 무엇인지 찾아보기로 했다.

7.5.1 깃허브란 무엇인가

아마도 깃허브_{Github}를 한번쯤은 구경해 본 적이 있을 것이다. 깃허브는 클라우드 기반의 깃 저장소 호스팅 서비스를 제공하는 회사다. 기본적으로 개인, 팀이 모두 사용할 수 있고 인터페이스도 사용자 친화적이어서 편리하다.

▲ **그림 7-34** 깃허브 홈페이지

깃허브의 인터페이스가 너무 편한 나머지 어떤 사람들은 코드가 아닌 책을 쓰거나 일기를 쓰는 용도 등으로 관리하는 사람도 있다. 깃을 사용하려면 명령행 인터페이스를 먼저 떠올려야 하는 반면에 깃허브는 훨씬 사용자 친화적이다. 또한 누구나 무료로 공개된 코드 리포지토리에 등록하고 호스팅할 수 있기 때문에 오픈소스 프로젝트에서 훨씬 더 인기가 많다. 회사에서 깃허브는 호스팅된 개인 코드 리포지토리와 조직이나 팀 구성원과 보안을 보다 쉽게 관리할 수 있게 하는 비지니스 깃허브를 선택한다.

2008년에 만들어진 이후 정말 수백만 명이 넘는 사용자가 금방 확보되었으며, 코드 관련 기능 외에도 깃허브에서 사용자가 자신을 위한 개인 프로필과 일종의 브랜드를 구축할 수 있다. 모든 사람의 프로필에는 그들이 만들었거나 기여한 프로젝트를 볼 수 있는데, 깃허브는 일종의 프로그래머를 위한 소셜 네트워크로도 기능하고 있는 것이다.

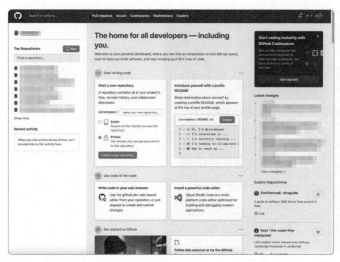

▲ **그림 7-35** 깃허브의 개인별 메인 홈페이지 예시

깃허브를 사용하면 소프트웨어 개발자와 엔지니어가 클라우드에서 무료로 공개되는 원격 리포지토리를 만들 수 있다. 리포지토리 내 코딩 프로젝트의 파일, 각 파일의 수정 내역이 모두 포함되어 있으며, 깃허브에서 리포지토리를 설정한 후에는 장치에 복사하고 로컬에서 파일을 추가하고 수정한 후 변경사항을 공개적으로 열려 있는 리포지토리로 다시 푸시할 수 있다.

로컬에서 혼자 깃을 사용하는 것보다 깃허브를 많이 이용하는 이유가 무엇일까? 프로젝트 협업 기능이 제일 크다. 함께 작업하는 내용에 대해 깃허브 내 저장소를 만든 후 협력하는 프로그래머들에게도 이 저장소에 대한 접근 권한을 부여해 함께 코드에 접근할 수 있다. 여러 프로그래머가 서로의 작업을 방해하지 않고 동시에 변경사항을 적용할 수 있다는 뜻이다. 브랜치별 병합, 풀, 푸시 요청, 승인 등을 깃허브에서는 훨씬 더 편리하게 진행할 수 있다.

7.5.2 깃허브 이용하기

깃허브를 이용하기에 앞서 여러분이 사용하는 컴퓨터에는 최신 버전의 깃이 깔려 있다는 것을 전제로 한다. 깃허브를 이용하려면 깃 설치가 필수이기 때문이다. 깃허브에 가입해야 하는 것은 물론이다. 깃허브 계정을 설정하고 나서, 왼쪽 대시보드를 보면 자신의 리포지토리 목록이 보인다. 우리는 첫 번째로 [New]를 클릭해서 새 리포지토리를 생성해 볼 것이다. 이를 통해 깃허브 프로젝트에 대한 모든 코드를 한 곳에 보관할 수 있다.

'Repository name'에 리포지토리 이름을 설정하고, 'Description'에 설명을 추가할 수 있다. 'Public'과 'Private'으로 리포지토리를 공개로 할 것인지, 비공개로 돌릴 것인지 고를 수 있다. 그냥 무시할 깃 파일을 고를 .gitignore 파일을 자동으로 생성할 수 있고, README 파일을 자동으로 추가해서 프로젝트 내 간단한 설명을 추가할 파일을 생성할 수 있다. 오픈소스에도 여러 라이선스가 있는데, 'License'를 골라 내 코드를 어디까지 공개할 것이고 사용하게 허용할 것인지 선택할 수 있다.

▲ 그림 7-36 깃허브 왼쪽 대시보드

▲ 그림 7-37 깃허브에서 새 리포지토리 생성하기

라이선스의 종류와 설명

LICENSE.txt, LICENSE.md, README.md 파일 등에 라이선스의 종류와 설명을 적는다. 라이선스가 없으면 기본 저작권법이 적용되고, 라이선스를 선택함으로써 어떤 범위만큼 내 코드를 복제, 배포, 재생산 등을 허용할지 선택할 수 있다.

다음은 정상적으로 생성된 test-chapter7 리포지토리 화면이다. 리포지토리의 오른쪽에 'Public'으로 되어 있는 것으로 보아 공개 리포지토리임을 알 수 있다. [Pin] [Unwatch] [Star] 버튼을 사용하여 리포지토리를 핀하거나, 변경사항을 구독(watch)하거나 좋아요(star)를 할 수 있다. 아래를 보면 Quick Setup에 어떻게 리포지토리를 로컬로 가져올지에 대한 설명이 기재되어 있다. 우리는 소스트리가 설치되어 있다고 가정하고, [Set up in Destktop] 버튼을 눌러 지금 온라인에 만들어진 test-chapter7 리포지토리를 로컬로 복사(clone)해 올 것이다.

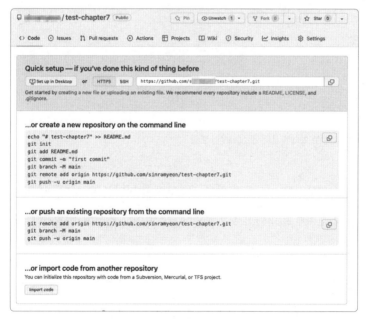

▲ 그림 7-38 test-chapter7 리포지토리 화면

▲ **그림 7-39** Open in Desktop을 눌렀을 때 소스트리로 연결되는 모습

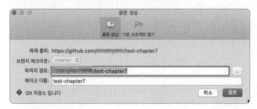

▲ **그림 7-40** 소스트리에서 test-chapter7을 복제해오는 모습

▲ **그림 7-41** 로컬로 복제된 test-chapter7의 모습

이제 복제된 리포지토리를 로컬 파일 시스템에서 찾아볼 수 있다. 이 파일
은 깃허브 리포지토리 파일과 동기화된다. 새 파일을 만들고 편집하여, 우
리가 가진 온라인 test-chapter7 리포지토리로 보낼 수 있다. 여기서는
예시로 변경사항을 저장한 이후 풀 리퀘스트를 만들어 볼 것이다. test-
chapter7 폴더 내에 README.md 파일을 하나 만들었다. 파일의 내용은
아래와 같다.

README

README.md란 보통 깃허브 리포지토리 내 아래 위치한 프로젝트 설명 파일을 뜻한다.

Installation

프로젝트의 설치 방법에 대한 내용을 기입하거나

```bash
pip install readme-test
```

Usage

혹은 사용법에 대한 안내를 적기도 한다.

```python
import readme-test

# returns 'hello'
readme-test.sayhello()
```


Contributing

컨트리뷰트(참여)에 대한 안내사항을 적어두면 타 개발자들이 관심이 있을 때 도움이 된다.

License

라이선스를 적합하게 사용하고 정의한다.

[MIT](https://choosealicense.com/licenses/mit/)

소스트리를 이용해 간편하게 README.md 파일을 커밋하고 푸시해본다. 바뀐 파일을 클릭해야 그 파일이 포함되므로 유의한다.

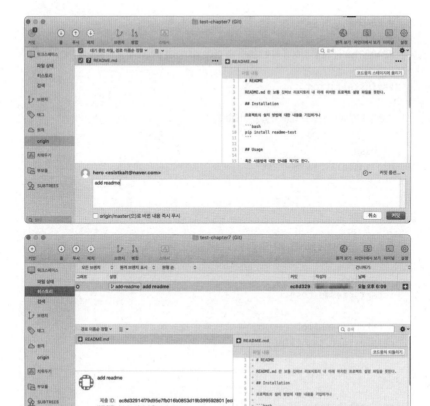

▲ 그림 7-42 소스트리 내 README.md 파일을 커밋하는 모습

커밋이 끝났다면 위 [푸시] 버튼을 눌러 변경된 커밋 사항을 main 브랜치로
푸시해 보자. 이렇게 하면 로컬에서 변경된 파일이 온라인 리포지토리로 올
라가게 된다.

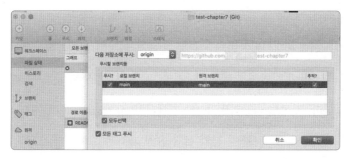

▲ 그림 7-43 소스트리 내 README.md 파일 변경사항에 대한 커밋을 푸시하는 모습

파일이 푸시되면 리포지토리를 재확인해보자. 아래에 멋진 설명 파일이 추가되었다. 이렇게 리포지토리 폴더 아래에 바로 존재하는 README. md(마크다운 파일)는 각 리포지토리 메인 페이지 하단에 바로 나타난다. 자신의 리포지토리를 설명하는 글을 리포지토리마다 준비한다면 훨씬 더 이해가 쉽고, 나와 같이 작업할 수 있는 미래의 개발자들에게도 도움이 된다. 개인 프로젝트라 하더라도 이런 README.md 파일을 준비해 두는 것은 좋은 습관이 된다.

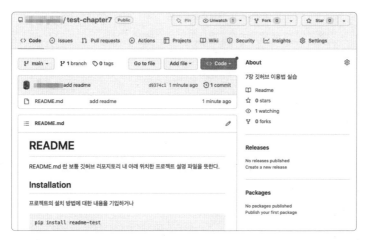

▲ 그림 7-44 깃허브 test-chapter7 리포지토리에 추가된 README.md 파일

지금은 main 브랜치에 변경사항을 바로 푸시했다. 그렇다면 다른 사람이 가진 리포지토리이거나, 내가 만든 브랜치 위에서 변경된 변경사항이라면 어떨까? 여러 사람이 작업하는 리포지토리일수록 풀 리퀘스트Pull Request 만들기가 중요하다. 깃허브 리포지토리 페이지에서 [Pull requests] 버튼을 눌러 보자. 이 탭에서는 각 브랜치 간의 합침 요청 개요를 보여준다. 브랜치간 변경 내용과 비교를 검토할 수 있다. 제안된 변경사항에 대한 요약을 추가하거나 커밋으로 인한 변경 내용을 다 같이 검토할 수 있다. 레이블, 마일스톤, 담당자, 개별 기여자를 멘션하거나 혹은 팀을 추가할 수 있다. 흔히 '코드 리뷰'라고 말하는 사항이 여기에서 많이 이루어진다.

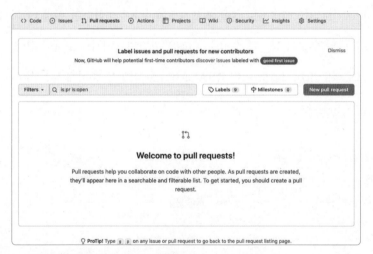

▲ 그림 7-45 깃허브의 풀 리퀘스트 페이지

풀 리퀘스트 요청을 만드는 당사자는 자신의 브랜치 위에서 변경된 파일을 커밋한 완성 변경사항을 새 풀 리퀘스트로 만든다. 커밋을 더 푸시하여 기존 풀 리퀘스트 위에 추가할 수도 있고, 이러한 커밋은 시간 순서대로 나타나며 변경 내용도 따로 탭에서 볼 수 있다. 다른 기여자는 제안된 변경 내용을 검토하고, 검토 이후 주석이나 코멘트를 추가하거나 자신이 더 다른 커밋을 추가할 수 있다. 이번에는 새로운 브랜치를 만들어 변경사항을 추가하고, 풀 리퀘스트를 만들어 보고, 그 풀 리퀘스트를 병합(수락)하도록 하자.

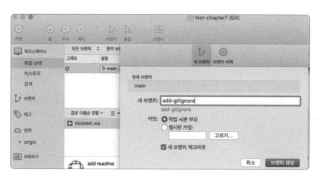

▲ **그림 7-46** 소스트리에서 새 브랜치 생성

소스트리에서 [브랜치] 버튼을 클릭해서 새 브랜치를 생성한다. .gitignore 파일을 추가해 볼 것이기 때문에 브랜치 이름을 add-gitignore로 지었다.

▲ **그림 7-47** 소스트리 내 브랜치 확인

브랜치를 생성하면 브랜치 중 내가 어떤 브랜치에서 현재 작업하고 있는지 보여준다. 우리는 이 add-gitignore 브랜치 위에서 .gitignore 파일을 추가해 볼 것이다. 사용한 .gitignore 파일은 아래와 같다.

```
*.exe
*.exe~
*.dll
*.so
*.dylib
*.test
```

Go 언어에 필요하지 않은 자동 생성 파일을 이 .gitignore 파일 안에 넣었다. 이 변경사항을 커밋한 이후, 리포지토리 사이트로 돌아가 어떤 변경사항이 있는지 확인해보자.

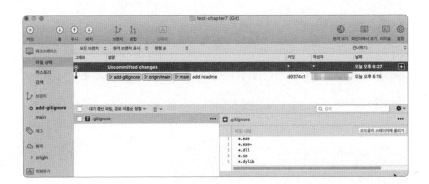

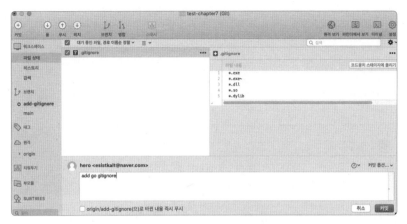

▲ **그림 7-48** 소스트리를 커밋한 후 add-gitignore 브랜치로 푸시하는 모습

앞서 [Pull requests] 탭으로 가면, 우리가 방금 푸시한 add-gitignore 브랜치가 보인다. [Compare & pull request] 버튼을 클릭해서 풀 리퀘스트를 생성할 수 있다. 풀 리퀘스트를 생성할 때에 제목과 설명을 알맞게 추가하고, 오른쪽 패널을 통해 자신이 원하는 설정을 추가할 수 있다. 'Reviewers'를 통해 리뷰할 사람을 미리 지정할 수 있으며, 'Assignees'를 통해 자신이나 해당 담당자에게 풀 리퀘스트 티켓을 할당할 수 있다. 깃허브에는 기본 레이블도 몇 가지 존재하는데, [Labels] 탭을 통하여 이 풀 리퀘스트에 어울리는 레이블을 설정해 풀 리퀘스트 리뷰에 도움을 줄 수 있다. 프로젝트나 마일스톤 등도 리포지토리 내에 존재한다면 알맞게 설정해서 생성한다.

▲ **그림 7-49** 깃허브 내 풀 리퀘스트 생성

생성한 풀 리퀘스트를 보면 #1로, 이 리포지토리 내에 생성된 몇 번째 풀 리퀘스트인지 알 수 있다. 그리고 add-gitignore를 main 브랜치로 병합하려는 리퀘스트임을 확인할 수 있다. 아래에 있는 Commits로 어떠한 커밋들이 존재하는지 확인할 수 있으며, 전체 파일이 어디에서 어떻게 변경되었는지를 Files changed로 둘러볼 수 있다. 보통 코드 리뷰를 여기에서 진행하게 된다. 어떤 파일이 어떻게 변경되었는지 살펴보고, 이것이 풀 리퀘스트의 의도와 맞은지 혹시 버그를 일으키거나 뭔가 빠진 부분이 없는지 다른 사람들이 한번 더 확인하는 것이다.

▲ 그림 7-50 풀 리퀘스트 리뷰

각 구성원은 자유롭게 풀 리퀘스트 내에 리뷰를 남길 수 있다. [Review changes]를 통해 전체적 평을 남길 수도 있고, 각 코드 줄 마다 [+] 버튼을 클릭해서 코멘트를 남길 수 있다. 이 .gitignore 파일은 괜찮아 보이지만 몇 가지 파일을 더 추가할 수 있다는 생각이 들었다면 아래와 같은 코멘트를 남길 수 있는 것이다.

▲ 그림 7-51 풀 리퀘스트 리뷰하기

리뷰를 남겼다면 풀 리퀘스트 내 리뷰를 확인할 수 있다. 병합 전에 이렇게 코드 리뷰를 통해 좀 더 안전한 개발을 이어나갈 수 있다. 기여자는 리뷰된 코드를 보고 한 가지를 더 배우고, 자신의 코드를 고칠 수 있다. 코드를 병합하기 위해 [Merge Pull Request]를 누르면 병합 커밋 메시지를 한번 더 확인하고 변경할 수 있다. 자동으로 메시지가 채워지기 때문에 큰 작업은 필요하지 않지만 필요하다면 메시지를 변경할 수도 있다.

▲ 그림 7-52 풀 리퀘스트 병합하기

병합 이후 다시 리포지토리 main으로 돌아가보면 자신의 main 브랜치에 추가된 파일이 더해져 있는 것을 확인할 수 있다.

▲ 그림 7-53 main 브랜치에 추가된 파일

깃허브를 통해 실습해보면 브랜치, 병합 등에 대해 직관적으로 이해해 볼 수 있는 것을 알 수 있다. 자신의 개인 프로젝트나 연습을 할 때도 깃허브의 많은 기능을 이용해서 깃을 사용한다면 훨씬 작업에 익숙해질 수 있을 것이다. 많은 회사에서 깃허브, 깃을 이용하고 있기에 이에 익숙해진다면 아주 큰 도움이 되는 것은 물론이다. 이러한 기본 리포지토리 작업 외에도 깃허브에는 소셜 네트워킹과 비슷한 기능도 존재한다. 오른쪽 상단의 '자신의 프로필'을 누르면 자신의 리포지토리 목록, 프로필, 팔로워 등을 확인할 수 있다. 회사 사람이나 개발자 친구들과 함께 팔로워를 늘려 나가 보는 것은 어떨까? 메인 페이지에서 그들의 최신 활동도 알아볼 수 있다.

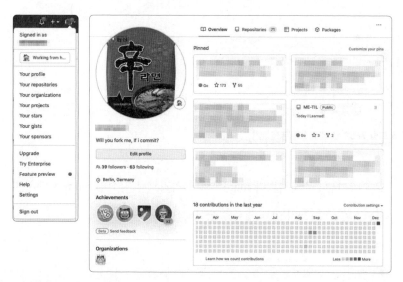

▲ **그림 7-54** 깃허브 프로필 예시

초록색으로 contributions가 보이는데, 이것은 자신이 깃허브에서 한 활동들이다. 커밋, 새 리포지토리 만들기, 병합, 풀 리퀘스트, 리뷰 등으로 나뉘는데 최신 활동을 하단에서 정리해서 보여준다. 소위 "잔디를 채운다"라는 말을 하는데, 이 contributions 창이 초록색인 데에 기인한다. 많은 잔디를 심어 많은 개빌 활동을 한 것을 시간이 지나고 본다면 아주 뿌듯할 것이다.

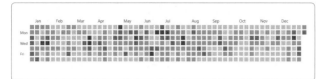

▲ **그림 7-55** 가득 찬 깃허브 contributions 창

물론 깃허브에는 이외에도 많은 기능이 있다. 차차 사용해나가면서 하나씩 알아간다면 분명히 큰 도움이 될 것이다. 특히 오픈소스 세계에 관심이 있거나 정리벽이 있는 사람이라면 더욱 추천한다. 지금부터라도 로컬이 아닌 깃허브 원격을 통한 개발 소스 관리를 시작하는 것을 추천한다. 많은 개발자가 깃허브를 통해 이력서를 쓰거나 혹은 개발 지식을 얻기도 한다. 포트폴리오를 제작하고 홍보하기에도 적격이며, 개발 블로그를 깃허브를 통해 꾸릴 수도 있다. 개발 트렌드를 확인하기에도 가장 적격이다. 깃허브를 자주 들락날락하며 많은 정보를 얻어 개발 성장의 동력으로 삼도록 하자.

7.6 깃랩

깃허브에는 익숙해도 깃랩Gitlab은 처음 들어보거나, 익숙하지 못한 사람이 많을 것이다. 깃랩은 미국에서 가장 빠르게 성장하는 사설 소프트웨어 회사 중 하나다. 깃랩은 깃 리포지토리를 관리하는 중앙 서버를 제공하고 있으며 수많은 조직에서 사용하고 있다. 깃랩은 무료 공개, 혹은 비공개 리포지토리, 버그 추적 기능 및 위키를 제공한다. 전문가가 프로젝트 계획 및 소스코드 관리에서 모니터링, 보안 요소에 이르기까지 프로젝트 내의 모든 작업을 관리하고 수행할 수 있는 완전형 데브옵스(DevOps) 플랫폼인 것이다.

팀이 협업하고, 더 나은 프로젝트 소프트웨어를 구축하기에 아주 적합하다고 할 수 있다. 무료로도 사용할 수 있고, 프리미엄 버전은 사용자당 월 19달러(2023년 8월 기준)만 내면 사용할 수 있다. 깃랩 사용의 주요 이점은 모든 팀원이 프로젝트의 모든 단계에서 협업할 수 있게 되는 것이다. 여기까지 보면, 깃허브와 동일하다고 생각할 수도 있다. 그렇다. 비슷한 기능을 한다. 그렇지만 몇 가지 차이점은 분명하다. 어떠한 분야에서는 깃랩이, 어떠한 분야에서는 깃허브가 우세하다.

깃허브와 깃랩 모두 최소한의 하드웨어 요구사항을 필요로 한다. 설치도 간편하며 구조도 이해하기 쉽다. 백업이나 관리 보드, 업그레이드, 아키텍처와 범용성, 오류 대처 방식에서 깃허브와 깃랩은 약간의 차이가 있고 서로의 우위가 갈린다.

깃랩 VS. 깃허브
깃랩 홈페이지에서 깃허브와 깃랩 간의 차이를 표로 설명한 페이지가 있고, 반대로 깃허브에서 깃랩 관련 코드를 찾아볼 수도 있으니 이 둘을 비교하고 싶다면 아래 사이트에 나온 내용을 참고하자.

https://about.gitlab.com/devops-tools/github-vs-gitlab/
https://github.com/gitlabhq

깃랩은 깃허브와 거의 동일하지만, 깃랩의 기능도 간단히 알아보자. 깃랩은 팀을 동기화할 수 있는 강력한 도구를 제공한다. 코드 생성, 보기, 관리가 가능하고 브랜치 도구를 통해서 프로젝트 데이터를 관리할 수 있다. 자동 버그 보고 및 테스트를 통해서 프로덕션 코드에 엄격한 품질 표준을 적용할 수 있다. 깃랩 내 기능을 통해서 다양한 테스트 유형이 제공되고 있으며 코드 품질에 대한 빠른 피드백도 제공한다. 내장된 패키지 관리 기능은 팀이 애플리케이션 및 종속성을 패키징하고 아티팩트를 빌드하며 컨테이너를 쉽게 관리할 수 있도록 한다.

보안 또한 여러 테스트를 제공해서 소프트웨어 릴리스에 안전을 더한다. 깃랩을 사용하면 이러한 릴리스를 확인, 정렬 및 자동화가 가능하여 프로그래밍 개발 주기가 크게 단축되고 프로세스가 간소화된다. 모니터링 기능도 간편하게 사용할 수 있다. 무엇보다 무료다. 무료 버전은 5GB 저장 장소, 월당 10GB 전송, 400분의 CI/CD 사용, 5명의 사용자까지 제공한다. 프리미엄이나 얼티메이트 버전도 존재하기에 회사의 필요에 따라 이용하면 된다.

7.6.1 깃랩 이용하기

깃허브와 마찬가지로 무료 계정으로 가입해서 깃랩을 시작해보자. 깃랩에서 코드베이스를 호스팅할 프로젝트를 쉽게 만들 수 있다. 또한 프로젝트는 공개, 내부 공개, 혹은 아예 비공개로도 사용할 수 있다. 깃랩에서는 비공개 프로젝트의 수는 제한하지 않는다. 프로젝트에는 리포지토리, 버그 트래커, 이슈 보드, 다중 이슈 보드, 브랜치, 태그, 웹 IDE 기능 등이 포함되어 있다.

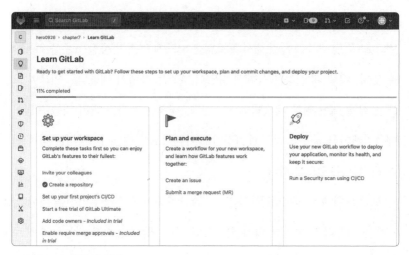

▲ 그림 7-56 깃랩 첫 화면

깃랩에 처음 가입해서 들어가면 따라할 수 있는 안내를 제공하고, 자신의
첫 리포지토리를 생성해 볼 수 있다. 아래 실습을 따라하면서 자신의 깃랩
리포지토리를 생성해 보자.

▲ 그림 7-57 깃랩에서 첫 리포지토리 생성하기

그룹과 프로젝트 이름을 설정한다. 그룹 이름은 자신의 아이디라고 생각하면 된다. 고유한 값이므로 중복될 수 없다. 프로젝트 이름은 자신의 아이디 아래 여러 프로젝트를 만들 수 있으므로 그에 맞게 설정하면 된다.

▲ **그림 7–58** 깃랩 리포지토리 내 친구 추가

깃랩 또한 혼자 사용하는 목적 외에도 팀끼리 사용하는 것을 기초로 만들어졌기에, 역할을 정해서 동료들을 초대할 수 있다. 언제까지 작업 권한을 줄지도 설정할 수 있어 편리하다. 생성이 끝났다면, 왼쪽에 문서 아이콘인 [리포지토리] 탭으로 들어가 보자. 자신이 방금 생성한 리포지토리에 접근할 수 있다. 깃허브와 비슷한 UI이므로 쉽게 익숙해질 수 있을 것이다.

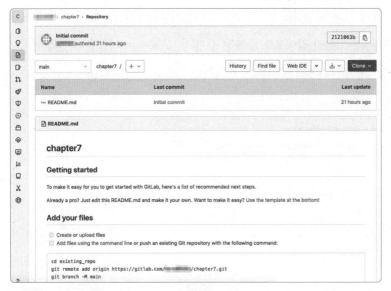

▲ 그림 7-59 깃랩 리포지토리

왼쪽에 있는 깃랩 아이콘을 눌러 프로젝트를 확인할 수 있다. [View all projects]를 눌러 자신이 가진 프로젝트를 확인해 보자. 오른쪽에 있는 [New project]를 클릭하면 새 프로젝트를 만들 수 있다.

▲ 그림 7-60 깃랩 프로젝트

프로젝트를 생성하는 방법도 다양한데, 아예 빈 프로젝트를 만들 수도 있고 템플릿을 이용할 수도 있다. 기존에 존재하던 프로젝트를 불러오거나 CI/ CD용으로도 제작할 수 있다.

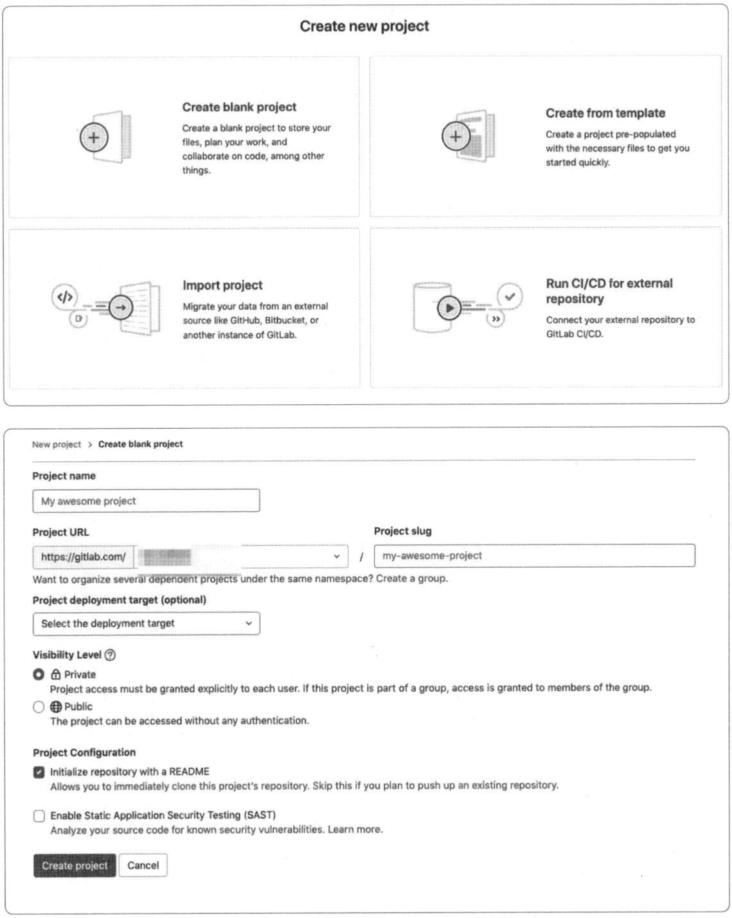

▲ **그림 7-61** 깃랩 프로젝트 생성

어떤 프로젝트를 생성했든 아마 아래와 같은 안내창이 나올 것이다. SSH 키를 프로필에 추가해야 한다는 내용인데, 자신의 리포지토리를 다운로드 하거나 변경사항을 푸시하기 위해서는 이 작업이 필수다. 깃랩은 SSH 키를 이용해서 깃과 서버 간의 보안 통신을 지원하기 때문에 SSH 프로토콜을 이용해서 매번 아이디나 비밀번호 입력 없이도 깃랩 서버에 접속할 수 있게 하는 것이다.

　SSH를 지원하는지 알아보기 위해서는 자신의 명령행에 ssh -V를 입력한다. ssh가 제대로 설치되어 있다면 키 페어를 생성하기 위해 ssh-keygen 명령어를 입력한다. ssh 키가 생성되면, 보통 맥 기준 /home/user/.ssh/ id_rsa.pub으로 저장된다. 아래는 id_rsa.pub 파일의 예시다.

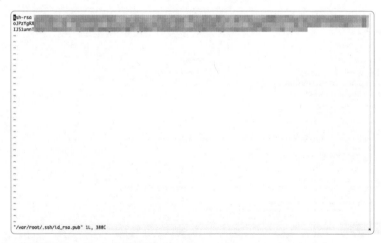

▲ **그림 7-62** id_rsa.pub 파일 예시

이후 프로젝트의 Add SSH key 페이지로 들어가서 이 파일을 붙여 넣는다. 이후 깃랩 내 파일에 대해 자유롭게 이 ssh 파일이 있는 컴퓨터에서 접근할 수 있다.

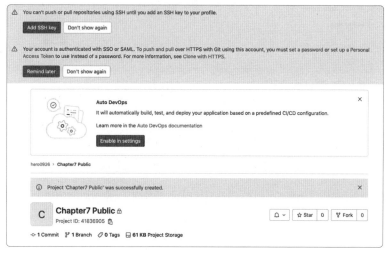

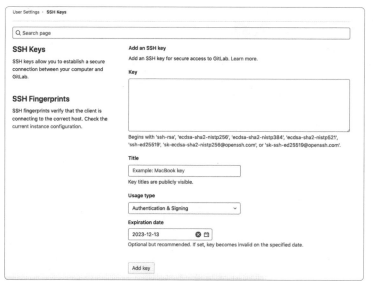

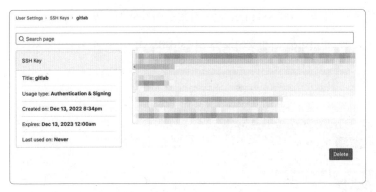

▲ 그림 7-63 SSH Key 추가

깃허브를 실습할 때와 같은 방식으로 로컬에 이 리포지토리를 다운로드하고, 커밋한 후 병합 요청을 생성해보자. 오른쪽의 [Clone] 버튼을 클릭하면 git clone 명령어로 이 원격 리포지토리를 복사해 올 수 있다. 이번에는 명령행으로 실습해 보자.

▲ 그림 7-64 깃랩 리포지토리의 Clone 메뉴

clone with SSH 옆에 있는 아이콘을 눌러 주소를 복사하자. 명령행 창에서 git clone 명령어 옆에 클론할 주소를 복사한다.

```
●●●                            -bash                            ⌥⌘1
(base) ████:~ ██████$ git clone git@gitlab.com:██████/chapter7.git█
```

▲ 그림 7-65 깃랩 리포지토리 Clone 메뉴

이제 파일을 변경하고, 앞서와 같은 방식으로 커밋과 푸시를 해 본다. 이번
에는 이미 깃랩에서 만들어 준 README.md 파일이 존재하고 있다. 이
README.md 파일을 자유롭게 변경한 후 푸시한다. 깃을 명령어에서 다
루는 방법은 다음 화면으로 대신한다.

```
(base) ████████ ██████$ git status
On branch main
Your branch is up to date with 'origin/main'.

Changes not staged for commit:
  (use "git add <file>..." to update what will be committed)
  (use "git checkout -- <file>..." to discard changes in working directory)

        modified:   README.md

no changes added to commit (use "git add" and/or "git commit -a")
(base) ████████ ██████$ git add *
(base) ████.chapter. ██████$ git commit -m "add comments on README.md"
[main 438d346] add comments on README.md
 1 file changed, 1 insertion(+)
(base) ████████ ██████$ git push
Enumerating objects: 5, done.
Counting objects: 100% (5/5), done.
Delta compression using up to 12 threads
Compressing objects: 100% (2/2), done.
Writing objects: 100% (3/3), 318 bytes | 318.00 KiB/s, done.
Total 3 (delta 1), reused 0 (delta 0)
To gitlab.com:██████/chapter7.git
   2121063..438d346  main -> main
```

▲ 그림 7-66 깃랩 리포지토리에 커밋을 푸시하는 모습

프로젝트에서 자신이 변경한 파일이 적용되어 있는 모습을 확인할 수 있다.
깃허브와 같이 브랜치를 나눠 풀 리퀘스트를 만들고, 병합을 하는 실습도
따라해 보자. 위 기능이 깃허브, 혹은 깃랩을 쓰면서 가장 자주 그리고 처음
쓰게 될 기능이다.

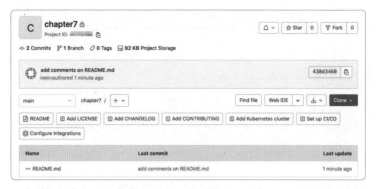

▲ 그림 7-67 깃랩 리포지토리에 커밋이 반영된 부분

풀 리퀘스트를 만들기 위해 새로운 브랜치에서 변경사항을 저장하고 푸시해 보자. 아래 실습 화면은 branch-test라는 새 브랜치에서 변경한 파일을 커밋하고 푸시하는 모습이다. 아래를 보면 `git push -set-upstream origin branch-test`라는 익숙치 않은 명령어가 보인다. 이 명령어는 새로 만든 브랜치에서 upstream 브랜치(호스팅하는 원격 브랜치)를 설정한 후 원격 리포지토리에 푸시하고 있는 것이다.

```
(base) ████████ ███████ git checkout -b branch-test
Switched to a new branch 'branch-test'
(base) [           ] vi README.md
(base) [           ] git commit -a -m "use branch"
[branch-test 8016696] use branch
 1 file changed, 1 insertion(+), 1 deletion(-)
(base) ████████ ████████$ git push
fatal: The current branch branch-test has no upstream branch.
To push the current branch and set the remote as upstream, use

    git push --set-upstream origin branch-test

(base) ████████ ████████, git push --set-upstream origin branch-test
Enumerating objects: 5, done.
Counting objects: 100% (5/5), done.
Delta compression using up to 12 threads
Compressing objects: 100% (2/2), done.
Writing objects: 100% (3/3), 286 bytes | 286.00 KiB/s, done.
Total 3 (delta 1), reused 0 (delta 0)
remote:
remote: To create a merge request for branch-test, visit:
remote:   https://gitlab.com.████████'chapter7/-/merge_requests/new?merge_request%5Bsource_branch%5D=branch-test
remote:
To gitlab.com:████████chapter7.git
 * [new branch]      branch-test -> branch-test
Branch 'branch-test' set up to track remote branch 'branch-test' from 'origin'.
```

▲ 그림 7-68 깃랩 브랜치 푸시

위와 같이 푸시하고 나면 리포지토리 내 main 페이지에 새 알림이 뜨는데, 깃허브 때와 동일하게 새로운 변경사항이 새 브랜치에 푸시되었으므로 병합 요청을 만들 수 있음을 알리는 알림이다. [Create merge request]를 누르면 새 병합 요청을 만들 수 있다. 이 기능으로 main 브랜치에 자신의 변경사항을 병합할 수 있다.

▲ 그림 7-69 깃랩 리포지토리에 병합 요청을 생성

병합 요청을 만들고, 리뷰하고, 병합하는 수순은 깃허브와 거의 동일하다. 간단한 UI를 통해 누구나 쉽게 코드를 리뷰하고 병합할 수 있다. 아래는 깃랩 내에서 병합 요청을 다루는 예시다.

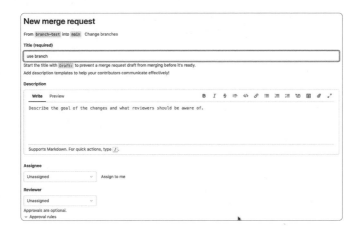

▲ 그림 7-70 깃랩 리포지토리에 병합 요청 코드 리뷰와 병합 예시

이외에도 깃랩 내에는 다양한 기능이 있으며, 깃랩을 이용하면 팀 활동이 훨씬 다채로워지고 정리가 편해진다. 코멘트와 스레드 달기, 이슈 관리, 마일스톤과 각 이슈별로 걸린 시간을 확인할 수 있고, 포트폴리오 관리도 가능하다. 애플리케이션 내 오류를 트래킹하거나 인프라스트럭처를 코드로 관리할 수도 있다. docs.gitlab.com을 참고하면 여러 활용 예시가 나오니 참고하면 좋다.

7.7 대안 옵션: 비트버킷

소스트리 설치 시 비트버킷Bitbucker에 대한 창이 떴던 것을 기억할 것이다. 비트버킷 또한 전문 팀을 위해 설계된 좋은 깃 리포지토리 관리 솔루션 중 하나다. 깃 리포지토리를 관리하고, 소스코드에 대해 공동 작업하고, 개발 흐름에 유연성을 제공한다. 특히 뛰어난 지라 통합 기능, 내장 CI/CD를 제공한다. 좀 더 무료에 가까운 개인 저장소와 간단한 설정, UI 도구는 비트버킷의 장점이다.

비트버킷은 아틀라시안이 소유한 웹 기반 버전 관리 저장소 호스팅 서비스로, 이것이 깃허브와의 주요 차이점이라고 할 수 있다. 아틀라시안의 많은 서비스를 사용하는 곳이라면 비트버킷을 사용하는 것이 이점이 될 수 있다.

7.8 정리하기

개발자의 SNS라고도 불리는 깃허브를 둘러본 기분이 어떤지 궁금하다. 자신의 과제나 일기 등에도 버전 관리 시스템을 도입해 볼 생각이 들었을지도 모른다. 이 장에서 우리가 알아본 내용은 정말 유용하므로 단지 개발자들만이 활용하는 것이 아닌, 최근에 들어서는 디자이너나 기획자도 깃허브 정도는 확인하는 경우가 많다. 많은 온라인상의 코드를 탐험하고 버전 관리에 익숙해지도록 하자. 정말로 회사에 불이 나더라도 내 코드는 안전할 것이다.

8장

테스트,
모니터링,
API 문서

개발에 필요한 총 시간 중 어느 것에 가장 시간이 많이 들어갈까? 코드를 짜는 것?
혹은 이전에 했던 환경으로 다시 설정하는 것? 많은 시간 중 하나를 차지하는 것이
바로 개발한 제품을 테스트하고, 관련 문서를 쓰는 것이다. 개발한 소프트웨어가 안전
한지는 역시 테스트를 통해서 알 수밖에 없다. 또한 소프트웨어의 모든 이용자가 개발
자는 아니다. 또 개발자라고 해서 코드를 보고 모두 이해할 수 있는 것은 아니다. 그들
을 위해 이해할 수 있게 작고 간편하게 정리된 문서가 필요하다. 갑자기 발생한 오류
나 갑자기 몰린 사용자에 대한 처리는 어떻게 해야 할까? 이런 것을 광범위하게 살펴
볼 차트 패널이나 알림 서비스가 있다면 편안하지 않을까? 이 장에서는 이러한 개발
도구를 알아본다.

완성된 소프트웨어의 기능을 어떻게 하면 확실하게 이용할 수 있을지 알아보자

- 소프트웨어 테스트 도구를 알아보자. API를 어떻게 활용하는지에 대한 좋은 실습이 될 것이다.

- 모니터링과 관련해서 여러 도구를 보고 차트를 읽을 수 있다.

- API 문서를 직접 작성하고 이용해보자.

8.1 포스트맨

정석 씨가 입사한 지도 꽤 많은 시간이 지나고 있었다. 처음에는 분명 환경설정에도 버벅거리던 정석 씨였는데, 이제는 어엿하게 몇 개의 버그를 고치고, 새로운 기능도 릴리스하는 어엿하고 멋진 개발자가 되어 있었다. 그렇다면 그 다음은? 버그를 고친 후에는, 기능을 새로 만든 후에는 무슨 일을 해야 할까?

오늘은 정석 씨의 기능 테스트 날이다. 전에는 기획자와 선배 몇 분이 도와주던 테스트를 처음으로 정석 씨가 진행하게 된 것이다. 그들이 추천한 것은 바로 포스트맨이었다. 이전에 몇 번 API를 직접 사용하는 것을 구경한 기억은 있었지만 직접 사용해본 적은 없었기 때문에 '내가 만든 API를 내가 직접 사용해 보는구나!'라는 기대가 되었다. 그리 복잡하지 않아 보이는 UI, 포스트맨을 설치해서 자신의 API 세트를 설정한 정석 씨는 가슴이 뛰었다.

API를 사용하는 도구를 설명하기 전에 API가 무엇인지부터 짚고 넘어가자. API는 Application Programming Interface의 머리글자라는 고리타분한 설명을 해도 이해하기가 쉽지 않다. 많은 곳에서 API라는 용어는 들어봤을 것이다. API는 마법의 코딩 상자와 다름없다. API를 통해 기업은 소프트웨어의 데이터와 기능을 외부에 공개할 수 있다. API를 이용하면 서비스나 제품이 규격화된 인터페이스를 통해 서로 통신하고 서로의 데이터와 기능을 활용할 수 있게 된다.

API를 이용하는 사람들은 이 코드의 구현 방법이나 프로그래밍 언어에 대해 전혀 알 필요가 없다. 단순하게 인터페이스를 이용해서 기능을 꺼내 쓰기만 하면 된다. 포스트맨은 이 API에 사용되는 소프트웨어 중 하나다. 단순한 예를 들어보자. 우리는 휴대폰에서 날씨 앱을 자주 사용한다. 이 날씨 앱에서는 API를 통해 날씨 정보를 전해 주는 서버와 통신하여 휴대폰에 최신 날씨 정보를 불러온다. 날씨 앱 개발자는 날씨 정보를 계산하거나 관련된 코드를 전혀 몰라도 상관없다. 날씨 API를 이용하면 원하는 지역의 일간, 주간, 월간 날씨를 가져와서 사용할 수 있기 때문이다.

그렇다면 API는 어떻게 작동하는 걸까? API 아키텍처는 일반적으로 클라이언트와 서버 측면에서 이해하면 쉽다. 요청을 보내는 애플리케이션을 클라이언트, 응답을 보내는 쪽이 서버다. 날씨 앱에서 기상청의 날씨 데이터베이스는 서버이고 모바일 앱은 클라이언트인 것이다. API에는 요청, 엔드포인트, 컬렉션, POST, PATCH, GET 등의 메서드, REST 형식 등 자주 등장하는 용어도 존재한다. 우선 API가 만들어진 때에 따라 네 가지 방식의 종류가 존재한다. 여기는 최근 가장 자주 쓰이는 REST API에 대해서만 다루기로 한다.

API의 종류
API의 종류에는 REST API 외에 SOAP API, RPC API, Websocket API가 있다.

REST API는 오늘날 웹에서 가장 많이 사용되고, 가장 유연한 API다. Restful이라고도 불리며, 가장 큰 특징은 클라이언트와 서버가 완전히 분리되어 있어 상태를 어딘가에 저장해놓지 않는다는 점이다. 이전에는 서버에 저장된 콘텍스트 정보 등을 이용할 수 없기 때문에, 클라이언트에서 서버로 요청을 할 경우 필요한 모든 정보를 포함해야만 한다. 이러한 접근 방식에는 GET, PUT, DELETE 등의 메서드가 존재한다. 우리가 주로 듣는 용어 중 자바 API, 웹 API 등이 있다. 더욱 더 API라는 개념이 모호해질 수도 있다. 이렇게 설명하면 어떨까? 모든 웹 서비스는 API지만, 모든 API가 웹 서비스는 아니다. 방금 배운 REST API는 특수한 유형의 표준 아키텍처 스타일을 사용하는 웹 API다.

API와 관련된 용어에 대해서도 간략히 알아보자. API 엔드포인트Endpoint란 API 통신 시스템의 전화번호부와 같은 것이다. 여기에는 서버 URL이나 서비스 및 시스템 간 정보가 수신되는 위치 같은 것이 포함되어 있다. API 엔드포인트는 시스템을 공격 받게 할 수도 있다. 예를 들어 송금을 하는 API가 있다고 가정해보자. 어떤 해커가 이 송금 엔드포인트를 해킹해서, 다른 사람의 계좌에서 해커의 계좌로 1000만 원씩 송금해 버린다면 어떻게 될까? API를 모니터링하는 것은 이러한 오용을 방지하기 위해서 굉장히 중요하다. API 요청이란 이렇게 API를 사용하겠다는 요청을 의미한다. 프로그래밍 세계에서 한글보다는 영어를 그대로 쓰는 경우가 많기 때문에 유의해두면 좋다.

포스트맨은 이 API에 사용되는 소프트웨어다. 편리하게 사용할 수 있는 HTTP 요청을 테스트하는 HTTP 클라이언트인 것이다. 이를 통해 API별로 다양한 응답을 얻을 수 있다. 포스트맨은 접근성이 높기 때문에 컴퓨터에 포스트맨 애플리케이션이 설치되어 있고, 로그인하기만 하면 언제 어디서든 사용할 수 있다. '컬렉션'이라는 것을 통해서 사용자가 하위 폴더 내 여러 요청을 구성할 수 있다. 요청을 내보낼 수도 있고 저장할 수 있어 공유가 편리하다. 여러 환경을 사용한다면, 동일한 컬렉션을 서로 다른 환경에 사용할 수 있으므로 테스트 반복을 줄이는 데 아주 큰 도움이 된다. 테스트 자동화와 디버깅 등에도 도움을 주는 유용한 도구인 포스트맨의 사용법을 바로 알아보자.

8.1.1 포스트맨 설치하기

포스트맨을 설치하는 방법에 대해서는 저자의 개발 블로그 중 '8장. 테스트, 모니터링 등 → 맥에 포스트맨 설치하기'를 참고한다.

▶ https://blog.naver.com/sh_kim_0926/222966725750

8.1.2 포스트맨 활용하기

다음은 포스트맨의 시작 화면이다. 우선 UI에 익숙해져 보자.

▲ 그림 8–1 포스트맨 시작 화면

왼쪽에 있는 [New] 버튼을 통해서 새 API 요청 혹은 컬렉션이나 환경을 만들 수 있다. [Import] 버튼은 이미 존재하는 컬렉션이나 환경을 가져올 수 있는데, 파일이나 폴더 혹은 URL 링크와 같은 텍스트에서도 가져올 수 있다.

왼쪽에 있는 [Collections] 탭을 보자. 이 탭을 통해 컬렉션을 만들어 테스트 모음을 구성할 수 있다. 각 컬렉션 내 하위 폴더나 여러 요청이 있을 수 있고, 이것을 복제해 올 수도 있다. 오른쪽 탭에서 요청을 실제로 전송할 작업 중인 요청 이름을 지정해서 보기 편하게 관리할 수 있고, GET, POST, COPY, DELETE와 같은 다양한 요청의 드롭다운 목록을 선택할 수 있다.

각 API를 실습하기 전에 GET, POST 등의 API 종류에 대하여 알아보자. 보통 API의 종류는 CRUD, 즉 Create, Read, Update, Delete로 나눠진다.

GET 요청에서는 Read, 즉 지정된 리소스의 데이터를 요청해 읽어오는 작업을 수행한다. POST 요청은 리소스를 생성하기 위해 서버에 데이터를 전송한다. Create와 Update에 모두 쓰인다고 생각하면 된다. PUT 요청 또한 생성하고 업데이트하기 위해 데이터를 전송하지만 POST와 차이가 있다. POST의 경우 요청값의 결과로, 각 요청마다 새로운 결괏값을 제공하지만 PUT의 경우 동일한 결괏값을 제공한다. 예를 들어, 생성(Create)을 위해 POST를 사용했다면 N개의 요청마다 N개의 리소스가 생성되는 것이다. 반대로 PUT 요청을 사용했다면 N개의 요청에도 하나의 리소스만 생성된 채로 정보를 계속해서 덮어쓴다. PATCH에서는 업데이트와 비슷한 역할을 수행하며, Delete에서는 지정된 리소스를 삭제한다.

GET 요청부터 알아보자. GET 요청은 주어진 URL에서 정보를 검색하는 데 사용된다. HTTP 요청을 GET으로 설정하고, 요청 URL 필드에 링크를 입력한 후 보낸다. '200 OK' 메시지가 하단에 나타나면서 자신이 얻으려던 정보가 나타난다.

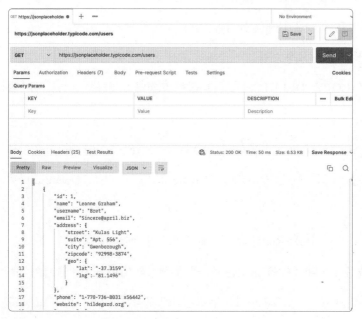

▲ 그림 8-2 포스트맨에서 GET 요청

여기서 잠시 '200 OK'가 무슨 뜻인지 짚고 넘어가자. 'HTTP 상태 코드'라고도 하는 HTTP 요청마다 얻는 서버의 응답 코드다. 상태 코드에 따라 우리는 성공과 실패 여부를 판단할 수 있다. 크게 1, 2, 3, 4, 5로 시작하는 세 자리 수의 코드로 나뉜다.

▼ 표 8-1 HTTP 상태 코드 분류

상태 코드	의미
1XX(Informational)	조건부 응답
2XX(Successful)	성공
3XX(Client Error)	리다이렉션 완료
4XX(Client Error)	요청 오류
5XX(Server Error)	서버 오류

우리가 받은 상태 코드 200의 경우 요청이 성공적으로 수행되었음을 의미한다. 주로 GET 요청에 대한 응답이기도 하다.

이번에는 POST 요청을 알아보자. POST 요청은 사용자가 실제 데이터를 변경하거나 추가할 수 있다.

▲ 그림 8-3 포스트맨에서 POST 요청(상단)

URL 아래의 [Body] 탭을 클릭해보자. 여기에 자신이 원하는 형식의 데이터를 넣고 POST API를 사용할 수 있다. [Raw]를 클릭하고 옆 [Text] 버튼을 누르면, 어떤 방식의 데이터를 생성할 것인지 고를 수 있다. 일반적으로 JSON값을 활용하여 데이터를 POST하곤 한다. 이 방식은 각 API마다 상이하므로 API에 맞는 방식을 고른다.

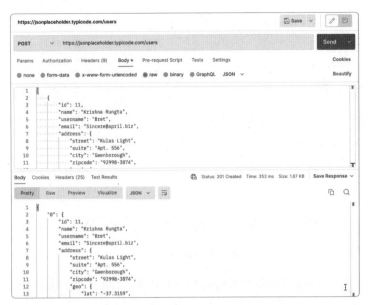

▲ 그림 8-4 포스트맨에서 POST 요청(하단)

JSON을 보기 편하게 만들어주는 도구

API에 JSON값을 활용할 경우 등 JSON을 사용할 때 JSON의 괄호나 문장 부호에 오류가 있는 경우 혹은 너무 길어서 탭이나 보기가 불편한 경우가 많다. 그럴 때는 JSON을 보기 편하게 만들어주는 도구가 있다. 아래 URL에서 확인해보기 바란다.

https://jsonformatter.org/json-pretty-print

요청 이후 '201 Created'라는 상태 메시지가 나온다. 이 코드는 요청이 성공적으로 수행되었으며 그 결과로 새로운 리소스가 생성되었음을 의미한다. 주로 POST 요청에 대한 응답이다. 방금과 같이 JSON값을 모두 하나씩 입력할 수도 있지만, 데이터를 매개변수처럼 사용할 수도 있다. 이

것은 포스트맨의 가장 유용한 기능 중 하나라고 할 수 있다. 오른쪽의 [No Environment] 옆 아이콘을 눌러서 [Environment], 즉 [환경변숫값] 탭을 열어보자.

▲ **그림 8-5** 포스트맨의 [환경변숫값]

환경에 대한 변수를 따로 저장하고 분류할 수 있다. 변수 이름을 입력하고 거기에 해당하는 기본값과 현재 설정할 값을 따로 설정하거나 초기화할 수 있다. 팀의 일원으로 환경변숫값을 변경하는 경우, 편집 접근 권한이 있는 경우에만 초깃값을 변경할 수 있다. 공유된 환경의 모든 환경변수에 대해 접근할 수 있지만, 보통 읽기 전용 접근만이 주어지기도 하기 때문에 알아 두어야 할 내용이다.

이 초깃값은 포스트맨 서버를 사용해서 계정에 동기화되기 때문에 모든 공동 작업자와 공유된다. 현재 값(Current Value)의 경우 나의 로컬 인스턴스 에서만 사용되며, 동기화가 유지하도록 따로 설정하지 않는 한 계정과 동기 화되거나 팀과 공유되지 않는다. 이 매개변수를 사용할 때는 {{변수 이름}}으로 값을 가져와서 사용한다.

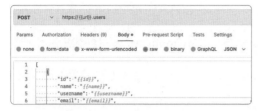

▲ 그림 8-6 포스트맨에서의 매개변수 사용법

여태까지는 인증 없이 API의 단순 실습을 해 봤지만 보통 API에서는 인증을 사용하여 클라이언트 요청이 데이터에 안전하게 접근하도록 한다. 요청을 보내는 발신자를 인증하고 관련 데이터에 접근하거나 조작할 권한이 있는지 확인하는 것이다. 포스트맨에서 보내는 모든 요청에 이러한 인증 세부 정보를 전달할 수 있다. 인증 데이터는 헤더, 본문 및 요청에 대한 매개변수로 포함될 수도 있다. [인증] 탭에 인증 세부 정보를 포함하면, 포스트맨이 선택한 인증 유형에 대한 요청 부분을 자동으로 채워준다. 이전에 시도한 변수를 이용해서 인증 정보를 보다 안전하고 효율적으로 정의해서 여러 위치에서 동일한 정보를 재사용할 수 있다.

▲ 그림 8-7 포스트맨 [인증] 탭

URL 하단의 [Authorization] 탭을 살펴보자. 'Type'에서 아주 다양한 인증 유형을 선택할 수 있다. 포스트맨에서는 요청을 실행하기 전 데이터가 어떻게 전송되는지도 미리 보여준다. 인증 데이터는 Headers의 [Hidden] 탭 등에서 확인할 수 있다.

포스트맨에서 컬렉션은 저장된 요청이나 워크플로우 혹은 테스트 모음이다. 실행을 예약하거나 모니터링을 설정해 놓고 자동화된 방식으로도 실행할 수 있기에 테스트 자동화에 아주 유용하다. 특정 시간에 혹은 애플리케이션에서 특정 이벤트가 발생할 때 실행할 수 있기 때문에 편리하다.

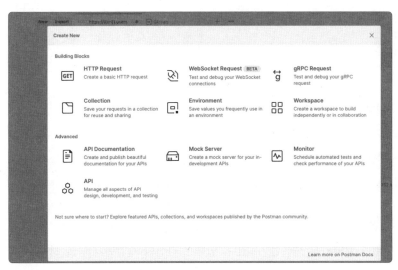

▲ **그림 8-8** 포스트맨의 [New] 메뉴

왼쪽에 있는 [New] 버튼을 클릭하고 새 컬렉션을 생성해보자. 컬렉션 실행을 통해 API 테스트를 자동화할 수 있다. 컬렉션 안에 요청을 여러 개 만들수 있으며, 컬렉션을 한번에 실행시킬 수 있다. [Run] 버튼을 눌러 컬렉션을 한번에 실행시켜 API를 여러 개 요청할 수 있다. 그룹화된 테스트를 간단히 세분화하거나 조직화해서 실행한다. 특히 이런 기능은 API를 타인과 공유할 때에 아주 편리하다.

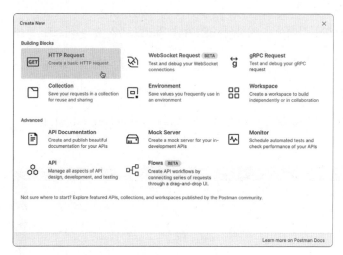

▲ 그림 8-9 포스트맨에서 새 요청 만들기

자신이 타인과 공유하기를 원하는 컬렉션이나 API 요청을 마우스로 우 클릭하면 'Export' 옵션이 나온다. JSON 파일로 자신의 API 요청을 전달할 수 있다. 회사에 처음 입사했을 때, 보통 다른 선배로부터 이렇게 API 요청 파일을 받아와서 적용할 수 있다. 반대로 자신이 개발한 기능을 모두 테스트한 후 기획자에게 API 요청 JSON 파일을 간단하게 전달할 수 있다. 이렇게 포스트맨을 사용하면 정확한 코드나 API 사용법에 대해서 익숙하지 않아도 공유받은 파일을 통하여 간단히 API에 직접 접근하고 또 사용할 수 있다.

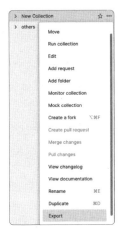

▲ **그림 8-10** 포스트맨에서 컬렉션 공유하기

포스트맨의 더 많은 기능에 대해 포스트맨 공식 홈페이지에서도 문서를 공유하고 있다. 각 분야별 문서는 아래 페이지를 참고한다.

▶ https://learning.postman.com/docs/getting-started/introduction/

8.2 모니터링 도구

개발과 버그는 떼려야 뗄 수 없는 존재인 걸까? 분명히 포스트맨으로 몇 번이고 테스트를 해 본 기능이고, 어제까지만 해도 잘 되던 것이 갑자기 오늘 새벽에 안 되었다고 한다. 다행히 급한 기능은 아니어서 정석 씨는 평소처럼 9시에 출근하여 자신이 개발한 부분 중 어떤 부분에 오류가 있었는지 살펴보고 있었다.

"새벽에 갑자기 그런 일이 있었다고 해서 놀라셨죠? 너무 걱정하지 마세요. 그래도 여러 방법으로 어떤 문제가 있는지는 계속 살펴보고 있으니까요."

매일 도움을 주던 선배가 정석 씨만의 잘못이 아니라는 듯 다독여 주었다. 그런데 이 새벽에 발생한 문제는 누가, 언제, 어디서, 어떻게 알아낸 것일까? 매시간 홈페이지의 모든 기능을 시험해 보거나 고객에게서 불평이 오는 것만을 기다리고 있을 수도 없는 노릇이었다. 많은 고객이 한꺼번에 몰리거나 기능에 오류가 발생했을 때, 데이터베이스가 과열됐을 때 우리는 어떻게 그 사실을 바로 전달받을 수 있을까?

개발에는 많은 기능과 많은 서비스가 필요하고 많은 지표를 보고 관리해야만 한다. 그러므로 시각화가 아주 중요한 요소 중 하나인 것이다. 어떤 버그가 일어났는지는 어떻게 알 것이며, 이용자가 언제 얼마나 접속했는지 등 모니터링을 해야 하는 개발 요소는 한두 가지가 아니다. 또한 프로그램에서 나온 로그 메시지를 쿼리하고, 상관관계를 파악하며 분석해야 한다. 이러한 대시보드를 마련하면 개발환경에 큰 도움이 된다. 애플리케이션의 성능과 인프라를 모니터링하고 성능, 가용성, 보안과 같은 다양한 측면에 적용해야만 한다. 정확히 어떤 지표들이 모니터링하는 데에 사용될까? 크게 5가지로 나눠서 볼 수 있다.

1. 지속적인 모니터링 도구가 필요하다. 라이브 API 시스템, 혹은 배포 그 자체를 모니터링해야 할 수도 있다. 프로덕션(실 사용자에게 해당하는)에 소프트웨어를 적용시키기 전에 디자인이나 시스템을 계속 모니터링해야 하는데, 이러한 도구에는 데이터독Datadog, Nagios, Sensu 등이 있다.

2. 서버 모니터링 도구가 필요하다. 서버, 애플리케이션 혹은 다른 많은 곳에서 발생하는 문제나 버그를 트래킹하는 도구 등을 말한다. 운영체제에 문제가 생기거나, 다운타임이 생기면 문제를 보고할 수 있어야 한다.

3. 로그를 모니터링하는 도구가 필요하다. 로그는 서버, 데이터베이스, 애플리케이션 등에서 발생할 수 있다. 로그를 분석하고 여기에서 오류 로그를 필요한 만큼 검색하거나 큰 문제로 번지기 전에 알아낼 수 있어야 한다.

4. 애플리케이션 모니터링 도구가 필요하다. 실 사용자의 사용에 걸리는 시간이나 퍼포먼스 혹은 그 사이에 존재하는 보틀넥(간섭)을 시간별로 트래킹해야 한다.

5. 파이프라인 모니터링 도구가 필요하다. 작은 기업에서는 이런 도구를 사용하지 않는 경우도 있으나 큰 기업에서는 소프트웨어의 환경 주기 등을 관리해야 하는 경우가 많다. 이런 경우 소프트웨어의 배포를 모니터링하는 것 또한 중요하다.

보통 이러한 모니터링을 한 가지 도구에 의지하는 것보다는 여러 도구를 필요와 경우에 따라 섞어서 사용하는 경우가 많다. 이 중에서 우리가 쉽게 접할 수 있는 도구들을 아래에서 간략하게 소개한다.

8.2.1 그라파나

그라파나Grafana는 데이터 분석을 실행하고 방대한 양의 데이터를 이해하는 데 도움을 주는 대시보드를 제공한다. 즉, 모니터링 도구다. 그라파나는 Graphite, Prometheus, Influx DB, ElasticSearch, MySQL, PostgreSQL과 같은 모든 데이터 소스와 연결된다. 오픈소스 솔루션인 그라파나를 통해서 데이터 소스를 이용해 시계열 분석을 진행할 수 있다. 이데이터를 차트로 관리하면 사용자 행동, 애플리케이션의 상태, 프로덕션이나 기타 스테이지의 오류 빈도나 오류 유형, 시나리오까지도 추적할 수 있다. 여기서는 그라파나의 대시보드를 살펴보고, 어떻게 데이터를 읽는지 또어떤 시각화 옵션이 존재하는지 알아본다.

대시보드 예시
여기서 다루는 모든 그라파나 대시보드는 https://play.grafana.org/에 있는 예시를 활용했다.

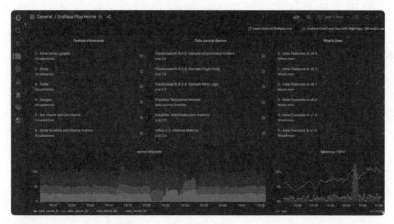

▲ 그림 8-11 그라파나 첫 페이지

처음으로 시계열 그래프를 보는 법을 알아보자. 왼쪽의 'Feature show cases'에서 '1 - Time series graphs'를 클릭한다. 처음으로 보이는 간단한 그래프는 제목을 클릭해서 이름을 편집하거나 범례에서 색상을 클릭해서 바꾸는 등 변경하기가 쉽다. 그래프에 마우스 커서를 가져다대면, 각 값의 정확한 수치를 알려준다.

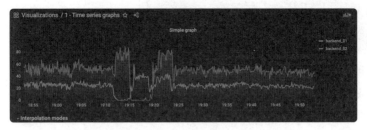

▲ **그림 8-12** 그라파나 Time series graphs의 시계열 그래프 예시

그 외에도 하단을 보면 풍부한 디스플레이 옵션이 존재함을 확인할 수 있다. 막대 그래프 혹은 y축 값 매핑, 여러 경우에 사용할 수 있는 다양한 그래프가 있으며 모두 선 영역, 너비 등의 색상을 자유롭게 정할 수 있다. 스타일을 혼합하여 특정 계열에 대한 표시를 재정의하거나 렌더링 여부를 설정할 수 있다. 그래프를 스스로 만들어보거나 편집해 보는 것도 괜찮은 선택이다.

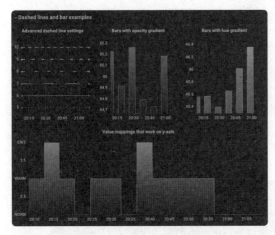

▲ 그림 8-13 그라파나 Time series graphs의 차트 예시

시계열 그래프 외 2- Stats로 들어가 보면, 또 다른 형식의 그래프가 보인다. 보통은 한 대시보드에 이런 여러 종류의 그래프를 섞어 원하는 값을 표시한다. 보통은 CPU 사용률 등을 이런 대시보드에서 사용한다. 메트릭이란 간단히 말해 현재 시스템 상태를 알 수 있는 측정값이다. 이 값을 사용해서 대시보드 혹은 데이터베이스로 표현하는 것이다. 현재 CPU 사용률, 램 사용률, 시스템 로드, 메모리 등을 많이 표시한다. 각 서버, 시스템, 운용하는 서비스에 따라 대시보드를 구성하는 방식이 달라지는 것이다.

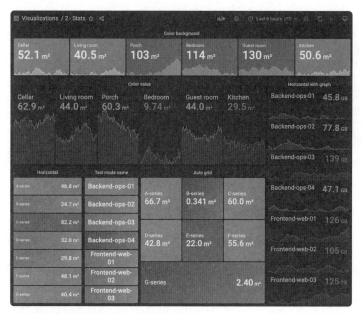

▲ **그림 8-14** 그라파나 Stats visualizations

그라파나는 다양한 유형의 데이터베이스를 통합해서 사용한다. 자신이 원하는 유형의 데이터 소스를 추가하면 된다. 데이터베이스를 기반으로 하기 때문에, 쿼리 편집기도 사용이 가능하다. InfluxDB의 쿼리 편집기는 고유한 기능을 활용하는 쿼리를 작성하는 데 도움이 되는 사용자 인터페이스를 제공한다. 쿼리 언어 간의 차이로 인해서 각 데이터 원본 쿼리 편집기의 모양과 기능은 각각 다르다. 데이터 원본에 따라 쿼리 편집기는 자동 완성 기능, 메트릭 이름, 변수 제안 등이 달라지게 된다.

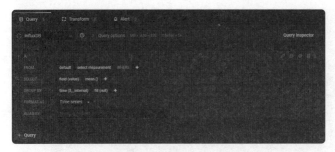

▲ **그림 8-15** 그라파나 InfluxDB 쿼리 편집기

쿼리 편집기를 사용해서 자신의 그래프에 알맞은 쿼리를 적용할 수 있다. 각 쿼리는 데이터베이스에 따라 달라지기 때문에, PostgreSQL의 경우에 는 SELECT hostname FROM host WHERE region IN($region)로 설정되는 식 이다. 쿼리를 추가하는 방법은 쿼리를 추가할 패널을 편집하고, [쿼리] 탭을 클릭한 후, [데이터 소스 드롭다운] 메뉴에서 데이터 소스를 선택한다. 쿼리 옵션을 선택해서 필요한 최대 데이터 포인트 수를 구성한다. 쿼리 편집기를 사용해 쿼리를 작성하고 적용하면 된다.

각 수치가 위험점을 넘었을 때는 어떻게 할까? 그라파나는 알림 기능도 있다. 단순히 기준점을 넘었다고 알림을 주는 것이 아니라 경고 알림이 실 행되는 여부를 설정하는 기준이 있다. 쿼리, 식, 조건, 평가 빈도, 조건 충족 기간 등 다양한 옵션이 존재한다. 알림 위치, 알리는 시기, 방법을 설정할 수도 있고 연락처를 여러 방식으로 정할 수도 있다. 팀에 알림이 전달되도 록 하거나 개인에게 전달되도록 할 수도 있을 것이다. 다차원 경고로 단일 경고보다 전체 시스템에 대한 가시성을 확보할 수 있는 기능과 유연성을 제 공하기도 한다. 물론, 알림 음소거 및 중지도 가능하다.

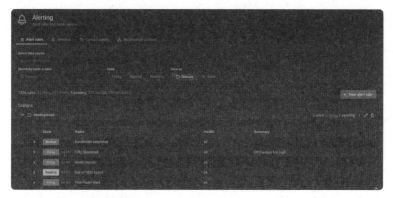

▲ **그림 8-16** 그라파나 Alerting

한 페이지에서 모든 알림에 대한 관리를 할 수 있다. 알림의 경우 인터페이스를 통해 알림 규칙을 쉽게 생성 및 편집, 관리할 수 있다. 그라파나 Enterprise나 Cloud 사용자의 경우, 새 시스템에서 훨씬 더 많은 경고 세부 정보를 제공하기도 한다. 이전에는 YAML과 같은 소스 편집기로 설정하던 알림을 이제 인터페이스에서 쉽게 편집할 수 있게 되었다.

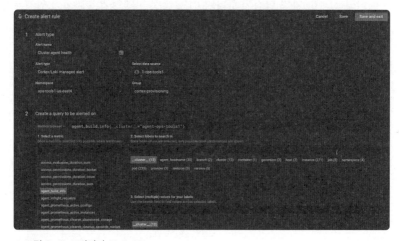

▲ **그림 8-17** 그라파나 Alert rule

8.2.2 데이터독, AWS 클라우드워치 등 유료 서비스

데이터독Datadog도 그라파나와 비슷한 도구인데, 클라우드 규모의 인프라에 대한 완벽한 가시성을 확보할 수 있는 좋은 옵션 중 하나다. 태그를 사용해서 모든 데이터베이스 소스에서 발생하는 메트릭을 최대 1초 단위로 전체 15개월 동안 저장할 수 있으며 모든 서비스 및 사용자 요청의 성능 분석, 완전히 분산된 아키텍처에서 모든 필요한 정보 수집이 가능하다.

애플리케이션 요청, 오류 및 대기 시간에 대해서도 추적이 가능하며 개별 엔드포인트 혹은 사용자 수준의 서비스 성능 문제를 데이터독으로 관리할 수 있다. 모든 로그를 한 곳에서 쉽게 중앙 집중화해서 보기 위해 이러한 대시보드 도구들은 유용하다. 쿼리 언어를 따로 배우지 않고도 로그를 빠르게 검색해서 분석할 수 있고, 한번의 클릭만으로 특정 로그나 찾아야 할 정보를 연관시켜 볼 수 있기에 '비기술직'에게도 용이하다. 그렇다면 그라파나와 데이터독은 어떻게 다를까?

데이터독의 한 가지 단점이 있다면 어느 특정 도메인에 특화되어 있지는 않다는 것이다. 반대로 생각하면, 여러 도메인에 사용할 수 있다는 장점으로도 비춰질 수 있다. 반대로 그라파나는 어떨까? 애플리케이션 모니터링을 위한 특수 도구 그 어느 것과도 결합할 수 있지만 이를 유지하는 데 필요한 비용이 크다. 또 다른 큰 차이점으로, 그라파나는 오픈소스 도구지만, 데이터독은 상용 제품이라는 것이다. 데이터독의 클라우드에 내 데이터가 전송된다는 점도 큰 차이다. 데이터독은 무료 체험이 가능하지만 여러 모니터링 가격이 존재하고, 그라파나의 경우 오픈소스 버전은 완전히 무료지만,

데이터 저장이나 네트워킹 비용을 위해 GrafanaLabs라는 유료 클라우드 요금제가 별도로 있다.

데이터독의 주요 기능은 무엇일까? 데이터독은 로그 관리 제품을 통해서 편리하고 확장 가능한 로그 수집, 분석을 제공한다. 대시보드를 통해 로그 데이터를 검색, 필터링, 분석이 가능하며 모두 하나의 중앙 제어 시스템 내에서 볼 수 있어 편리하다. 애플리케이션의 성능 모니터링에도 훌륭하다. 프런트엔드에서부터 데이터베이스까지 끝에서 끝까지 소프트웨어 전부의 분산 추적을 제공한다. 수집된 추적 정보는 인프라 메트릭, 네트워크 호출 등 다양한 분야를 막론하고 아주 훌륭하다.

보안 모니터링을 사용해 보안 위험을 좀 더 신속하고 편리하게 탐지할 수도 있으며, 네트워크 트래픽 분석 기능도 제공한다. TCP 재전송, 대기시간 및 연결 변동과 같은 주요 네트워크 지표를 추적할 수 있다. 실 사용자 모니터링을 사용하면 웹 및 모바일 애플리케이션의 사용자 경험에 대한 가시성을 확보할 수도 있다.

▲ 그림 8-18 데이터독의 여러 소스들

데이터독 사이트에서 어떤 기능을 사용할 수 있는지에 대한 개요를 살펴보면 600개 이상의 많은 통합 가능한 서비스가 보인다. 맞춤형 통합을 데이터독 API를 통해 사용할 수 있으며, 통합이 구성되면 어떤 자료에 기반하든 데이터독 전체에서 접근할 수 있다. 이렇게 가져다 쓴 데이터 소스를 기반으로 애플리케이션 성능 모니터링을 할 수 있다. 스크린보드 전체에서 그라파나와 같이 마우스를 움직여가며 각 값의 정확한 정의를 찾아볼 수 있다. 또 이런 스크린보드에 대한 접근 권한을 제3자에게도 부여해서, 팀 외부자가 보게 할 수도 있다.

▲ **그림 8-19** 데이터독 대시보드 예시

데이터독 외에도 아마존에서 클라우드워치Cloudwatch를 사용해 대시보드를 구축하고 있는 팀도 많다. AWS를 이미 다른 서비스에 사용 중이라면 더욱 그러하다. 클라우드워치는 실시간 로그, 지표 및 이벤트 데이터를 자동화된 대시보드에 수집하고 이를 시각화해서 애플리케이션 관련 유지보수를 가능하게 도와주는 도구다. 애플리케이션 성능 모니터링, 리소스 최적화 등 다양한 활용 사례가 있다. 아마존에서는 자체 서비스 관련 실습 환경이나 블로그 등도 많이 준비해 놓았기 때문에 학습도 쉬운 편이다. 특히 UI를 이용하는 것만이 아닌, 코드로 알람을 생성하거나 경보 작업을 사용하고 지표를 가져올 수 있어 더욱 유용하다. 아래는 클라우드워치 대시보드의 예시다.

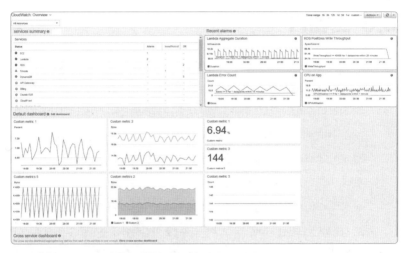

▲ 그림 8-20 클라우드워치 대시보드 예시

아마존의 클라우드 서비스인 AWS에서는 초보 사용자들을 위해서 많은 예시와 설명, 무료 강의를 준비해두고 있다. 아래는 클라우드워치의 공식 문서 링크다.

▶ https://docs.aws.amazon.com/cloudwatch/index.html

8.3 스웨거

"바퀴를 다시 만들 필요는 없다"라는 개발 격언이 있다. 소프트웨어 세계에서 정석 씨의 마음에 드는 것 중 하나는 정말 수많은 사람이 자신이 만든 프로그램을 공짜로 공개한다는 것이다. 그리고 그걸 무료로 사용할 수도 있다. 이런 생태계가 없었다면 도대체 얼마나 많은 프로그램을 스스로 만들어야 했을지 섬뜩하기까지 했다.

정석 씨의 이번 과제는 도로명 주소 적용하기다. 이전에 사용하던 주소를 아직도 사용하던 오래된 사이트의 주소지를 신주소로 가입하거나 변경할 수 있게 하는 작업이었다. 이럴 때 만약, 내가 직접 도로명 주소를 찾는 API를 만들어야 했다면 어떨까?

주소 찾기 API를 만들어 준 팀 여러분에게 감사, 또 감사를 하면서 API를 가져다 쓰기에 이렇게 편리한 설정과 문서를 준비해 준 모습을 자신도 본받아야겠다고 느낀 정석 씨였다.

'모두를 위한 소프트웨어 개발'이 바로 우리 목표다. 그러기 위해서는 개발을 잘하는 것만이 전부가 아니다. 사용자, 팀 및 기업 등을 위한 소프트웨어 사용 안내 책자가 우리에게 필요하다. 스웨거Swagger를 사용하면 기계가 API

를 읽을 수 있도록 API 구조를 설명할 수 있다. 기계뿐만 아니고 사람도 마찬가지다. 자동으로 읽어낸, 우리가 만든 API의 구조를 설명할 수 있게 해준다. 이렇게 사용자를 위해 API 문서를 깔끔히 제작하고 대화형 API 설명서로도 만들 수 있다. 보통 스웨거의 정의는 json이나 yaml 파일로 만든다. yaml 파일 예시를 살펴보면 아래와 같다.

```
swagger: "2.0"
info:
  title: Sample API
  description: API description in Markdown.
  version: 1.0.0
host: api.example.com
basePath: /v1
schemes:
  - https
paths:
  /users:
    get:
      summary: Returns a list of users.
      description: Optional extended description in Markdown.
      produces:
        - application/json
      responses:
        200:
          description: OK
```

아직 문법을 잘 이해하지 못해도 좋다. 여러 API 형식을 지원하는 오픈소스 편집기에서 직접 스웨거 API를 만들어 볼 수 있으니까. 스웨거 공식 가이드를 따라 우리도 우리만의 API 문서를 제작해 보자.

8.3.1 API 문서

스웨거 오픈소스를 통하여 로컬이든, 웹이든 모든 개발환경에서 OPEN API 사양에 맞는 문서를 만들 수 있다. 즉각적으로 시각화하여 보여주니 코드만 작성하는 것보다 쉬우며, 사용자가 줄 간격에서 테마에 이르기까지 다양한 값을 정의할 수 있다. 아래 링크를 통해 스웨거 사이트의 편집기로 들어가 보자.

▶ https://swagger.io/tools/swagger-editor/

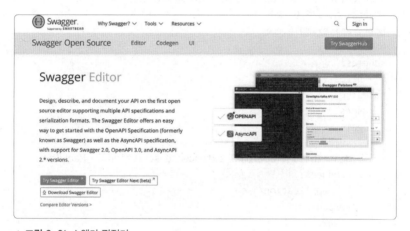

▲ 그림 8-21 스웨거 편집기

베타 버전은 새 기능이 포함된 버전이니 우리는 원래 버전을 따라가도록 하자. [Try Swagger Editor]를 누르면 편집기 안으로 들어갈 수 있다. 그 이전에 OpenAPI나 API 문서에 대한 결을 먼저 잡고 시작하자. OpenAPI의 사양은 원래 스웨거의 문법으로 알려져 있다. RESTful한 웹 서비스를 설명, 생성, 사용, 시각화하는 데 사용하는 형식을 OpenAPI라고 부른다. 정확히는 구조를 정의하는 REST API의 표준이라고 이해하면 된다. 특히나 프로그래밍 언어에 구애받지 않고, 컴퓨터도, 보는 사람도 문서를 통해 소스코드나 네트워크에 직접 접속하지 않아도 API를 이해할 수 있게 도와준다. 이렇게 OpenAPI를 사용하면 API의 작동 방식을 빠르게 확인할 수 있다.

원래 OpenAPI는 별도의 프로젝트가 된 2016년 이전까지는 스웨거 프레임워크의 일부였다. 이제는 별도의 OpenAPI라는 오픈소스 프로젝트가 되었다. 스웨거와 같은 도구가 이제는 인터페이스 파일 같은 것을 기반으로 OepnAPI 사양에 맞는 문서, 코드, 테스트 케이스를 생성하게 된 것이다. 스웨거와 OpenAPI와의 차이를 정확하게 이해하기 위해서는 사양, 사양을 구현하는 데 도움이 되는 도구, 사용자 간의 차이를 인식해야만 한다. OpenAPI는 사양 자체의 이름이고, 스웨거는 OpenAPI 사양을 구현하기 위해 널리 사용되는 도구 중 하나인 것이다.

스웨거 도구와 동일한 팀에서 생성과 동시에 개발했기 때문에 여전히 동일하게 인식하는 경우가 많기는 하다. 그렇지만 스웨거가 OpenAPI 사양을 구현할 수 있는 유일한 도구는 아니다. 그 점을 인지하고 시작하자.

▲ **그림 8-22** 스웨거 편집기 내부

편집기 내부로 들어오면, 왼쪽 바에는 코드가, 오른쪽 상태 창에는 이 코드로 만들어지는 API 문서가 보인다. 스웨거 편집기를 통하면 이렇게 코드를 통해 깔끔한 API 문서를 만들 수 있다. 모든 키워드 이름은 대소문자를 구별해야 한다. 모든 API 정의에는 이 정의가 기반으로 하는 OpenAPI의 사양 버전이 포함되어야 한다.

```
openapi: 3.0.0
```

info 섹션에는 제목, 설명, 버전과 같은 API 정보가 포함된다. title에 API 이름, description에 API에 대한 확장된 정보값을 적으면 된다. 여러 줄로 적을 수 있으며 시식 있는 텍스트를 적기 위해서는 마크다운markdown 형식을 따르면 된다.

제일 중요한 경로 섹션은 API의 개별 엔드포인트, 즉 URL 경로에서 지원하는 HTTP 메서드를 설명하는 부분이다. 예를 들어 GET /users라는 API를 다음과 같은 문서로 표현할 수 있다. 매개변수, 반응 가능한 응답 코드 등을 기재한다. 매개변수 작업에는 URL경로 /users/{userId} 혹은 쿼리 문자열 /users?role=admin, 헤더 X-CustomHeader: Value 또는 쿠키 Cookie:debug=0을 통해 전달할 수 있다. 매개변수 데이터 유형이나 형식에 대한 자세한 정의는 스웨거 공식 홈페이지 공식 문서를 참조하자.

```
paths:
  /users:
    get:
      summary: Returns a list of users.
      description: Optional extended description in CommonMark
      or HTML
      responses:
        '200':
          description: A JSON array of user names
          content:
            application/json:
              schema:
                type: array
                items:
                  type: string
```

get 요청이 아닌 경우 requestBody를 활용해서 본문 내 콘텐츠를 구성하면

된다. 또한 각 작업에 대해 '200 OK' 혹은 '404 Not found' 같은 상태 코드

를 다양한 유형에 대한 응답으로 설정해서 사용자에게 어떤 결과가 나올 수

있는지에 대한 안내를 해야 한다.

```yaml
paths:
  /users:
    post:
      summary: Creates a user.
      requestBody:
        required: true
        content:
          application/json:
            schema:
              type: object
              properties:
                username:
                  type: string
      responses:
        '201':
          description: Created
```

프로그래밍에 쓰이는 전역변수처럼, 스웨거에도 /schema 섹션을 이용해서

같은 값을 여러 곳에서 공통적으로 사용할 수 있다. 매개변수 혹은 본문에

서 이 스키마가 필요할 때마다 $ref를 통해 값을 참조한다.

```json
{
  "id": 4,
  "name": "Jungsuk Ma"
}
```

위와 같은 값으로 스키마를 정의했다면 스웨거 본문에서 아래와 같이 스키

마 값을 가져와서 사용할 수 있다.

```
components:
  schemas:
    User:
      type: object
      properties:
        id:
          type: integer
          example: 4
        name:
          type: string
          example: Jungsuk Ma
      required:
        - id
        - name
```

이 값을 요청 API에 적용한다면 아래와 같다. $ref에서 우리가 정의한 스키마를 가져다가 사용할 수 있는 것이다. 회원 정보 등 어떤 구조가 반복된다면 스키마를 이용해서 단순화할 수 있다.

```
paths:
  /users/{userId}:
    get:
      summary: Returns a user by ID.
      parameters:
        - in: path
          name: userId
          required: true
          schema:
            type: integer
            format: int64
            minimum: 1
      responses:
        '200':
          description: OK
          content:
            application/json:
              schema:
                $ref: '#/components/schemas/User'
```

OpenAPI에 대한 더욱 자세한 스펙이 필요하다면 다음 사이트를 참고한다.

▶ https://github.com/OAI/OpenAPI-Specification

8.4 정리하기

우리는 프로그램을 개발하는 데 있어 정말 다양한 일을 해야 한다는 것을 깨달았다. 이러한 대시보드 시스템을 모든 회사나 팀에서 갖추고 있지는 않다. 필수적이라고 말할 수는 없지만, 또 필수적이어야 한다고 말해야 하는 도구이기도 하다. 소속된 팀에서 사용하고 있지 않다면 자신의 서비스에도 직접 대시보드를 적용해 보자. 이러한 시각적 자료는 고객이나 비개발자들을 대상으로도 어필하기 쉽다. 개발 경력이 쌓이다 보면 다른 이가 만든 API나 라이브러리를 쓸 때 문서를 하나하나 참고해 가며 사용해 본 경험 또한 늘어갈 것이다. 내가 개발한 소프트웨어에도 타인이 언제든지 쉽게 이용할 수 있도록 깔끔한 API 참고문헌을 적어 보는 것은 어떨까?

9장
코드
배포하기

소프트웨어 개발 용어는 간혹 재미있다. 현장에는 API 요청을 "날린다"라고 표현하곤 한다. 코드는 "짠다." 또 소프트웨어 애플리케이션은 '배포'하곤 한다. 코드를 다루는 일이 프로그래머의 전부가 아니게 된 지 많은 시간이 지났다. 소프트웨어의 크기가 커지고 복잡해질수록 완성된 기능을 적용시키는 데에도 수많은 기능이 필요하다. 그리고 그런 일을 도와주는 소프트웨어도 생겨났다. 이런 애플리케이션 개발과 서비스를 도와주는 직업을 뜻하는 데브옵스(DevOps)라는 신 용어도 생겨났다. 더 이상 코딩만 잘해서는 프로그래머로 살아남을 수 없다. 반대로, 코딩을 잘하지 못해도 프로그래머로서 살아남을 수 있게 되었다. 이 장에서는 완성된 소프트웨어를 서버에 반영하는 것을 도와주는 여러 도구를 살펴본다.

소프트웨어의 배포 주기를 돕는 도구를 알아본다

- 소프트웨어의 배포에 대해 설명할 수 있다.

- 젠킨스, 깃랩, 서클CI 등 여러 배포 도구의 사용법을 알아본다.

9.1 CI/CD

오늘은 드디어 정석 씨가 참여한 프로젝트를 고객사에 공개하는 날이다. '길었구나' 싶었던 기획, 개발, 거기에 끊임없는 테스트와 더욱 끊임없는 버그. 그 모든 것을 이겨내고 이제는 모든 것을 마무리할 차례다.

그런데 문제는 고객사가 미국에 있다는 것이었다. 빌드를 아주 새벽에 해야 했는데, 이미 테스트가 다 된 상태였지만 이걸 새벽 3시 반을 넘겨 적용할 생각을 하니, 피로해지는 것은 어쩔 수 없었다. '그날에는 밤을 새야 하는 건가'라고 생각하며 미리 박카스라도 한 병 사 오려고 편의점에 다녀온 정석 씨는 저녁 5시 30분 정도에 모두 퇴근을 준비하는 선임들을 보며 아연실색했다.

'오늘은 코드를 적용하는 날이 아니었나? 다들 나에게 맡기고 떠나는 건가?' 하고 잠시 충격을 받고 있던 정석 씨의 어깨를 누군가 두드렸다. "집에 갈 준비 안 해요?" '어라, 오늘 일이 취소된 건가. 무슨 말이지?'

'오늘은 배포 날이니까 밤을 새야지'란 말은 이제 과거의 유산이 되어가는지도 모른다. CI/CD(Continuous Integration/Continuous Delivery, 지속적인 통합과 배포)는 테스트부터 배포까지 생명주기(Life Cycle) 전체를 지속적으로 자동화하고 모니터링해서 관리하는 기술이다. 만약, 커밋 전 애초에 코드가 작동할 것인지 테스트를 돌려볼 수 있다면 정말로 편하지 않겠는가? 그런 생각으로 시작된 것이 바로 이 CI/CD 기술이다. 애플리케이션의 변경사항을 자동으로 테스트해서 버그가 있는지 알려주고, 또 리포지토리에 업로드해준다. 그런 다음 운영팀에서는 배포 자동화 설정을 통해서 새로운 기능에 대한 변경사항을 고객에게 제공되는 프로덕션 환경에 직접 배포할 수 있다. 보통 이러한 배포 환경을 'CI/CD 파이프라인'이라고 부르곤 한다.

이제 이를 자동화하는 도구에 대해서 알아본다. 하루에 여러 기능이 변경되거나 하나의 서비스를 여러 팀, 심지어 여러 나라에서 개발하는 경우도 잦아졌기 때문이다. 새로운 코드 변경사항을 정기적으로 빌드하고 테스트해야 하며 공유 리포지토리에 올려야 한다. 다수의 개발자는 버전 관리 도구인 깃 등을 공유하면서 사용하고 있다. 이럴 때 자동화된 빌드와 테스트가 없다면 기능별로 빌드, 테스트, 병합까지 따로 진행해야 해서 정말 골치 아픈 일이 될 것이다.

또 최근에는 큰 서비스를 한번에 개발하는 것이 아닌, 작은 기능을 서비스별로 작게 나눠 개발하는 환경이기 때문에 이렇게 잦은 기능 추가가 있는 경우 버그를 신속히 찾아내서 해결하고 새 업데이트의 시간을 단축하는 것이 아주 중요한 터닝 포인트가 되기 십상이다. 이런 변경사항을 개발자의 로컬에서 고객이 사용하는 프로덕션 환경까지 릴리스를 편히, 또 최대한 빠르게 하는 데 CI/CD 도구는 필수다.

데브옵스

이러한 일을 하는 엔지니어를 데브옵스(DevOps) 엔지니어라고 따로 분류하기도 한다. 데브옵스는 Development와 Operation을 합쳐서 줄인 말로, 개발 담당자와 운영 담당자가 연계하여 협력하는 개발 방법론을 말하고 애플리케이션과 서비스를 빠른 속도로 제공할 수 있도록 인프라 관리 프로세스를 관리하는 일을 한다.

9.1.1 젠킨스

젠킨스Jenkins는 오픈소스 CI/CD 도구다. 모든 종류의 개발 자동화를 지원하고, 여러 플러그인을 갖추고 있으며 오픈소스이므로 당연히 무료다. 젠킨스는 플랫폼, UI, 소스코드 관리, 빌드 관리 등 여러 영역에 걸쳐 사용할 수 있다.

▲ 그림 9-1 반전 메시지를 담은 젠킨스의 최신 로고

젠킨스와 같은 도구가 나오기 전에는 일정 시간마다 빌드를 직접 하는 일이 부지기수였다. 타이머를 맞춰 놓고 기다렸다가 진행하기도 했다. 최근 소프트웨어 시장에서는 이렇게 사람이 붙어서 직접 관리하는 방식에서 벗어나 자동화를 추구하고 있다. 최근 소프트웨어 업계에서는 하나의 큰 애플리케이션을 여러 개의 작은 서비스 유닛으로 쪼개어 변경과 조합이 가능하도록 만든 마이크로서비스 아키텍처를 많이 사용하고 있다.

이러한 구성에서는 애플리케이션과 서비스를 자주 업데이트하는 것이 목표 중 하나다. 여기서 이런 식으로 하루에 한번이나 일정 시간마다 업데이트한다면 큰 불편을 초래할 것이다. 점점 더 빠른 업데이트 간격을, 점점 더 작은 서비스들을 위해 젠킨스가 제공하는 CI/CD 파이프라인은 아주 유용하다.

젠킨스는 컴파일 오류를 자동으로 찾아주고, 테스트를 수행하며, 코드 스타일을 점검하고, 배포까지 자동으로 완료해준다. 젠킨스는 독립형 자바 기반 프로그램으로, 윈도우즈, 리눅스, 맥 등 모든 운영체제에 패키지 형식으로 쉽게 설치하고 실행할 수 있다.

플러그인은 젠킨스 시스템의 향상된 기능 중 하나인데, 젠킨스 기능을 확장하고 젠킨스를 다른 소프트웨어와 통합하는 데 도움을 준다. 이 플러그인들은 젠킨스 플러그인 저장소에서 다운로드할 수 있으며 젠킨스의 웹 UI 혹은 CLI를 통해서도 접근할 수 있다. 플러그인은 다른 개발자 도구를 젠킨스 환경에 통합하고 젠킨스용 웹 UI에 새로운 사용자 인터페이스를 추가할 수 있어 사용자가 원하는 대로 골라서 사용하기에 좋다. 플러그인의 일반적인 용도 중 하나는 깃이나 도커Docker, AWS와 통합하는 것도 포함된다.

9.1.2 깃허브 액션

이전 장에서 깃허브를 사용했던 기억을 되살려 보자. 깃허브에서도 devops 그 이상의 퍼포먼스를 발휘하는 좋은 CI/CD인 깃허브 액션을 선보였다. 깃허브 액션은 깃허브 UI 기반이므로 더욱 편리하며, 풀 리퀘스트(PR)를 만들거나, 새로운 이름을 만드는 등 깃허브와 연동된 이벤트가 생성되는 것과 함께 구성할 수 있어 더욱 더 유용하다.[01]

---

01 https://github.com/features/actions

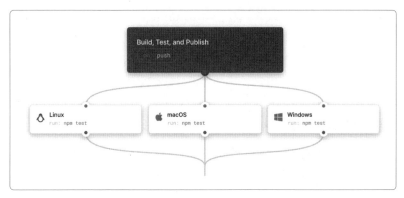

▲ 그림 9-2 깃허브 액션 홈페이지 내의 흐름도 예시

깃허브 액션을 사용하면 소프트웨어의 워크플로우를 쉽게 자동화할 수 있다. 깃허브에서 바로 코드를 테스트하고 배포할 수 있게 되므로 편리하다. 이 워크플로우는 병렬적으로도 실행될 수 있으며 모든 깃허브 이벤트와 연결이 가능하다. 컨테이너를 구축하든, 웹 서비스를 배포하든, 오픈소스 프로젝트에 신규 사용자를 추가하든 그와 관련된 자동화된 작업이 깃허브 액션에 준비되어 있다.

각 작업은 자체 가상 머신이나 컨테이너 내부에서 실행되므로 재사용도 가능하다. 리눅스, 맥, 윈도우즈 등의 모든 운영체제, 또 깃허브 홈페이지 내에서도 연동이 가능하다. 이러한 여러 운영체제 및 런타임 버전에서 동시에 테스트하는 매트릭스 워크플로우라는 기능으로 많은 시간을 절약할 수도 있다. 깃허브 액션에는 Node.js, 파이썬, 자바, 루비, PHP, Go, 러스트, 닷넷 등을 지원하기 때문에 언어에 구애받지 않으며 선택한 언어로 애플리케이션을 빌드하고 테스트 및 배포할 수 있다.

▲ 그림 9-2 깃허브 내 CI UI 예시

이런 도구의 장점은 코드로만 CI 관리를 하지 않아도 된다는 점이다. 아이콘 클릭으로 워크플로우를 실시간으로 실행할 수 있다. CI/CD 실패 케이스에는 문제가 발생한 부분을 공유하기 위해 특정 줄 번호를 강조 표시하는 링크를 클릭 한번으로 복사할 수 있다. 이러한 UI는 사용에 큰 편리함을 제공한다. 깃허브에서 풀 리퀘스트를 웹 UI로 리뷰하던 것과 같은 식이다.

깃허브와 연동된 깃허브 액션은 또 다른 아주 큰 장점이 있는데, 커뮤니티 기반 워크플로우를 생성할 수 있다는 점이다. 모든 소프트웨어 개발 도구, 도커, 지라Jira, npm 등과 편안한 연동을 할 수 있으며, 또 깃허브에서 사용할 수 있는 무한한 오픈소스 라이브러리를 사용해서 자신만의 작업을 생성할 수도 있다. 예를 들어, 도커를 사용하는 사용자라면, 워크플로우 파일에 일부 docker-compose를 추가하기만 하면 워크플로우에서 웹 서비스와 해당 데이터베이스를 테스트할 수 있다.

도커

도커(Docker)는 오픈소스 가상화 플랫폼이다. 컨테이너라는 가상의 운영체제를 관리하는 도구라고 이해하고 넘어가자. 최근 도커와 쿠버네티스(kubernetes)의 사용 비율이 굉장히 늘어났다.

9.1.3 트래비스 CI

또 다른 CI 중 하나로, 트래비스 CI_Travis CI_가 있다. 다른 CI 제품과 마찬가지로, 주요한 기능은 빌드를 자동화해서 시간을 절약하고 좀 더 효율적인 작업을 돕는 것이다. 트래비스 CI를 사용하면 테스트, 통합 및 배포를 포함하여 지속적인 파이프라인에서 작업을 자동화할 수 있다. 또 간편히 이메일 또는 슬랙 알림을 받아볼 수도 있다.

트래비스 CI에서는 클라우드를 기반한 CI 및 다양한 통합 도구를 제공한다. 빌드를 자동화해 지속적인 파이프라인에서 테스트, 통합, 배포하는 기본 기능은 타 CI와 비슷하지만, 새로운 기능과 코드를 트래비스 CI를 통해 조금 더 편하고, 트래비스다운 방식으로 병합할 수 있다.

트래비스 CI는 Hashicorp Valut, Code Climate, Sonar Cloud 같은 도구와의 통합도 지원하고 있다. 또한 사용량에 대한 요금을 고정해서 사용할 수 있어서 조금 더 경제적일 수 있다. 물론, 사용량 기반으로 가격을 책정하는 방식도 사용할 수 있다. 간단한 구문으로 적은 코드로 CI를 구성할 수 있으며, 여러 환경 및 언어를 제공한다. 가장 중요한 점은 Perforce나 Subversion용 클라우드 기반 CI를 트래비스가 제공하고 있다는 것이다. 자신의 회사에서 위와 같은 제품을 사용한다면 트래비스는 대체할 수 없는 중요한 CI 옵션이 될 수 있다.

트래비스 CI에서 자체적으로 제공하는 파이프라인 성공 예시는 아래의 깃허브에 공개되어 있다.

▶ https://github.com/TheBuildingBlock/python-package

▲ **그림 9-4** 깃허브 내 트래비스 CI 파이썬 파이프라인 예시

깃허브 내 원하는 커밋의 초록색 체크 마크를 클릭해보자. 트래비스 CI에서 29초 만에 완성한 빌드와 몇 개의 체크가 패스한 건지를 알 수 있는 정보가 보인다. [Details]를 클릭하면 상세한 정보를 확인할 수 있다.

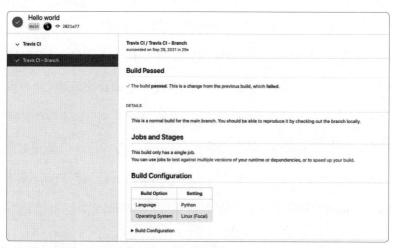

▲ **그림 9-5** 트래비스 CI에서 확인한 별도 생성 메시지

9.2 젠킨스 파이프라인

9.2.1 젠킨스 설치하기

젠킨스를 설치하는 방법에 대해서는 저자의 개발 블로그 중 '9장. 코드 배포하기 → 맥에 젠킨스 설치하기'를 참고한다.

▶ https://blog.naver.com/sh_kim_0926/223026974810

9.2.2 젠킨스 파이프라인 실습하기

이제 오픈소스로 편히 접할 수 있는 젠킨스 파이프라인으로 실습해보자.

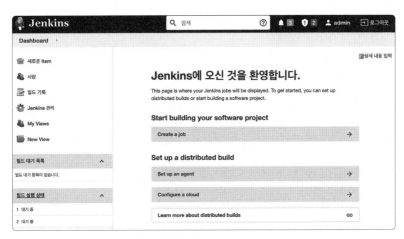

▲ 그림 9-6 젠킨스를 설치한 후에 보이는 메인 화면

젠킨스는 UI를 사용한다면 기술적 소프트웨어를 많이 사용하지 않는 사람도 편하게 파이프라인의 예시를 접해볼 수 있다. 젠킨스뿐만 아니라 많은 CI/CD 도구에서 더 이상 터미널 창으로만 소통하는 것이 아닌 이러한 편

리한 웹 관리 창을 제공하므로, 웹을 이용하는 것도 좋다. 젠킨스에 로그인한 이후 처음부터 파이프라인을 생성해보자.

▲ 그림 9-7 젠킨스의 왼쪽 대시보드

젠킨스 홈페이지의 왼쪽 대시보드에서 [새로운 Item]을 클릭한다. [이름]에서 새 파이프라인 프로젝트의 이름을 저장한다. 젠킨스는 이 이름을 사용해서 디스크 내에 폴더를 생성하기 때문에, 이름 안에 공백이나 특수 문자는 넣지 않는 것이 좋다. 공백 문자를 넣으면 스크립트 버그가 일어날 수 있기 때문이다. 아래로 스크롤해서 파이프라인을 클릭한 다음 페이지 끝 [확인] 버튼을 클릭해서 파이프라인 구성 페이지로 들어갈 수 있다.

▲ **그림 9-8** 젠킨스 파이프라인 만들기

젠킨스 파이프라인을 만들려면 구성 코드를 입력해야만 하는데, 이 책에서는 젠킨스 코드의 구성 방식까지는 다루지 않는다. 젠킨스의 공식 사이트 혹은 사용하는 CI 웹사이트 내에 많은 튜토리얼이 준비되어 있으니 참고하기 바란다. 젠킨스의 파이프라인 스크립트 예시는 다음 사이트에서 확인할 수 있다.

▶ https://www.jenkins.io/doc/pipeline/tour/hello-world/

```
Jenkinsfile (Declarative Pipeline)
pipeline {
    agent any
    stages {
        stage('Stage 1') {
            steps {
                echo 'Hello world!'
            }
        }
    }
}
```

이 예시를 간단히 설명하면 agent는 젠킨스에게 실행하는 작업 공간을 할당하도록 지시한다. echo 명령어로 콘솔 출력을 할 간단한 알림 메시지를 입력한다. 모든 걸 직접 외워서 입력해야 하는 것은 아니다. 스크립트 텍스트는 인터넷에 많은 예시가 있고, 보통 CI를 처음 설정할 때 이외에는 모든 것을 처음부터 새로 만들어야 할 필요가 없다. 젠킨스에서는 스크립트 텍스트 영역 오른쪽에 샘플 파이프라인 옵션에서 미리 준비된 파이프라인 예시 중에서 선택할 수도 있다. 저장한 후 파이프라인이 새로 만들어진 것을 확인하고 [Build Now]를 클릭해서 파이프라인을 실행해 볼 수 있다.

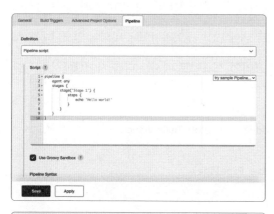

▲ 그림 9-9 젠킨스 파이프라인 코드

저장하면 아래와 같은 화면이 뜨며 우리가 만든 파이프라인이 정상적으로 저장되었음을 보여준다.

Project test

```
pipeline {
    agent any
    stages {
        stage('Stage 1') {
            steps {
                echo 'Hello world!'
            }
        }
    }
}
```

📝내용 수정

프로젝트 중지하기

▲ **그림 9-10** 젠킨스 파이프라인 생성 완료

Jenkins

Dashboard > example-pipeline >

↑ Back to Dashboard
🔍 Status
📋 Changes
▷ Build Now
⚙ Configure
🗑 Delete Pipeline
🔍 Full Stage View
🌊 Open Blue Ocean
✏ Rename
⑦ Pipeline Syntax

▲ **그림 9-11** 젠킨스 Build Now 및 다른 기능

또한 'Build History'에서 빌드 기록에 접속해서 파이프라인 실행에 대한 세부 정보에 접근할 수 있다. 파이프라인 실행의 전체 출력을 확인하고 싶으면 [Console Output]을 클릭하면 된다. 빌드 번호(#1)를 클릭해서 대시보드에서 직접 콘솔 출력에 접근할 수도 있다.

▲ 그림 9-12 젠킨스 콘솔 출력

이렇게 UI에서 파이프라인을 관리하면 코드 조각을 테스트할 필요가 없는 간단한 파이프라인을 처리하는 데 굉장히 편리하다. 이렇게 젠킨스 파이프 라인을 새로 만들면 위에서 말한 대로 Jenkinsfile에 저장된다. 복잡해질 가 능성이 있는 CI 구문의 경우 IDE 등을 통해 소스를 따로 저장하는 것이 훨 씬 안전하다. 젠킨스에 내장된 Snippet Generator(스니펫 생성기)는 개별 단 계에 대한 코드 조각 생성에 아주 유용하게 쓰일 수 있다.

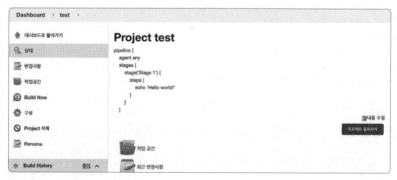

▲ 그림 9-13 젠킨스 내 파이프라인 상세 보기

파이프라인을 만들었으니 한번 실행해보자. 파이프라인은 한 단계씩 언제든지 쉽게 재시작할 수 있다. 이를 통해 일시적이거나 잠깐 환경적 변수로 인해서 실패한 단계의 파이프라인을 다시 실행해서 결과를 확인할 수 있다. 파이프라인에 입력되는 모든 변수는 동일하다. 여기에는 SCM 정보나 빌드 매개변수, 최초의 파이프라인의 설정 등 포괄적인 내용이 포함된다. 이번에도 UI를 이용해서 단순히 재시작할 수 있다. 왼쪽 메뉴의 [Restart from Stage]를 클릭한다.

▲ 그림 9-14 젠킨스 파이프라인 재시작

이전 실패로 인해 건너뛴 단계는 다시 시작할 수 없어도 when 조건 미충족으로 건너뛴 단계는 재사용이 가능하다. 순서대로 파이프라인을 실행해 결괏값을 확인할 수 있다. 다시 시작할 단계를 선택하고 [Run]을 클릭하면 새 빌드 번호가 있는 새 빌드가 시작된다. 선택한 단계 이전 모든 단계를 건너뛰고 파이프라인이 선택한 단계에서 실행하기 때문에 그 시점부터 파이프라인이 정상적으로 재실행된다.

▲ 그림 9-15 젠킨스 파이프라인 재실행 옵션

깃허브 브랜치를 떠올려보자. 이와 유사하게 멀티 브랜치 파이프라인 유형을 사용하면 동일한 프로젝트의 여러 브랜치에 대해 서로 다른 젠킨스 파일을 구현할 수 있다. 멀티 브랜치 파이프라인 프로젝트에서 젠킨스는 소스 제어에 젠킨스 파일이 포함된 브랜치에 대해 파이프라인을 자동으로 검색, 관리 및 실행한다. 그러므로 수동으로 파이프라인을 생성하거나 관리할 필요가 없다. 이번에는 멀티 브랜치 파이프라인을 만들어보자. 왼쪽 메뉴에서 다시 한번 [새로운 Item]을 클릭한다.

▲ 그림 9-16 젠킨스의 왼쪽 대시보드

플러그인을 알맞게 설치했다면, 아래와 같이 여러 개의 옵션을 선택할 수 있을 것이다. 자신이 원하는 파이프라인 이름을 입력하고 [Multibranch Pipeline]을 클릭한 후 [OK]를 누른다. 다시 한번 강조하지만 젠킨스는 파이프라인의 이름을 이용하여 디스크 내 폴더를 만들기 때문에 공백을 포함하지 않도록 주의한다.

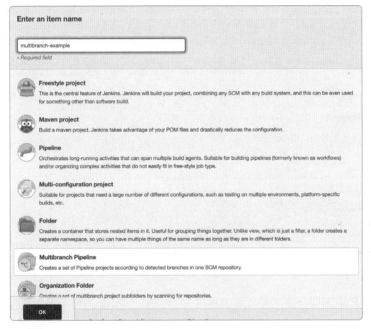

▲ 그림 9-17 젠킨스 파이프라인 만들기

브랜치 소스(예 깃)을 선택한 후 리포지토리를 고른다. 그후 저장한다. 저장하면 젠킨스는 지정된 리포지토리를 자동으로 스캔하고 Jenkinsfile이 포함된 리포지토리 내 브랜치에 대해 적절한 항목을 생성한다.

▲ 그림 9-18 젠킨스 브랜치 소스 선택

기본적으로 젠킨스를 기준으로 브랜치 추가 혹은 삭제를 위해 리포지토리를 자동으로 인덱싱하지 않기 때문에 멀티브랜치 파이프라인을 사용하는 것이 평소에도 많이 유용할 수 있다.

이 외에도 많은 조직에서 도커를 사용해서 시스템 전체에서 빌드, 테스트 환경을 통합하고 애플리케이션 배포를 위한 효율적인 시스템을 구축하고 있다. 젠킨스 혹은 다른 CI에서도 모두 도커와 상호 작용하기 위한 지원 기능이 포함되어 있다.

9.3 정리하기

각 회사마다 사용하는 CI 관련 제품이 다를 수도 있고, 큰 회사라면 직접 구축한 CI 도구를 이용 중일 수도 있다. 혹은 전혀 사용하지 않고 있을 수도 있다. 프로그램을 관리하는 게 프로그램을 새로 만드는 것보다 어렵다는 것이 이제야 좀 느껴질 것이다.

소프트웨어의 수명주기를 이해하면 소프트웨어 개발을 하는 데 좀 더 박차를 가할 수 있다. 1장의 코드를 위한 환경설정부터 9장의 코드 자동 배포까지 살펴보면서 소프트웨어의 개발주기를 조금이나마 알아봤다. 소프트웨어의 생명 주기를 따라가면서 개발주기를 단축시키고, 합리적이게 만드는 멋진 개발자로 성장해 나가자.

개발자로
첫 출근 했어요

10장
개발자로
첫 퇴근합니다

10장까지 달려오느라 노력한 여러분에게 우선 박수를 보낸다. 개발자로 출근한 날이 엊그제 같은데, 이제는 어느덧 자신이 개발한 기능을 꼽을 수도 있고, 버그를 고쳐본 경험도 있고, 심지어 큰 프로젝트를 끝내는 경험을 해 봤을 수도 있다. 이제 더 이상 사람들이 하는 이야기를 알아듣는 것이 이전처럼 힘들지 않고 개발에도 자신과 재미를 붙여갈 때다. 물론, 이게 끝이 아니라 또 새로운 시작이라는 것은 기억해둬야 한다.

개발자로서 더욱더 성장하기

- 신입들의 러닝 커브

- 소개하지 못한 기술들

10.1 신입들의 러닝 커브

마정석 씨는 오늘 개발자로서 '첫'은 아니지만 뿌듯한 퇴근을 하게 되었다. 드디어 정석 씨가 많은 부분을 차지한 기능의 개발, 테스트, 배포까지 끝난 것이다. 거기에 아무 '문제없음'이라는 퇴근 OK 사인까지! 부푼 마음으로 입사한 지가 엊그제 같은데, 어느새 자신이 만든 제품을 고객에게 내놓았다는 자부심에 정석 씨는 뿌듯한 마음이 들었다.

"거, 오늘 회식 안 합니까?"라는 끔찍한, 아니 깜찍한 신입의 당돌한 제안에 선배들은 그럼 딱 맥주 한 잔만이라며 연거푸 정석 씨를 집에 일찍 보내주려 했다. 회삿돈으로 마시는 맥주라는데 빠지고 싶은 사람? 아무도 없었다. 아무래도 정석 씨의 첫 배포를 축하해 주고 싶은 마음이 컸던 것 같다. 좋은 팀에 들어왔다고 정석 씨는 생각했다.

많은 페이지가 담긴 이 책을 넘겨보느라 오랜 시간이 소모되었을 것이다. 환경설정부터 코드를 받거나 코드 편집기를 선택하고, 테스트를 하는 등 회사에서 일을 하려면 사용해야 하고 거쳐야만 하는 많은 과정을 알아봤다. 다시 한번 강조하지만 모든 회사에서 우리가 알아본 기능이나 기술을 사용하고 있지는 않다. 회사의 사정이나 크기에 따라서 이런 과정을 건너뛰거나 간소화할 수도 있다. 그렇다고 해서 낙담하거나 다니고 있는 회사가 나쁜 회사라고만도 할 수 없다. 각각의 사정이 다르기 때문이다.

개발 시장에서는 하루가 다르게 많은 신기술을 선보이고 있다. 분명 몇 개월 전까지만 해도 유망했던 소프트웨어가 갑자기 인기가 없어지기도 하고 분명히 신기술 정도로 치부되면서 적은 인원이 사용하던 것이 어느덧 정신을 차려보니 개발의 표준으로 자리 잡고 있기도 하는 것이다. 언어, 개발론, 개발 과정, 개발에 사용되는 많은 소프트웨어가 모두 그렇다. 그러므로 사실 한 사람이 모든 것을 익힐 수도, 다룰 수도 없는 노릇이므로 주눅 들지 말자.

개발자도 다른 직업과 마찬가지로, 취업이 끝이 아닌 끊임없는 공부가 필요한 직군 중 하나다. 이렇게 매일 변화하는 시장 속에서 명망 있는 개발자로 성장하고 살아남기 위해서는 많은 노력이 필요하다. 또 그 노력을 올바른 방향으로 이어나가는 것이 중요하다. 개발자에도 소위 말하는 '테크 트리Tech Tree'가 있다.

이 책에서는 백엔드 개발자가 쓰는 기술들을 중점으로 알아봤지만 프런트엔드 개발자, 데이터 개발자, 플랫폼 개발자, 보안 개발자 등 많은 개발 직군에 따라 사용하는 기술과 소프트웨어, 기능이 다르다. 어떤 사람들은 "어떤 개발자가 가장 좋은(?) 개발자냐"라는 질문을 하기도 한다. 개발 직군은 '메이플 스토리'가 아니기 때문에 게임처럼 쉽게 추천해 주기 힘들다.

물론, 각 직군마다 연봉의 정도가 다르거나 업무 강도나 직장의 분위기가 다른 것도 사실이다. 그렇지만 이것은 개인의 선택 문제이지, 어떤 개발 분야가 어떤 분야보다 우월하다거나 낮다는 결론을 내리기는 성급하다고 본다. 이 책에서 다룬 것은 기본적인 백엔드 개발에 해당하는 것에 불과하다.

이 책이 백엔드를 기준으로 할 때도, 사실 몇 가지, 혹은 그 이상의 깊은 내용이나 나른 주세가 빠져 있다. 책을 끝내기 전에 마지막으로 그 주제들에 대해서 알아보고 넘어가자.

10.2 소개하지 못한 기술들

10.2.1 도커

도커가 출시된 것이 2013년이므로 어느덧 10년이라는 세월이 지났다. 그 시간 동안 도커는 개발 표준으로 여겨질 정도로 자리잡았다. 도커는 애플리케이션을 신속하게 구축, 테스트, 배포할 수 있는 소프트웨어 플랫폼이다.

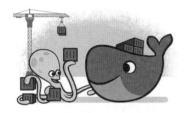

▲ 그림 10-1 도커의 마스코트인 고래(아주 귀엽다.)

도커 이전에는 VMWare 등이 존재했으며 가상화, 컨테이너 등의 개념은 새로운 것이 아니다. 가상화란 하나의 하드웨어에서 여러 개의 운영체제를 실행하는 것과 같은 것이라고 생각하면 된다. 맥북에서 윈도우즈를 실행하고, 윈도우즈 머신에서 리눅스를 실행한다거나 혹은 리눅스 머신에서 새로운 가상의 리눅스를 실행하는 것이 가상화다. 하나가 아닌 여러 가상 머신을 실행할 수도 있다. 이렇게 분할된 가상의 운영체제에서는 여러 작업을 새로 시작할 수 있으므로 효율적이다. 이런 방식과 달리 도커가 사용하는 '컨테이너'는 가상의 운영체제를 만든다기보다는 가상의 작업 공간, 컨테이너를 만드는 것과 같다.

도커는 컨테이너 기반의 가상화 플랫폼으로, 도커를 이용하면 이미지를 실행시켜 컨테이너를 만들고 관리할 수 있다. 도커가 개발 과정에서 완전히 격리된 환경을 단 몇 초만에 생성하고 또 정리해주기 때문에 개발자들은 더 이상 오랜 시간 동안 따로 환경설정을 하거나 새로운 환경을 구성할 때 고생할 필요가 없다.

이 책 전반에서 우리가 윈도우즈 등의 환경 설정을 하는 데에 고생했다. 여기서는 다루지 않았지만, 자신이 사용하는 언어를 설치한다거나, 데이터베이스를 설치하는 등의 일을 더한다면 환경설정에는 더욱더 많은 품이 들어갈 수밖에 없다. 그런데 이러한 설정을 해야 하는 서비스가 아주 많고, 유동적으로 바뀐다면 어떻게 해야만 할까? 그럴 때 도커는 큰 도움이 된다. 개발 과정에서 완전히 격리된 환경, 운영체제가 필요할 때, 완성된 서비스를 배포하거나 재배포할 때 등 다양한 사용 방법이 있다. 그러므로 도커는 개발, 운영, 테스트 팀 모두에게 사랑받을 수밖에 없다.

도커 컨테이너는 환경 간에 매우 쉬운 이동을 보장한다. 특히나 이런 특징이 데브옵스 환경에서 빛난다. 솔루션을 배포할 때, 테스트한 코드가 프로덕션 환경에서 실제로 작동하는지 확인하고 싶을 때, 도커를 이용하면 코드를 빌드하고, 프로덕션에서 사용되는 것과 동일한 환경에서 작업을 검증할 수 있다.

그렇다면 원래 존재하던 개념인 가상머신과 도커의 차이는 무엇일까?

▲ 그림 10-2 도커와 가상머신의 차이

가상머신과 도커에는 서로 다른 계층이 존재한다. 가상머신 내에는 추가적인 라이브러리 계층이 존재하는데, 이 계층들이 도커 환경과 가상머신 환경 간에 중요한 차이를 만들어낸다.

가상머신에서는 메모리 사용량이 아주 높은 반면, 도커는 굉장히 낮다. 가상머신에서는 구축을 시작할 때, 특히 두 개 이상의 가상머신을 가동하므로 큰 성능 저하가 있는 반면, 도커는 단일 엔진을 사용하기 때문에 성능이 훨씬 높다. 도커 컨테이너에서는 따로 솔루션을 빌드할 수 있고, 호스트 위치에 관계없이 빌드한 대로 작동된다는 사실이 보장된다.

가상머신은 부팅 속도가 도커보다 훨씬 느리기도 하다. 가상머신의 다른 큰 문제 중 하나는 환경 내에서 사용되지 않는 메모리를 재할당할 수가 없다는 것이다. 도커는 반대로 사용 가능한 메모리가 있으면 도커 환경 내 사용되는 다른 컨테이너에 언제든 메모리를 재할당하고 재사용할 수 있다. 불안정성, 성능 문제 등 모든 측면에서 도커는 가상머신을 앞지른다.

도커는 서버와 클라이언트라는 두 가지 주요 요소로 이루어진 도커 엔진을 통해 작동한다. 둘 사이 통신은 REST를 통해 이루어진다. 그 외 도커 이미지, 레지스트리, 컨테이너가 존재하는데, 아래 표를 통해서 알아보자.

▼ 표 10-1 도커의 구성요소

구성요소	내용
도커 이미지	도커 이미지는 파일로 애플리케이션 실행에 필요한 독립적인 환경을 구성하는 템플릿이다. 이미지는 읽기 전용이고, 일관성을 유지한다.
도커 레지스트리	도커 이미지를 사용자끼리 공유할 수 있게 한 플랫폼이다. 도커 허브라고 하는 도커의 공식 이미지 공유 사이트도 존재한다.
도커 컨테이너	컨테이너는 가상화된 런타임 환경에서 프로그램을 빠르고 쉽게 시작할 수 있는 코드 실행 작업 환경이다. 도커 컨테이너에서는 도커 이미지 코드를 실행한다.

도커는 AWS 등 많은 도구와 함께 사용될 수 있으며, 개발 비용 절감에 도움이 된다. 또한 자신이 백엔드 개발자나 플랫폼 혹은 데브옵스 쪽으로의 성장 욕구가 있다면 꼭 배워 두어야 될 도구 중 하나다. 도커의 컨테이너, 가상화, 마이크로서비스 아키텍처 등의 개념도 필수로 알아두어야 한다.

10.2.2 클라우드

서버 컴퓨터 설정을 생각해보자. 데이터베이스, VPN, 라우팅, 운영체제 등 많은 설정이 필요하고, 그 서버 컴퓨터를 보관할 곳, 관리자도 필요하다. 서버실의 에어컨이 꺼져 모든 서버가 다운될 수 있다는 농담은 농담이 아니고 정말로 일어날 수 있는 공포다.

최근 많은 회사, 혹은 개인들이 직접 이러한 설정을 하기보다는 클라우드를 이용하고 있다. 클라우드란 인터넷을 통해 접근할 수 있는 서버, 그 서버 내에서 동작하는 운영체제, 소프트웨어, 데이터베이스 등을 의미한다. 클라우드 서버는 전 세계의 데이터 센터에 위치한다. 이 센터는 정전, 화재, 지진, 에어컨(!) 등의 문제에 개인이 관리하는 것보다 훨씬 안전하다. 사용자는 클라우드를 사용함으로서 직접 물리적 서버, 서버실을 관리하며 두려움에 떨거나 서버 컴퓨터가 뜨거워 질 정도로 여러 애플리케이션을 실행하지 않아도 된다.

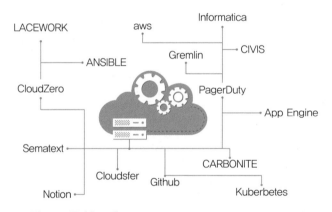

▲ 그림 10-3 클라우드 맵

클라우드를 통해 사용자는 언제 어디에서나 같은 운영체제, 같은 파일, 같은 애플리케이션 등에 접근이 가능하다. 모든 작업이 내 장치가 아닌 데이터 센터의 서버에서 이루어지기 때문이다. 클라우드는 우리 실생활에도 아주 가까이 다가와 있는데, 구글의 지메일을 이용하거나 그림 백업 서비스를 이용하고 있을 것이다. 아이클라우드, 드롭박스, 구글 드라이브 등도 모두 이런 클라우드의 일환이다.

기업에서는 비용과 인력 절감을 위해 클라우드를 많이 도입하고 있다. 자체적으로 서버를 더 이상 관리하지 않아도 되기 때문이다. 최근에는 이러한 클라우드를 관리하는 직군을 따로 채용하기도 한다. 현재 한국이나 세계적으로 가장 많이 쓰이고 있는 클라우드 플랫폼 서비스는 아마존의 AWS_{Amazon Web Service}나 마이크로소프트의 애저_{Azure}다.

이러한 큰 플랫폼을 다루는 자격증 시험도 시행하고 있다. 이러한 플랫폼에서는 전 세계적으로 수백만 명의 고객, 파트너, 그리고 많은 소프트웨어들과의 연결을 통해 개발환경을 더욱 다채롭고 편안하게 만들어주고 있다.

클라우드 이전에도 웹, 서버 호스팅이라는 개념이 존재했다. 호스팅 업체의 서버 중 일부를 임대하거나 혹은 물리 서버를 단독으로 임대하는 식이다. 이후 클라우드가 등장하면서 오직 서버만이 아닌, 데이터베이스, 저장 공간, 호스팅, 블록체인이나 금융 관리, 컴퓨팅에 이르기까지 다양한 서비스를 온라인을 통해 임대할 수 있게 되었다. 클라우드 기술 또한 개인, 기업에 큰 이점을 가져다줄 수 있는 기능 중 하나이기 때문에 필요에 따라 익혀두면 큰 도움이 된다. 또 많은 회사에서 클라우드로 자신들의 서버를 이관하는 중이기 때문에, 가장 많이 쓰이는 AWS의 주요 기능을 익혀두는 것은 차후에 큰 도움이 될 수 있다.

AWS에서 가장 자주 쓰이는 서비스 두 가지만 알아보자.

Amazon EC2(Elastic Compute Cloud)는 클라우드에서 가상 서버 호스팅을 제공하는 웹 서비스다. 또 다른 서비스로 Lambda(람다)라는 서버리스 개발도 가능하지만, 서버를 구축하는 데에는 EC2가 제격이다. 아마존이 전 세계, 지역별로 구축한 데이터 센터 내의 서버용 컴퓨터를 원격으로 사용할 수 있는 것이 바로 EC2 서비스다. EC2 서비스는 서버 컴퓨터를 임대한다고 생각하면 단순하다. 이 서버 컴퓨터는 용량을 자유롭게 늘이거나 줄일 수 있고, 사용한 만큼 돈을 지불하므로 훨씬 저렴하며, 사용자가 인스턴스를 완전히 제어할 수 있어 편리하다. 보안, 네트워크 구성, 스토리지 관리 등도 AWS의 옵션으로 설정할 수 있으니 더욱 안전하다.

다른 서비스로는 S3가 있다. 구글 클라우드, 네이버의 MyBox 등과 같이 파일을 저장하는 서버다. S3(Simple Storage Service)는 많은 사용자가 접속하더라도 이를 감당하기 위해 따로 작업할 필요가 없다. 트래픽에 따라 장비를 증설하지 않아도 아마존에서 알아서 할당을 해 주기 때문이다. 저장할 수 있는 파일 수에도 제한이 없고, 파일에 인증을 붙이거나 버전 관리 기능을 지원하고 데이터 손실이 일어나도 문제가 없다. 데이터를 여러 서버 내에서 중복으로 저장하기 때문에, 손실되거나 훼손된 파일에 대해서도 자동으로 복원할 수 있기 때문이다.

이전에는 이러한 모든 작업에 대해 회사마다 직접 설치하고, 관리해야 하는 서버와 관리 직원이 필요했지만 클라우드의 도입에 따라 더 이상 그럴 필요가 없어졌다. 비용적으로도, 관리 측면으로 더 편리해진 것이다. AWS, 애저, CGP 등의 다양한 클라우드 서비스를 비교해서 자신에게 가장 적합하고 비용 측면으로 저렴한 서비스를 결정하는 것이 좋다.

10.2.3 데이터베이스 도구

이 책에서 다루지 않은 것 중 데이터베이스를 다루는 소프트웨어 도구도 있다. 우리는 ERD에 대해서는 공부했지만, 그 ERD로 어떤 데이터베이스를 사용하여 어떻게 설정을 할지에 대해서는 알아보지 않았다. 데이터베이스를 다루는 소프트웨어를 데이터베이스 IDE, SQL IDE, 데이터베이스 도구, SQL 도구라고도 한다.

여기서 데이터베이스와 그것을 다루는 도구를 혼동하지 말아야 한다. 데이터베이스란 포스트리지SQL, 오라클, 마리아DB, SQL 서버 등 행과 열을 이용해 데이터를 저장하는 형태를 의미한다. 데이터베이스 IDE란 이런 데이터베이스를, UI를 통해 편하게 이용할 수 있게 도와주는 소프트웨어다. 이런 IDE를 이용하면 편안함과 코드에 대한 지식 없이도 사용할 수 있는 접근성을 가진다. 데이터베이스 개체 설정, 데이터베이스의 스키마와 인스턴스 정의, 데이터 분석이나 사용자 관리부터 디버깅까지 많은 작업을 UI 내에서 할 수 있으므로 편리하다.

많은 데이터베이스가 데이터베이스와 연동된 IDE가 있는데, 그중 유명한 예가 MySQL 워크브렌치workbench나 마이크로소프트 SQL 서버Microsoft SQL Server다. 혹은 무료로 사용할 수 있는 TablePlus, DBeaver, Toad 등도 있다. 유료로 이용할 수 있는 유명 도구 중에서는 단연 젯브레인스의 데이터그립이다.

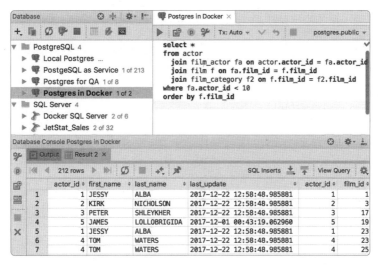

▲ 그림 10-4 젯브레인스의 데이터그립 사용 예시

이러한 데이터베이스 도구 없이 이전에 데이터를 다루던 방법은 명령행을
통해서였다. MySQL을 예로 들면 MySQL Command Line Client를 설
치하고(윈도우즈 운영체제 기반), 명령어 프롬프트에 `mysql -u root -p` 등의
명령어를 통해 접근해야만 했다. 물론, 이 방법은 데이터베이스 명령어를
모두 숙지하고 있을 때 사용한다면 좋겠지만, 오타 등의 오류를 만들기 쉽
고, 직관적이지 않다. 명령행 클라이언트보다는 데이터베이스 도구를 하나
골라 사용하는 것이 훨씬 더 편리하다.

10.2.4 크롬 개발자 도구

거의 모든 도구를 백엔드 위주로 공부해 왔지만, 결코 백엔드만이 아닌 프
런트엔드 혹은 사용자의 실 사용값을 테스트하고 웹에서 확인하는 용도로
필수로 쓰이는 것 중 하나가 크롬 개발자 도구다. 크롬 개발자 도구는 크롬

브라우저 내 직접 내장된 웹 개발자 도구 모음이다. 이 도구를 사용해서 페이지를 즉석에서 편집하거나 버그를 확인할 수 있다. CSS 디버깅과 프로토타이핑, 자바스크립트 로드 성능 분석 등 다양하고 강력한 프런트엔드 관련 기능들이 준비되어 있다.

크롬을 열고 〈⌘〉+〈⌥〉+〈C〉(맥) 또는 〈Ctrl〉+〈Shift〉+〈C〉(윈도우즈, 리눅스, 크롬OS)를 눌러 개발자 도구를 실행한다.

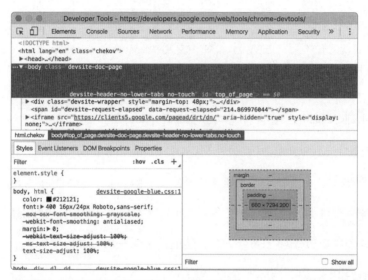

▲ 그림 10-5 크롬 개발자 도구의 [Elements] 패널 예시

처음 개발자 도구를 켜면 압도적일 수 있다. 탭과 기능이 너무 많고 뭐가 뭔지 알아가기 복잡하게 느끼기 때문이다. 그렇지만 각 탭에 익숙해지는 데 시간을 충분히 할애한다면 개발자 도구가 생산성을 아주 크게 높일 수 있나는 것을 알게 될 것이다. 자바스크립트를 다뤄 본 개발자라면 자바스크립트

의 DOM에 대한 이해도가 있을 것이다. 우선 [Elements] 패널에서는 객체의 DOM이나 CSS, 애니메이션 등을 다루기에 적합하다.

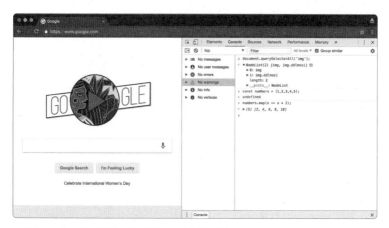

▲ **그림 10-6** 크롬 개발자 도구의 [Console] 탭 예시

또 자주 쓰이는 [Console] 탭도 있다. 터미널과 같은데, 로그 메시지를 볼 수 있다. 웹 개발 중 종종 콘솔에 메시지를 입력해서 코드가 잘 작동하는지 확인하고 싶을 때가 많을 것이다. console.log() 함수를 이용하면 자바스크립트를 브라우저가 실행하고, 확인하고 싶은 값을 로그로 볼 수 있다. 자바스크립트 코드를 직접 실행해 볼 수도 있다. 직접 코드를 입력해서 내가 만든 페이지와 상호작용을 할 수 있는 것이다. 콘솔은 페이지 창에 대한 전체 접근 권한이 있어서 콘솔에서 페이지를 직접 수정할 수도 있다. 자바스크립트와 콘솔을 통해 페이지와 관련이 없는 새 코드를 시험해보거나 할 때 개발자 도구는 아주 좋은 도구가 된다. 크롬 개발자 도구에 대한 다양한 팁은 다음 사이트에서 확인할 수 있다.

▶ https://www.google.com/intl/ko/chrome/dev/

10.3 정리하기

어느덧 우리는 신입 개발자로서의 첫 출근부터 마지막 프로젝트를 끝내고 퇴근하는 순간까지의 여정을 완료했다. 이 책은 무엇보다 '한 명의 개발자로 성장하기'를 목표로 했다. 개발자로 처음 시작했을 때의 어려움과 극복 방법을 기술적으로 풀어내는 것이 이 책의 지향점이다. 더 나은 개발자가 되기 위해 지속적인 학습과 습득해야 할 기술을 소개하고, 기술적이지만은 않은 부분들에 대해서도 짚고 넘어간다.

이 책에서는 마정석 씨라는 가상의 인물을 통해서 첫 출근과 마지막 퇴근의 감정을 담은 이야기를 통해 개발자로서 근무하는 방식을 엿볼 수 있도록 설명했다. 독자분들이 마지막 프로젝트를 성공적으로 마치고 퇴근하는 순간 이 책을 다 읽었다는 뿌듯함을 느낄 수 있었으면 한다.

첫 출근부터 마지막 프로젝트까지의 여정은 많은 노력과 시간이 필요하다. 입사를 했다고 전부가 아니고, 자신의 첫 프로젝트를 할당받고, 그 프로젝트를 완료하고, 또 유지 보수를 하거나, 급한 버그를 고치고 라이브 환경에서 문제를 해결하는 등 개발자로 일하는 것이 참 쉬운 것만은 아니다. 하지만 하루하루가 지날수록 자신이 담당한 기능 개발, 버그 수정, 큰 프로젝트들을 돌아본다면 어느덧 부쩍 성장한 자신의 모습에 자부심마저 느껴질 때가 분명히 찾아올 것이다.

하지만 이것이 끝이 아니라는 어찌 보면 끔찍한(?) 사실도 기억해야 한다. 평생 공부라는 말이 있지 않은가. 개발자로서의 성장은 계속되어야 한다. 신입으로서 겪은 어려움을 극복하고, 더 나은 개발자가 되기 위해 계속해서 학습하고 습득해야 할 기술들이 있다. 심지어 그 기술들은 매일이 다르게 진보한다! 이 책에서 다루지 못한 기술들에 대해서도 관심을 가지고 개인적으로 공부하고 익히는 노력을 해야 한다. 개발 트렌드, 새로 나온 프레임워크나 툴에 대해서도 관심을 갖는 건 정말 좋은 자세다.

많은 언어, 프레임워크, 개발 방법론들은 흥망성쇠가 있어 왔다. 한 언어가 주로 쓰이다가 쓰임새가 줄어들고 새로 생긴 언어가 몇 년 후에는 모두가 쓰는 업계 표준이 되어 있는 등 개발 업계에는 정말 변화가 많다. 그렇기에 개발자로서의 성공은 여러분의 열정과 노력에 달렸다. 더 나은 개발자로 성장하기 위해 자기계발에 주저하지 말고 도전하는 마음가짐을 갖도록 해야 한다.

또 다른 개발자들과의 교류도 좋은 성장의 디딤돌이다. 다른 개발자들과의 교류와 지식 공유를 통해 더 나은 개발자로 성장할 수 있다. 개발자 커뮤니티에 참여하고, 온라인 자료와 강의를 활용하여 계속해서 배움의 기회를 찾아보자. 오픈소스에 참여해 보고, 오프라인 개발 행사에도 나가 보자. 개발자로서 참여할 수 있는 일이 생각보다 아주 무궁무진하다는 것을 알 수 있을 것이다.

많이 부족한 책이지만 신입 개발자들의 첫 출근에 길잡이가 될 수 있는 책이 되었다면 좋겠다. 개발의 세계에 너무 주눅들지 않고 마치 가보지 않은 나라를 탐험하듯 즐겁고 기대되는 마음으로 개발자라는 직업을 이어 나갈 수 있다면 베스트다.

찾아보기

개발자로 첫 출근 했어요